WICHTEL-GESCHICHTEN

Copyright by
Lechner Publishing Ltd. Limassol 1998
Alle Rechte vorbehalten
Printed in the European Union 11/98
ISBN-3-85049-595-7

Inhalt

Das Haus der Wichtel 7

Die Wichtelfalle 39

Die lange Reise 60

Die Zaubermütze 124

Als ich bei den Wichteln wohnte 189

Der faule Murks und
der dumme Quarks 274

Auf der Suche nach
dem Wichtelschatz 413

Lachen tut nicht weh 539

Die Wichtelhochzeit 625

Der Wichtel und die Wunderblume ... 628

Die Wichteltaufe 631

Der Wichteljäger 633

Wissenswertes über Wichtel und andere Waldbewohner

Wichtel Wichtel oder auch Wichtl oder Wichte sind freundliche Lebewesen. Sie werden nicht sehr groß, höchstens so groß wie ein Kinderbein. Dafür können sie ein bisschen zaubern. Einen Wichtel kannst du sehr leicht erkennen, wenn du ihm im Wald begegnest, denn Wichtel haben immer eine Mütze mit einem langen Zipfel auf dem Kopf. Ein altes Wichtelsprichwort sagt: Ein Wichtel ohne Mütze ist wie ein Wald ohne Bäume, das heißt, das gibt es nicht.

Wichtel leben oft unter den Wurzeln alter Bäume in der Erde. Dort wohnen viele Wichtel zusammen in einem Haus. Manchmal wohnen sie aber auch in den Häusern der Menschen. Dann sind sie entweder ganz besonders freundlich und helfen im Haushalt, oder sie treiben die Bewohner des Hauses durch ihre Scherze und Streiche in den Wahnsinn. Gute Chancen, einen Wichtel zu treffen, hast du vor allem, wenn du bei Regen in den Wald gehst, denn die

Wichtel lieben nichts mehr als Regen. So wie die Menschen sich in die Sonne legen, um sich zu erholen, so legen sich Wichtel etwas in den Regen.

Mäuse Die Maus ist das wichtigste und nützlichste Haustier der Wichtel. Ihre Milch gilt als besonders schmackhaft und gesund. Auch als Reittier wird die Hausmaus bei den Wichteln genutzt.

Eulen Sind die schlimmsten Feinde der Wichtel, denn sie verspeisen die saftigen Wichtel für ihr Leben gerne.

Kobolde Leben wie die Wichtel im Wald oder bei den Menschen. Aber ein Kobold ist niemals ernst und sogar die gutmütigen Wichtel haben manchmal genug von ihren Scherzen. Einen Kobold erkennt man sofort an seinen abstehenden Haaren, das ist ihr ganzer Stolz. Manche Kobolde haben nichts im Sinn, als immer nur alle ihre Mitlebewesen mit ihren Späßen zu ärgern.

Moosweibchen Sie sehen meistens aus wie alte Damen mit wirren grauen Haaren, sie sind etwas kleiner als die Wichtel und bewohnen ausgediente Vogelnester. Manchmal beugen sie sich daraus herunter und drücken einem Vorbeigehenden ein Wollknäuel in die Hand, mit dem man unzählige Paar Socken stricken kann, denn der Faden ist ein Zauberfaden und geht nie zu Ende.

Das Haus der Wichtel

"DAS soll unser neues Haus sein?" Frederick starrte fassungslos zu dem schmutzigen alten Haus hinüber. Es war nicht nur schmutzig, dieses Haus. Irgendetwas an diesem Haus war ihm nicht geheuer. Seine Schwester Hilda gab ihm einen festen Schubs in die Seite. Hilda war ein Jahr älter als Frederick und das ließ sie ihn bei jeder sich bietenden Gelegenheit spüren. Frederick rieb sich seine schmerzende Seite. "Etwas stimmt nicht mit diesem Haus, merkst du das denn nicht?" fragte er sie genervt. Hilda blickte zweifelnd an der schmutziggrauen Außenwand des Hauses herauf, in dem sie schon seit zwei Tagen mit ihrer Familie wohnte. Einige Fenster im ersten Stock waren eingeschlagen und in den vor Dreck dunklen Scherben der Fensterscheiben pfiff der Wind. Es war wirklich ein schauriger Anblick. Aber das wollte sie vor ihrem Bruder natürlich nicht zugeben.
"Hast du etwa Angst?" fragte sie grinsend.
"Natürlich nicht!" sagte Frederick. Trotzdem wäre er lieber in der Stadtwohnung

geblieben, in der sie vorher gewohnt hatten. Aber seit ihr Vater arbeitslos war, hatten sie sich die teure Miete nicht mehr leisten können und waren aufs Land gezogen. Hilda senkte ihre Stimme zu einem tiefen Flüstern. Es hörte sich gruselig an und Frederick hasste es, wenn sie so sprach.
"Weißt du warum wir uns dieses Haus überhaupt leisten konnten, Frederick?" raunte Hilda mit ihrer Gruselstimme. "Wir können nur deshalb hier wohnen, weil es sonst keiner wollte. Die Leute sagen, hier wohnen Geister."
"Geister gibt es nicht", sagte Frederick überzeugt.
"Gut. Dann geh in den ersten Stock und beweis es", forderte Hilda.

Im ersten Stock waren die Geschwister noch nie gewesen. Die Eltern hatten das Erdgeschoss renoviert und wollten mit dem Rest des großen Hauses warten, bis sie wieder mehr Geld hatten. Als Frederick die Treppe herauf ging, gaben die ausgetretenen alten Holzstufen laute knarzende

Geräusche von sich. Es war unheimlich still, außer Hildas aufgeregtem Atmen.
Auf dem Boden lag dichter Staub und an der Decke hingen uralte Spinnweben.
"Vorsicht!" Hilda schrie voller Angst auf und ein eisiger Schreck durchfuhr Fredericks Glieder, als er das flatternde Geräusch hörte.
Eine große dicke Taube flog aufgeregt gurrend aus dem eingeschlagenen Fenster über ihnen.
Fredericks Herz schlug laut und schnell. Trotzdem sagte er, froh, dass er Hilda ärgern konnte: "Das war doch nur eine Taube, du Pumphut."
Hilda blickte ihren Bruder böse an: "Das wusste ich." Frederick lachte sie aus und Hilda musste ein bisschen mitlachen. Aber sofort wurde sie wieder ernst. Sie befanden sich jetzt im ersten Stock. Irgendein altes Stück Blech oder Metall schepperte weiter entfernt.
"Hilda! Da, da ist irgendetwas." Flüsterte Frederick. Hilda glaubte jetzt auch, dass sie auf irgendeine Art und Weise nicht mehr allein im Haus waren. Hörte sie da nicht je-

manden atmen? Irgendetwas huschte hinter ihr in der Dunkelheit in eine Ecke.
Hilda zuckte vor Überraschung zusammen, als Frederick neben ihr laut zu reden begann. Er sprach extra laut, denn der Klang seiner eigenen Stimme machte ihm Mut.
"Hier ist nichts. Ganz bestimmt. Das sind nur Tauben, Hilda!" Er fing an zu singen
"Hilda hat hier große Angst, denn die Tauben sind so gefähr-.... Hilda, siehst du das?" Frederick zeigte auf eine bestimmte Stelle auf dem staubigen Boden. Hilda trug eine Brille und sie musste mit den Augen nahe an den Boden herangehen, aber dann sah sie es auch. In dem Staub und dem Schmutz auf dem Boden befand sich ein winziger Fußabdruck.

"Was soll das denn sein?" fragte erstaunt. "So kleine Kinder, die so kleine Füße haben, können doch noch gar nicht gehen!"
Vor dem winzigen Fußabdruck befand sich ein zweiter, ebenso kleiner, dann folgte noch einer und noch einer. Sie folgten gespannt der Spur aus kleinen Abdrücken um eine Ecke herum. Die Spuren führten in

eine Küche, die so aussah, als sei sie seit Jahren nicht mehr benutzt worden.
An einer Wand stand ein uralter riesiger schwarzer Herd auf vier Beinen. Er besaß noch ein Öffnung, durch die man Holz hinein legen musste, damit man oben etwas kochen konnte aber im Gegensatz zu den anderen Möbeln in der Küche war dieser Herd ganz sauber und als Hilda eine Hand darauf legte, bemerkte sie, dass er auch noch ganz warm war.
Die kleinen Fußabdrücke führten zu der Ritze zwischen Herd und Küchenschrank. Gespannt hockte Hilda sich auf die Fersen, um in die kleine dunkle Ritze zu schauen. Da fuhren Hilda und Frederick zu Tode erschrocken zurück. Vor lauter Angst fiel Hilda nach hinten um und landete auf Frederick, der seine schwere Schwester unwillig wegstieß.

"Ha! Was sind denn das für neugierige, unbeholfene, tumbe Kindchen!" schrie eine seltsame Stimme aus der Ritze hervor. Dann zeigte sich ein winziger Fuß mit einem sauber geputzten braunen Halbstiefel und einem grauen Socken. Das Bein, an dem er sich befand, war spindeldürr und voller Haare. Es folgte ein kleiner Körper mit einer roten Hose und einem grünen Pulli. Über dem Pulli trug die Gestalt eine braune Jacke. Das Seltsamste war der lange silbrige Bart, der ein vollkommen junges Gesicht umgab und bis auf den Gürtel herabbaumelte. Das Gesicht war rot und vor Wut verzerrt, ein paar Sommersprossen saßen auf einer hässlichen knotigen Nase.

"Ihr Kindchen, kommt einmal her, ei, wisst ihr denn nicht, nein, dazu seid ihr wohl zu dumm und ungeschickt noch obendrein. So groß und doch so dumm. Ich bin vielleicht nur so hoch wie die Türe zum Saustall aber dafür bin ich noch nie über meinen Bruder gefallen und ich habe zu meiner Schwester noch nie Pumphut gesagt und singen kann ich auch viel besser. Was war das für ein dümmliches Lied mit Tauben? Habt ihr den kein Gehirn in euren großen Köpfen?"

Das Männchen hielt inne, um erschöpft nach Luft zu schnappen und richtete sich dabei zu seiner vollen Größe auf. Es reich-

te bis an Fredericks Knie und stütze sich erschöpft von seinem Wutausbruch an Fredericks Unterschenkel ab. Als Hilda dieses kleine, aber hochnäsige zornige Männchen sah, musste sie unwillkürlich lächeln, denn wenn sie nur einmal heftig zugetreten hätte, hätte sie das Männchen bis in das Erdgeschoss hinunter schießen können.
"Du nimmst den Mund ganz schön voll, meinst du nicht?" fragte sie lächelnd.
"Ei, und du heißt wohl Frau mutig? Eben hattest du noch Angst vor einer Taube, aber du hast ja auch noch nicht mal einen Bart, was kann man da groß erwarten?" Das Kerlchen wandte sich enttäuscht ab und holte etwas hinter dem Herd hervor.
"Natürlich habe ich keinen Bart, ich bin ja auch ein Mädchen."
"Als ob das ein Grund wäre! Du musst dir einen wachsen lassen. Ich habe mir einen schönen Bart stehen lassen. Ich kämme ihn jeden Morgen und abends flechte ich ihn zu einem Zopf. Einmal in der Woche reibe ich ihn mit ranziger Butter ein, das ist das Beste was man für seinen Bart tun kann.

Wenn du keinen Bart trägst, wie willst du dann jemals einen Ehemann finden, Mädchen?"
Hilda starrte das kleine Männchen mit offenem Mund an.
"Jungfer, tu mir einen Gefallen und mach dein Mündchen zu. Sonst fliegt dir eine Mücke hinein und versteckt sich in deinem hohlen Zahn dahinten."
"Mädchen, die einem Bart tragen, sind hässlich. Keiner will sie." sagte Hilda schließlich.
"So ein dummes Zeug, Mumpitz! Mädchen mit langen schönen gepflegten Bärten sind ....ach, du musst dir jeden Abend einen Umschlag aus warmem Sauerkraut machen, das regt den Haarwuchs an. Da ich gewusst habe, dass ihr heute kommt, habe ich euch zum Willkomm etwas gebacken."
Das Männchen nahm das Ding hervor, das es hinter dem Ofen gehabt hatte. Es handelte sich um einen Apfelkuchen. Der Apfelkuchen steckte in einem Blech, das beinahe so groß war wie das Männchen selbst und duftete verlockend nach Zimt und Äpfeln. Frederick sprang herbei und half dem

kleinen Mann, den Kuchen in die Mitte des Raums zu ziehen, dann ließen sie sich nieder und Hilda schnitt mit ihrem Taschenmesser den Kuchen in Stücke. Für das Männchen schnitt sie ein extra kleines Stück ab, das das Männchen bequem essen konnte.
Der Kuchen schmeckte genauso aromatisch, wie er gerochen hatte und Frederick fragte überrascht: "Warum bist du denn plötzlich so nett zu uns? Woher hast du gewusst, dass wir heute kommen? Wie hast du einen so großen Kuchen backen können? Kannst du zaubern oder so was?"
"Natürlich. Hat dir deine Mama nie gesagt, dass man nicht so viele Fragen auf einmal stellt? Außerdem hast du ja auch keinen Bart. Bei dir wird das mit dem Zaubern bestimmt nichts."
"Er meint das nicht so", beeilte sich Hilda zu sagen. Wenn das komische kleine Männchen Kuchen backen konnte, die so groß waren wie es selbst, dann konnte es vielleicht wirklich zaubern und wenn es zaubern konnte oder so tat, als könne es

zaubern, dann war es vielleicht besser, wenn man nett zu ihm war.

"Weißt du," sprach Hilda weiter "er ist ja auch noch nicht so alt. Er ist erst zwölf. Ich bin schon dreizehn. Mit zwölf hat man ja auch noch keinen Bart."

"Mein Bart ist schon mit acht Jahren gewachsen, ich bin jetzt vierzehn und ihr dürft Quargloch zu mir sagen. So nennen mich meine Freunde. Die anderen sagen Herr Wicht."

Hilda sah ihn sprachlos an.

"Ich heiße Frederick und das ist ...."

"Das ist natürlich deine Schwester Hilda. Keine allzu schönen Namen, das muss ich schon sagen."

"Ist es etwa besser wie eine Vertiefung mit geronnener Milch zu heißen?" brauste Hilda auf, aber ihr Bruder kniff sie sofort in die Seite und Hilda sagte: "Entschuldige bitte,.....Quargloch, aber ich kenne niemand sonst, der so heißt."

Quargloch schien das nichts auszumachen. Er forderte Hilda auf, ihm noch ein kleines Stück Kuchen abzuschneiden, denn den Kuchen habe seine Großmutter mit viel Liebe und viel guter frischer Asche zubereitet.

Hilda verschluckte sich und ihr Bruder fragte für sie: "Warum macht sie denn Asche in einen Apfelkuchen?" Er legte das Stück, das er sich gerade hatte holen wollen, wieder zurück auf das Blech.

Quargloch sah ihn aus seinen winzigen Augen nachsichtig an und schüttelte lächelnd vor so viel Unwissenheit den Kopf. "Ei, einen Teil des Mehls muss in einem guten Kuchen immer durch etwas Asche ersetzt werden. Oder hast schon einmal einen besseren Kuchen probiert?" Hier schüttelte Frederick den Kopf "Meine Großmutter ist eine kluge alte Wichtin. Sie weiß, dass Asche den Bartwuchs anregt." Quargloch räusperte sich und wieder fiel den Kindern auf, dass sich seine Stimme seltsam rostig anhörte. Es war ungefähr dasselbe Geräusch, als wenn man mit lauter Stimme in ein altes Rohr hineinrief.

"Warum hast du eigentlich eine so seltsame Stimme, äh...Quargloch?" fragte Hilda. "Na, du neugieriges Kindchen, was glaubst du wohl, wie sich eure Stimme für mich an-

hört? Es klingt wie eine Kuh, da merkt man, dass ihr auf der Erdoberfläche lebt. Ich lebe unter der Erde, aber das dürftet sogar ihr wissen, dass Wichtel unter der Erde leben. Und weil man da so nahe bei den Erzen, Metallen und Bodenschätzen ist, da klingt die Stimme auch wie Metall, ist das nicht hübsch? Ich glaube, ihr müsst wirklich sehr betrübt sein, dass ihr nicht als Wichte geboren worden seid. Ah, da kommen eure Eltern zurück. Erwachsene Menschen eurer Art sind leider oft noch viel dümmer als die Kindchen. Ich nehme an, eure Eltern waren im Ort, um wieder mal nach Arbeit zu fragen. Ich sage es euch gleich, es ist nichts dabei herausgekommen. Also, …"
Quargloch stand auf und wieder musste Hilda feststellen, wie kleinwüchsig er doch war.
"Nehmt den Kuchen mit, eure Eltern sollen auch was davon essen und geht jetzt. Wir sehen uns morgen wieder." Damit zog Quargloch kurz an seiner roten langen Mütze, kletterte in den Ofen und als Hilda und Frederick hinterherliefen, um die Ofen-

klappe zu öffnen, war darin nichts mehr zu sehen, als ein kleiner Rest Asche.

"Wenn ich hier keine Arbeit finde, müssen wir wieder in die Stadt und dann weiß ich nicht mehr, was ich noch tun soll", die Stimme des Vaters klang traurig. Hilda legte einen Finger auf den Mund, um Frederick zu bedeuten, dass er still sein sollte und blieb hinter der angelehnten Tür stehen. Von hier aus konnte sie verstehen, was ihre Eltern sagten.
"Ich muss wohl oder übel die Stelle in Portugal annehmen, aber was machen wir dann mit den Kindern, wenn ich in Portugal bin und du in der Stadt Arbeit suchst?" fragte die Mutter jetzt. Hildas und Fredericks Mutter, Frau Flink, war Fremdenführerin und in Portugal geboren.
Herr Flink vergrub sein Gesicht in den Händen.
"Wenn das eintrifft, wird das Jugendamt uns die Kinder wegnehmen und sie ins Heim stecken."
Frederick sah Hilda erschrocken an. Das durfte nicht wahr sein! Gerade hatte er be-

gonnen, das neue Haus ein bisschen zu mögen. Hilda stieß ihn an, zum Zeichen, dass er weiter zuhören sollte.

"Wie die Kinder es bloß geschafft haben, uns einen Kuchen zu backen, hast du ihnen das beigebracht?" wollte die Mutter wissen. Herr Flink lachte: "Ich? Ich kann ja noch nicht mal den Herd anschalten und außerdem....wir haben doch noch gar keinen Herd!" Die Eltern blickten sich alarmiert an. "Vielleicht haben sie ihn ja irgendwo gekauft, morgen gehe ich in den ersten Stock und sehe mir mal die Küche an."
Eilige Schritte näherten sich der Tür und Hilda und Frederick liefen schnell zurück in ihr Zimmer und taten als ob sie lesen würden.

Am nächsten Morgen fuhren die Eltern mit dem Auto wieder in die Stadt. Frederick hörte das Geräusch der Reifen auf dem Kies und beschloss, Hilda noch etwas schlafen zu lassen. Er wollte vor dem Frühstück noch einmal allein in die Küche im zweiten Stock gehen, bevor seine Mutter aus der Stadt zurückkäme und in den Ofen blicken.

Leise, um Hilda nicht zu wecken, die wie immer mit dem Gesicht nach unten im Bett lag, zog er seine Hausschuhe an. Er wunderte sich, wie Hilda in dieser Schlafstellung überhaupt Luft bekam. Dann schlich er leise zur Tür und in den Gang hinaus.

Die Treppenstufen knarzten wieder, als er sie hinaufstieg und er hoffte, dass Hilda es nicht hörte.

Dann ging er den Gang entlang, auf dem die kleinen Fußspuren und der Staub wie durch eine Wunder verschwunden waren. Hatte er die Begegnung mit dem Wicht am gestrigen Tag etwa nur geträumt?

Vorsichtig öffnete er die Küchentür und spähte in den Raum.

Die Sonne war gerade aufgegangen und orangerotes Licht fiel durch die blinden Fenster in die Küche. Frederick fröstelte in der kühlen Morgenluft, da sah er sich im Raum um und sein Herz hörte für einen kurzen Moment auf zu schlagen.

Der Raum, der gestern noch, jahrelang unbenutzt, von einer dichten Staubschicht überzogen war, der Raum, in dem Spinnen und Mäuse ihren Dreck und ihren Geruch hinterlassen hatten, blitzte im hellen Morgenlicht vor Sauberkeit. Der große Tisch in der Mitte das Raumes war frisch geschrubbt worden und auf der Tischplatte brach sich ein Sonnenstrahl, es duftete nach Zitronenpolitur und der Boden war gefegt worden und ebenfalls sauber.

Die Schränke waren von den Spinnweben befreit worden und auf dem Tisch stand eine große Kanne Tee und ein Teller mit einem Marmeladenbrot. Frederick aß für sein Leben gerne, darum war er auch etwas dicker als die meisten Kinder.

Am meisten liebte er Süßigkeiten. Beim Anblick des Marmeladenbrotes auf dem Tisch lief ihm das Wasser im Mund zusammen und er ging unwillkürlich näher.

Ob seine Mutter die Küche aufgeräumt hatte? Nein, unmöglich, er blickte auf seine Armbanduhr und stellt fest, dass es erst 6 Uhr 43 war. Seine Mutter hätte die ganze Nacht arbeiten müssen, um die Küche in diesen Zustand zu bringen. Er setzte sich an den Tisch und biss in das Brot.

Die Marmelade lief an seinen Fingern herab und er leckte sie ab. Es schmeckte köstlich.

Erfreut wollte er sich etwas Tee in die Tasse gießen, die neben seinem Teller stand, aber aus der Kanne kam kein Tee heraus. Dabei war die Kanne so groß und schwer. Er stelle sie wieder auf den Tisch und hob den Deckel an, der auf der Kanne lag. Da flog der Deckel von selbst mit einem lauten Klirren auf die Tischplatte und fiel dann zu Boden.

Frederick taumelte, zu Tode erschrocken, zurück und hielt sich gerade noch rechtzeitig am Tisch fest, sonst wäre er auch hingefallen. Ganz vorsichtig näherte er sich der seltsamen Kanne und warf einen Blick in das Innere.

"Huch, hast du mich erschreckt, Frederick, ich wollte mich noch ein bisschen ausruhen und hab mich ein wenig in die Teekanne gelegt. Wenn du Tee haben möchtest, dann musst du da hinten die Kanne vom Herd nehmen, das hier ist mein Bett. Na ja, das konntest du ja nicht wissen."

Frederick starrte ungläubig auf die kleine Gestalt vor ihm auf dem Tisch, die gerade aus der Teekanne kletterte. Es war ein seltsames Wesen, die kleine Frau hatte lange rötliche Haare, die sie zu zwei Zöpfen geflochten hatte.
Sie trug einen langen grünen Rock mit einer weißen Schürze davor und eine rote Bluse, deren Farbe sich schrecklich mit der Farbe der Haare der Frau biss. Am Wunderlichsten war aber ihr langer silberner Bart.
Die Frau trug wirklich einen Bart. So weit er das in dem kleinen Gesichtchen erkennen konnte, war die Dame uralt. Eine Menge Falten und Runzeln überzogen ihre Haut wie mit einem Netz und wenn sie ihn anlachte, so wie jetzt, konnte er nur noch einen einzigen Zahn erkennen.
"W...wer bist du?" stammelte Frederick und setzte sich erschöpft wieder auf seinen Stuhl. "Ich bin natürlich Pumphut." Sagte die kleine Gestalt und fischte aus der Teekanne ein grüne Haube mit weißer Spitze heraus, die sie sich um den Kopf band. Die

Haube war riesig im Vergleich zu ihrem Körper und stand weit von ihrem Kopf ab.
"Ich heiße so wegen meiner schönen grünen Haube. Ist sie nicht hübsch? Ich habe sie von meiner Mutter geerbt und die hat sie von meiner Großmutter und die hat sie sich selbst geschneidert, als sie ihren Mann geheiratet hat. Übrigens heißt deine Schwester auch Pumphut, nicht wahr?"
Frederick erinnerte sich beschämt, dass er seine Schwester gestern Pumphut geschimpft hatte, als sie die Treppe zum zweiten Stock hinaufgegangen waren, weil sie sich vor der Taube geängstigt hatte.
Stammelnd entgegnete Frederick: "Ich nenne sie manchmal so. Bist du etwa die Großmutter von Quargloch? Warum schläfst du denn in einer Teekanne?"
"Ich bin seine Großmutter", bestätigte Pumphut "aber er ist manchmal so ungezogen, bestimmt hat er euch erzählt, er hätte den Apfelkuchen selbst gebacken, dabei kann er das gar nicht. Hast du denn noch nie in einer Teekanne geschlafen? Wo schläfst du denn? Vielleicht willst du mir erzählen, du hast ein richtiges Bett? Das

glaube ich dir aber nicht, iss doch dein Brot auf, die Marmelade habe ich im Sommer selbst eingekocht."
Frederick blinzelte zweifelnd. "Ist da Asche drin? Oder Sauerkraut?"
Pumphut lachte herzlich. "Aber nein, Asche macht man nur in Apfelkuchen, und Sauerkraut ist gut für den Bart. Hier sind doch nur Kirschen und Holunderbeeren drin und...."
"Und?"
"Und natürlich eine kleine Prise Stinknessel, daher kommt die schöne Farbe." Pumphut lächelte ihm freundlich zu. Sie war wirklich sehr nett, fand Frederick und darum aß er auch das ganze Brot auf, auch wenn er sich nicht sicher war, ob er Stinknessel mochte, selbst wenn sie die Marmelade noch so rot machte.
Er sagte : "Weißt du, Pumphut, ich finde, du bist richtig nett. Ich mag dich wirklich sehr gerne. Hast du die Küche aufgeräumt?"
"Ach nein, ich backe und koche nur, das hier wird wohl Pitz oder Putz gewesen sein, einer von ihnen nehm ich an. Die machen den ganzen Tag nichts anderes, wenn ich

ihnen nicht hin und wieder die Ohren lang ziehe.

So was faules, wollen den ganzen Tag nur aufräumen und putzen, als ob es nicht noch andere Dinge gäbe. Weißt du was, Frederick, du scheinst ein normaler Jung zu sein, du bist bestimmt nicht so ungezogen und räumst den ganzen Tag nur auf, was?"

"Um ehrlich zu sein", sagte Frederick "ich räume sogar sehr selten und äußerst ungern auf."

"Gut so. Also, Herzlein, ich schenke dir etwas und zwar diesen schönen roten Bindfaden hier. Er ist sehr alt, siehst du? Hier, du kannst ihn haben. Ich habe noch zwei andere." Und mit diesen Worten überreichte ihm Pumphut feierlich ein kleines Stück roten Faden. Sie tat es mit einer Geste, als schenke sie ihm eine unbezahlbare goldene Halskette.

Frederick verbiss sich ein Lachen und um sie nicht zu enttäuschen nahm er das Geschenk mit großer Dankbarkeit an und steckte es in seine Tasche. Wichte schienen eine seltsame Art von Lebewesen zu sein.

Sie mochten es nicht, wenn ihre Kinder aufräumten und verschenkten Fäden.....
"Frederick!" rief Pumphut. "Sag deiner Schwester Pumphut einen schönen Gruß von mir!" Dann hüpfte die kleine Wichtin vom Tisch und als Frederick sich bückte um unter den Tisch zu schauen, war nichts mehr von ihr zu sehen.

Hilda erwachte auf ihrem Gesicht liegend, weil sie geträumt hatte, sie hätte sich mit einem seltsamen kleinen Mann unterhalten. Dann setzte sich ruckartig auf. Sie HATTE sich mit dem Männchen unterhalten, es hieß Quarkstück oder so ähnlich und es war ziemlich ruppig zu ihnen gewesen.
Sie putzte sich mit großer Hingabe die Zähne, dann schlenderte sie in den Garten hinaus. Die Luft war warm und die Sonne schien schon. Sie musste lange geschlafen haben, und bald schon würden die Eltern aus dem nahe gelegenen Dörfchen zurückkommen und etwas zum Frühstücken mitbringen.
Sie lief barfuß und noch im Nachthemd um das Haus herum. Hinter dem Haus befand

sich ein verwilderter Garten, das hatte sie gestern entdeckt. Aber jetzt blieb sie verdutzt stehen. SO hatte es gestern hier noch nicht ausgesehen!

Das Unkraut und der Müll, den irgendwelche Leute im Laufe der Jahre, in denen das Haus leer gestanden hatte, hier abgeladen hatten, waren verschwunden, dafür war hier nun ein heller Kiesweg gestreut worden.

Links und rechts neben dem Kiesweg befanden sich gepflegte, kleine Beete mit wilden Sommerblumen und dahinter lag eine Wiese, auf der Gänseblümchen und Löwenzahn wuchsen. Hilda ging überrascht den Weg entlang, dann ließ sie sich staunend auf der Wiese nieder und sah sich um.

Ob das ihr Vater heute Morgen schon aufgeräumt hatte? Das hätte sie hören müssen, denn ihr Zimmer ging direkt zum Garten hinaus. Und doch war hier alles so einladend und gepflegt.

Sie schüttelte ungläubig den Kopf. Da hörte sie ein seltsames Geräusch. Es war ein helles quietschendes Geräusch und es schien vom hinteren Ende der Wiese zu kommen, wo ein großer Trog stand, aus dem früher bestimmt die Tiere getrunken hatten, die hier auf der Wiese geweidet hatten.

Rasch lief sie zu dem großen Wasserbottich hin. Er reicht ihr bis zur Hüfte und war mindestens einen Meter breit. Als sie sich darüber lehnte um hinein zu blicken, wäre sie beinahe selbst hineingefallen. Da ruderte eine winzige Person mir Armen und Beinen und schrie aus Leibeskräften: "Helft mir, ich ertrinke! Holt Hilfe!"

Die Person trug eine weite dunkelgrüne Hose und eine hellrote Jacke. Neben ihr im Wasser schwamm ihre braune Mütze. Die Mütze war gerade im Begriff unterzugehen.

Das kleine Männchen im Wasser sah noch winziger aus als Quargloch gestern und die Stimme war so durchdringend und jammernd, dass es Hilda schien, als könne sie alles zum Platzen bringen. Sie griff beherzt in das brackige Wasser und stellte die Person auf die Wiese.

Das Männchen ließ sich auf den Boden fallen und drückte jammernd das Wasser aus seinem langen brauen Bart. Es hatte tief liegende bekümmerte Augen und schüttelte traurig den Kopf.
"Ach! Was muss ich aber auch immer für ein Pech haben, immer trifft es mich! Wer fällt in den Kuhtrog?" Und dabei blickte es Hilda aufgebracht an.
"Ich!" gab es sich selbst die Antwort. "Wer kann nicht in der Teekanne schlafen, weil sich Pumphut dort breit gemacht hat? Ich! Wer hat seine Mütze im Wasser für immer verloren? Ich! Ach die schöne Mütze! Wie habe ich an der Mütze gehangen! Was soll ich bloß jemals ohne die Mütze anfangen?"
Hilda rollte entnervt mit den Augen, die Stimme des Männchens hatte sich nämlich zu einem lauten durchdringenden Gejammer erhoben und es schmerzte in ihren Ohren.
Um sich verständlich zu machen, musste sie gegen das Gejammer des Kleinen anschreien.

"Hör zu, ich hole dir deine Mütze! Ich steige jetzt in den Trog und fische sie heraus, ist das in Ordnung?" Sie hüpfte behände in den Trog hinein und suchte in dem eisigen trüben Wasser nach der Mütze.

Ihr Nachthemd war bis zur Taille durchnässt und blähte sich um ihren Körper, aber sie störte sich nicht daran. Von unten hörte sie die Stimme des Männchens erwartungsvoll rufen:

"Na? Na? Hast du die Mütze?"

Hilda tastete auf dem Grund des Bottichs herum, da schlossen sich ihre Finger um einen glatten Gegenstand.

Sie zog ihn heraus und sah ihn sich an. Es war eine Dose aus glänzendem Metall, ungefähr so groß wie ihre Hand, in der irgendetwas rumpelte. Sie warf sie auf die Wiese und kurz darauf trafen ihre Finger auf einen weichen Stoff.

Als sie in aus dem Wasser heraushob, erkannte sie die Mütze des Männchens. Zitternd vor Kälte stieg sie aus dem Kübel und drehte die Mütze aus, bis das Wasser herauslief, dann gab sie sie dem kleinen Mann zurück.

Der warf sie erfreut in die Luft um sie wieder aufzufangen, was ihm allerdings nicht gelang. Dann setzte er die Mütze auf seinen Kopf und blickte Hilda dankbar an:
"Du scheinst ein nettes Kindchen zu sein. Du hast meine Mütze wieder gefunden. Ich heiße Pechmanderl, weil ich immer so viel Pech habe. Und du bist wohl Hilda. Meine Großmutter denkt du heißt genau wie sie, sie heißt nämlich Pumphut, weißt du, Pumphut-Hilda, ich will dir etwas schenken. Hier nimm diese schöne Dose mit den Kieselsteinen darin! Wenn du sie schüttelst, macht es schöne Geräusche."
Das Männchen schüttelte die Dose und die Steine im Innern schlugen lärmend an die Blechwände der Dose. Es war ein schreckliches Geräusch, aber Hilda musste über das seltsame Geschenk trotzdem lachen.
"Das ist ja ein wunderbares Geschenk und ich danke dir sehr."
"Tja", sagte Pechmanderl, "hoffen wir, dass sie dir Glück bringt. Mir würde sie natürlich keines bringen. Ich muss jetzt meine Kleider aufhängen gehen, sonst erkälte ich mich wieder. Auf Wiedersehen!"

Damit schlurfte das Pechmanderl mit hängenden Schultern und immer noch schimpfend in eines der Blumenbeete und obwohl Hilda ihm nachging und zwischen alle die Blumen schaute, war es wie vom Erdboden verschwunden. Hilda setzte sich in ihrem nassen Nachthemd auf die Wiese und dachte über das seltsame Männchen nach. Dabei spielten ihre Finger mit der Dose.
Warum hatte das Pechmännchen sie bloß Pumphut genannt? Wollte es sie ärgern wie ihr Bruder Frederick?

Bald kamen die Eltern zurück und die Geschwister zeigten ihre Geschenke. Zuerst holte Hilda ihre Dose hervor und öffnete sie vor den grinsenden Gesichtern ihrer Eltern und ihres Bruders.
Aber als sie die Dose öffneten, hörten alle auf zu grinsen und sich über sie lustig zu machen.
Im Innern lagen schimmernde Münzen und sie sahen aus, als seien sie aus reinem Gold. Noch am selben Tag fuhr Herr Flink in die nächste Stadt um die Münzen schätzen

zu lassen. Als er zurückkam, machte er ein nachdenkliches Gesicht. Die Münzen, sagte er, seien tatsächlich aus Gold und der Mann auf der Bank hatte gesagt, es handele sich dabei um eine seltene alte Münze aus früher Zeit.
Die Münzen würden in einem Museum ausgestellt und Herr Flink musste angeben, wo er sie gefunden habe. Aber er hatte dem Mann erklärt, sie stammten aus einer Erbschaft und seien seit Generationen in der Familie.
Dafür dass Her Flink sie dem Museum zur Verfügung stellte, bekam er eine ansehnliche Summe Geld.
Schließlich wollte Frederick auch sein Geschenk vorzeigen, doch als er den Bindfaden aus der Hosentasche ziehen wollte, hatte er plötzlich keinen Faden mehr in der Hand, sondern einen zu einer kleinen Rolle gefalteten Scheck über eine riesige Geldsumme. Herr Flink brachte auch den Scheck zur Bank.
Die Familie Flink war nun so wohlhabend, dass Herr Flink beschloss aus dem alten Haus nicht mehr wegzuziehen. Er ließ den

zum Haus gehörenden Stall renovieren und begann mit großem Geschick, Schweine zu züchten.

Hilda und Frederick mussten nun nicht in einem Heim wohnen. Aber die Wichte hatten sie seitdem auch nie mehr gesehen.
Da hatte Frederick eine Idee. Er und Hilda baten den Vater um eine Säge und etwas Holz und Leim. Daraus fertigten sie mit der Hilfe von Herrn Flink, der früher Kunstschreiner gewesen war, drei kleine, etwa dreißig Zentimeter lange Bettchen.
Dann nähten sie drei kleine Matratzen, die in die Betten passten und füllten sie mit den Sägespänen und zuletzt nähten sie drei kleine Kopfkissen und Bettdecken aus rotem und grünen Stoff, die sie mit weicher Watte füllten.
Eines der Betten stellten sie abends in den Ofen, das Nächste lehnten sie an den Viehtrog, aus dem tagsüber die Schweine tranken und das letzte Bettchen stellten sie neben die Teekanne.

Als sie am nächsten Morgen nachsahen, waren die Betten verschwunden und Hilda und Frederick gratulierten sich lachend.
Wenn sie dann im Sommer am Blumenbeet saßen oder im Winter in der Küche vor dem alten Herd, den Frau Flink niemals verkaufte, dann glaubten sie feine blecherne Stimmchen zu hören und wenn sie manchmal nachts durch den Garten streiften, glaubten sie hinter dem Trog ein braunes Mützchen zu sehen.
Einmal sah Frederick auch noch kleine Fußspuren, die durch den Garten direkt unter sein Zimmerfenster führten und als Hilda im Herbst im Garten Laub zusammenkehrte, entdeckte sie auf dem schlammigen Boden unter den Blättern den Abdruck eines kleinen Fußes. Von da an wussten Frederick und Hilda, dass man Wichtel in seinem Garten finden konnte, wenn man nur sehr genau Ausschau hielt.

Die Wichtelfalle

Vor langer Zeit, als das Land noch fast ganz mit Wald bedeckt und das Leben noch hart war, hatte eine große Familie einen Bauernhof geerbt.
Alle Kinder und auch die Eltern mussten schwer arbeiten, damit der Hof einen Gewinn abwarf. Jedes Kind, auch das Kleinste, das gerade zwei Jahre alt war, sein Name war Klärchen, hatte eine Aufgabe.
Die ältere Tochter, Rita, musste in der Küche helfen und den ganzen Tag über Brot backen und Gemüse schneiden. Die Magd, die von allen nur die dumme Lisl genannt wurde, weil sie so dumm war, dass sie manchmal noch nicht einmal ihren Namen wusste, machte sauber, mistete die Ställe aus und molk die Kuh.
Der Knecht, Herbert, bebaute mit dem Vater die Felder und der Sohn der Familie, der elfjährige Sven trieb jeden morgen die Kuh und die Schafe und die zwei Ziegen der Familie auf die saftigen Wiesen hinter dem Haus. Die jüngere Tochter hieß Lora. Sie fütterte die Hühner und machte die Betten.

So lebte die Familie eine Zeit lang glücklich zusammen, Herbert stellte der hübschen dummen Lisl nach, denn er war sehr verliebt in sie, Sven, Lora und Rita gingen, wenn sie Zeit hatten, gerne in den Wald und dachten sich Gespenstergeschichten aus. Dann erzählten sie sich von den seltsamen Wesen, die es im Wald gab, wenn man den Leuten glauben wollte.

Sie erzählten sich von den Nixen, den Zwergen, den Elfen und am liebsten erzählten sie sich von den Wichteln. Dann suchten sie lachend unter den Wurzeln der alten Bäume, ob sie dort nicht einen Eingang ins Wichtelhaus fänden oder sie suchten in hohlen Bäumen oder an großen Felsen nach kleinen Türen.

Wenn sie dann nach Hause kamen fragte die dumme Lisl jedesmal: "Na? Habt ihr die Wichtel gesehen?" Und Rita und Sven kicherten und stießen sich in die Seite, weil doch jeder wusste, dass dies nur Geschichten waren. Lora sagte: "Lisl, du weißt doch, dass es keine Wichtel gibt. Wenn es sie gibt, muss man sie ja auch einmal sehen können."

Darüber musste Lisl erst nachdenken, aber sie meinte, nur besondere Leute könnten die Wichtel sehen und sie habe schon mehrmals mit einem Wicht gesprochen.

"So?" Rita zog fragend die Augenbrauen hoch. Rita glaubte immer nur das, was sie sah, denn sie hielt sich für ein sehr vernünftiges und kluges Mädchen und sie hatte auch nie Angst, denn sie wusste nicht, wovor sie sich fürchten sollte. "Wo hast du denn einen Wicht gesehen, wie sah er denn aus?"

Die dumme Lisl freute sich, dass ihr die Kinder alle zuhörten und erzählte es ihnen bereitwillig. "Einmal, als ich durch den Wald gegangen bin, weil ich Himbeeren suchen wollte, da habe ich einen Wicht gesehen. Er war ungefähr so groß " und sie zeigte auf Klärchen.

"Er hat zu mir gesagt 'Guten Tag, dumme Lisl' und dann ist er einfach weitergegangen und im nächsten Moment war er verschwunden. Er war ganz furchtbar hässlich und er hatte überall lange hässliche Haare und er hat nach Pfefferminze gerochen."

Bei diesen Worten konnte sich Rita nicht mehr zurückhalten und musste laut lachen. Und auch die anderen Kinder mussten mitlachen.

"Und was meint ihr wohl, was der Wicht zu mir gesagt hat?" fragte die dumme Lisl und gab sich gleich selbst die Antwort: "Er hat zu mir gesagt: Dumme Lisl, du bist ein besonderer Mensch, denn du kannst mit den Wichteln sprechen."

Leise sagte Rita an dieser Stelle und dabei ahmte sie die Stimme der dummen Lisl ganz genau nach: "Dumme Lisl, du bist ein ganz besonders dummer Mensch, denn du sprichst mit den Bäumen und den Sträuchern." Die Kinder kicherten. Die dumme Lisl hatte nichts gehört, sondern sie erzählte schon weiter:

"Über die Wichtel dürft ihr nie, niemals spotten, denn das bringt Unglück." Und jetzt senkte sie ihre Stimme, als befürchte sie, es könne jemand mithören:

"Die Wichtel, die Wichtel haben Zauberkräfte, sie sind sehr mächtig und es ist nicht gut, sie zum Feind zu haben und ich glaube," sie hielt einen Moment inne, bis ihr wieder einfiel, was sie glaubte: "Ich glaube, sie mögen es nicht, wenn man sie nicht für Wirklichkeit hält. Wenn man die Wichtel gegen sich hat, das kann böse enden." Sie richtete sich aus der gebückten Haltung, in der sie mit den Kindern gesprochen hatte, auf und strich ihre blonden Harre zurück unter ihr Kopftuch.

Den Kindern war es jetzt doch etwas mulmig geworden. Was war, wenn die Wichtel das Gespräch gehört hatten und jetzt schon böse auf sie waren? Würden die Wichtel sie dann verzaubern?

Nur Rita hatte wie immer überhaupt keine Angst. Sie tat, als habe sie in der Küchenecke etwas Seltsames gesehen und schrie auf. Als die Kinder sie erschrocken anstarrten, lachte sie sie aus und sagte: "Ich bin ein Wicht und ich muss sagen, ihr habt mich sehr, sehr böse gemacht." Die Kinder atmeten erleichtert auf und lachten.

Aber als sie an diesem Abend zu Bett ging, hatte Lora, die jüngere Schwester doch etwas Angst, denn das Haus stand sehr einsam in einem dunklen Wald und sie glaub-

te, in den dunklen Ecken des Schlafzimmers, das sie sich mit Rita und Sven teilte, Geräusche zu hören. In der Nacht konnte sie keinen Schlaf finden und plötzlich war sie hellwach. Durch das winzige Fensterchen fiel der silbrige Schimmer des Mondes direkt auf ihr Gesicht und sie hatte mit einem Mal das Gefühl, dass ein Paar Augen sie beobachtete. Sie richtete sich auf, ihre Geschwister lagen friedlich schlafend auf dem riesigen Bett, das sie mit ihr teilten, ihr ruhiger gleichmäßiger Atem erfüllte den Raum. Aber war da nicht noch ein anderes Geräusch? Ein Schnarchen?
Lora musste an das denken, was die dumme Lisl ihnen gesagt hatte: "Es ist nie gut, die Wichtel gegen sich zu haben."
Wenn Lora eine Mutter gehabt hätte, dann wäre sie jetzt zu ihr ins Bett gelaufen, aber ihre Mutter war schon seit langer Zeit tot und der Vater hielt nichts davon, wenn nachts seine Kinder zu ihm ins Bett sprangen.
Also legte Lora sich wieder hin und versuchte sich einzureden, dass sie sehr sehr müde sei. Da hörte sie es. Es schnarchte ir-

gendwer. Sie sah zu Sven hinüber, er atmete ganz leise. Rita schnarchte ganz leise, nicht so laut wie das Schnarchen, das sie hörte. Der Schweiß brach ihr aus. Was war das bloß?
Da hörte das seltsame Schnarchen plötzlich auf und die Stille kam Lora noch viel schlimmer vor, denn jetzt hatte sie wieder das Gefühl zwei Augen würden sie beobachte. Sie räusperte sich und sagte ganz leise und vorsichtig "H...Hall-llo?" Ein Kichern folgte, dann war nichts mehr zu hören und wie Lora sich auch anstrengte, sie konnte weder das Schnarchen, noch irgendein anderes Geräusch hören.

Als die Kinder am anderen Morgen erwachten, machten sie eine schlimme Entdeckung: Alle Möbel im Zimmer, die Stühle, der große Kleiderschrank und die schwere Truhe standen an einem anderen Platz.
Jemand musste sie über Nacht verschoben haben, ohne dass sie es bemerkt hatten. Lora lief es kalt den Rücken hinunter, denn sie dachte an das Kichern, das sie in der Nacht gehört hatte. Sie erzählte den an-

deren von ihrem Erlebnis, aber Rita meinte nur: "So laut, wie unser Vater schnarcht, könnte man es sogar bei den sieben Zwergen hören. Und bestimmt hat die dumme Lisl im Schlaf gekichert." Damit gaben sich Loras Geschwister zufrieden und bald dachten sie nicht mehr daran.

Doch dann begannen seltsame Dinge im Haus zu geschehen und ab diesem Zeitpunkt sollte keines der Kinder mehr richtig schlafen können. Es fing damit an, dass Lisl am Abend Rita bat, für sie die Kuh zu melken, denn Lisl wollte mit Herbert auf einen Tanz gehen, den es im Dorf gab.
Also machte Rita sich auf den Weg in den Stall. Es war Oktober und um diese Zeit wurde es immer schon früh am Abend dunkel. Als Rita jetzt zum Stall ging, konnte sie schon nicht mehr viel erkennen, die Bäume und Sträucher auf dem Hof waren in der hereinbrechenden Dämmerung zu seltsamen formlosen Schatten verschmolzen.
Da hatte Rita plötzlich ein Gefühl, als folge ihr jemand. Wütend, denn sie nahm an, ihr Bruder Sven wolle sie erschrecken, drehte

sie sich herum. Aber es war niemand zu sehen. Da beeilte sich Rita in den Stall zu kommen, wo eine helle Öllampe Licht spendete. Sie nahm sich einen Hocker und molk die Kuh Resi, dann packte sie die schwere Milchkanne und trug die Milch vorsichtig über den Weg zurück zum Haus. Als sie die Stufen zur Küche hinaufging und gerade die Tür öffnete, kam plötzlich von irgendwoher ein Bein und stellte sich geschickt zwischen ihre Füße. Rita stolperte auf den Stufen, ihre Füße verloren den Halt und sie stürzte der Länge nach hin. Die Milch ergoss sich über den Küchenboden. Die Geschwister, die am Küchentisch saßen, mussten lachen, denn die Milch breitete sich schnell auf dem Boden aus und begann Ritas Kleid zu durchdringen. Rita richtete sich erbost auf und wollte mit ihren Geschwistern streiten, da rutschte sie auf irgendetwas aus und fiel wieder hin. Als sie nach unten blickte, stellte sie fest, dass die Erbsen, die Lisl getrocknet hatte, auf dem Boden lagen und unter ihren Füßen einen rutschigen Belag gebildet hatten.

Den Kindern war das Lachen nun vergangen und Lora flüsterte leise und eindringlich: "Das waren die Wichtel. Man darf nie die Wichtel gegen sich aufbringen!" Alle schwiegen betroffen.

"Was sollen wir denn jetzt tun?" fragte Sven schließlich kleinlaut. Lora schnappte sich ein Putztuch und wusch die verschüttete Milch auf. Auch Klärchen hob sie vorsichtshalber vom Boden auf, wo es gesessen und mit seiner Puppe gespielt hatte.

Rita stand vom Boden auf und sammelte die Erbsen wieder ein. Sie würde sie spülen und dann von Neuem trocknen müssen. Sie stellte die Schüssel mit den Erbsen energisch auf den Schrank und sagte: "Also, hört mir zu. Ich bin gestolpert und Lora hat Albträume, na und? Nur kleine Kinder und dumme Leute glauben an Wichtel. Das war gar nichts. Ich habe jedenfalls nicht vor, mir deswegen Angst machen zu lassen." Sie blickte herausfordernd in die Runde. Lora zögerte, sie war sich sicher, hinter Ritas Fuß für den Bruchteil einer Sekunde ein kleines behaartes Bein gesehen zu ha-

ben, so klein, dass es keinem normalen Menschen gehören konnte.
Zitternd sagte sie: "W...wir wissen nun ei...ei...einmal nicht, was das war, vielleicht hast du Recht, w...wollen wir jetzt essen?" Sie hob die Milchkanne auf und leerte den kleinen Rest Milch in eine Tasse, die sie Klärchen zu trinken gab. Sie selbst würde an diesem Abend wohl Wasser trinken müssen.

Am nächsten Tag schien die Sonne noch sommerlich warm vom Himmel und Sven, der die Kuh und die Ziegen auf die Weide geführt hatte, legte sich ins Gras und sah in den blauen Himmel hinauf. Er dachte über seine Schwestern nach und darüber, ob die Wichtel ihnen vielleicht heimlich Streiche spielten oder nicht. Vielleicht handelte es sich bei all den Unfällen nur um Zufall. Heute Nacht war er aufgewacht, weil er kalte Füße hatte und er hatte bemerkt, dass die Bettdecke über seine Füße hinauf gerutscht war. Aber jedesmal, wenn er die Decke herunterzog, rutschte sie wie von kleinen Händen zurückgezogen wieder an seinem Bein herauf und als er schließlich beschlossen hatte, mit kalten Füßen einzuschlafen, hatte er geglaubt winzige Hände an seinen Fußsohlen zu spüren, die ihn dort kitzelten. Vor Lachen hatte er lange Zeit nicht wieder einschlafen können. Als sie dann am Morgen alle aufgewacht waren, hatten die Möbel wieder genau so gestanden wie immer. Dafür hatten ihn seine Schwestern am Morgen tüchtig ausgelacht, denn irgendjemand musste ihm über Nacht mit Ruß aus dem Ofen eine Schweineschnauze ins Gesicht gemalt haben.

Er fand, es war an der Zeit herauszufinden, was es mit dem ganzen Unfug auf sich hatte. Als am Mittag seine Schwestern kamen und das Mittagessen mit auf die Weide hinaus brachten, setzten sie sich unter die dicke Eiche, unter der es kühlen Schatten gab, und besprachen, was zu tun sei.

Rita fing an: "Ich habe lange nachgedacht und ich bin immer noch nicht überzeugt, dass wir es hier mit Wichteln zu tun haben, denn ich kann einfach nicht glauben, dass es sie wirklich gibt. Ich meine, die dumme Lisl will sich einen Scherz mit uns erlauben, weil wir sie immer aufziehen und tut all die dummen Dinge."

Aber Lora schüttelte den Kopf: "Die dumme Lisl ist viel zu dumm, um auf solche Ideen zu kommen. Heute hat sie aus Versehen zu unserem Vater Herbert gesagt und ihm sogar einen Kuss auf die Wange gegeben." Die Kinder mussten lachen. "Außerdem war sie oft, wenn die Streiche geschahen, gar nicht da. Heute Morgen hat mich irgendwer in eine große Pfütze geschubst, ich bin hingefallen und musste mich umziehen."

Sven räusperte sich und sagte: " Was auch immer es ist, ich finde, wir müssen jetzt etwas unternehmen, denn ich möchte nicht noch einmal mit einer Schweineschnauze aufwachen. Ich habe eine Idee, wie wir herausfinden können, ob die Wichtel dahinter stecken."

Die Geschwister rückten interessiert näher an den Bruder heran. Sven erklärte, was er vorhatte: "Also," er blickte jeden von ihnen an: "Die dumme Lisl hat gesagt, der Wicht hat nach Pfefferminze gerochen. Was wissen wir sonst noch über sie?"

"Sie leben in unserem Schlafzimmer und in der Küche." sagte Rita.
"Sie tragen rote Hosen, die viel zu kurz sind", fügte Lora hinzu und alle sahen sie überrascht an. Da erzählte sie den anderen von dem kleinen Bein, das sie zu sehen geglaubt hatte. Sven nickte ihr zu und sprach weiter: "Mein Plan ist, eine Wichtelfalle zu bauen. Wir nehmen etwas frische Pfefferminze und kochen einen feinen Tee, das wird sie hervorlocken. Dann legen wir neben die Teekanne eine schöne rote Hose, die ihnen passen könnte. Dann verstecken wir uns hinter der Tür und schauen, was passiert und wenn dann die Wichtel kommen, kommen wir aus unserem Versteck hervor und schnappen sie uns."

Noch am selben Abend versteckten sich die drei Geschwister hinter der Küchentür. Klärchen war bereits zu Bett getragen worden und die dumme Lisl und der Knecht Herbert saßen in der Scheune hinter dem Haus und Lisl erzählte Schauergeschichten über die Wichtel bis sie nicht mehr weiter wusste, weil sie den Rest vergessen hatte.

Lisls Geschichten trugen nicht gerade dazu bei, den Kindern Mut zu machen.

Lora hatte den ganzen Tag an einer kleinen roten Hose genäht. Rita hatte mit Lisl in der Küche einen Tee aus den letzten wilden Pfefferminzblättern gekocht, die es zu dieser Jahreszeit noch gab. Der Duft des Tees zog verlockend zu ihnen herüber. Sie hatten die Tasse in die Mitte des Zimmers auf den Küchenboden gestellt und die neue Hose daneben gelegt. Sven hatte sich mit einem fest geknüpften Wurfnetz bewaffnet, das er noch am Nachmittag fertig gestellt hatte. Rein aus Vorsicht, wie sie extra betonte, hielt Rita die große Backrolle in der Hand, die die dumme Lisl immer zum Kuchenbacken benutzte.

Die Kinder fühlten sich nun etwas sicherer, aber als sie sich zu dritt in den engen Spalt zwischen der Küchentür quetschten und die Tür vor sich zuhielten, stieg ihre Anspannung wieder an. Lange Zeit passierte überhaupt nichts. Die Geräusche im Haus wurden immer leiser. Der Vater stieg die Treppe zu seiner Kammer herauf und löschte alle Lichter, die noch im Haus brannten.

Die dumme Lisl ging nach einer weiteren Stunde ebenfalls zu Bett und kam eine halbe Stunde später wieder herunter, weil sie ihr Nachthemd noch auf der Wäscheleine im Garten hängen hatte. Laut schimpfend schlug sie die Tür ihrer Schlafkammer hinter sich zu. Dann breitete sich eine unheimliche Stille im Haus aus. Der Mond kam hinter den Wolken hervor und schien durch das Küchenfenster. Die Tasse stand verlassen auf dem Boden und der Tee glänzte im milden Licht des Mondes. Sven war sehr müde, er konnte sich kaum noch auf den Beinen halten und wie es schien, ging es seinen Schwestern auch nicht viel besser. Er wollte gerade laut gähnen, als er in der Nähe des Ofens etwas rascheln hörte. Dann sagte eine helle Stimme: "Kommt, wir wollen mal sehen, was wir heute Nacht anstellen können. Wollen wir die Schweine in die Gemüsebeete treiben oder wollen wir vielleicht dem dummen Jungen einen Ochsenschwanz anheften?"
Eine andere, etwas dunklere Stimme sagte: "Nein, wir nageln die Haustür mit Brettern zu." Da meldete sich eine dritte Stimme

und schlug vor: "Lasst uns lieber dem eingebildeten Mädchen einen Streich spielen. Wir schleichen uns in die Speisekammer und vertauschen das Salz und den Zucker und das andere Mädchen, das, das nachts immer Angst vor uns hat, das ziehen wir heute Nacht an den Zöpfen."
Gekicher folgte. Da sagte die erste Stimme: "Halt! Was ist denn das? Was steht denn da auf dem Boden?" Fußgetrappel folgte. Dann sagte die dunklere Stimme: "Da haben sie Milch für die Katze hingestellt." Das Geräusch eines Schlages folgte und die helle Stimme sagte zornig: "Du dummer Wurzelesser, das ist doch keine Milch, die hat die blöde Kleine doch verschüttet, wie ungeschickt von ihr. Das hier ist....es riecht wie Pfefferminztee!"
Rita hielt es nicht mehr aus. Ihre Neugier war zu groß. Sie schob die Tür einen winzigen Spalt weiter und blinzelte nach draußen: Um die Tasse hatten sich drei kleine Gestalten, ungefähr so groß wie ein Stuhlbein, gesetzt und tauchten kleine Löffel hinein und aßen von dem Tee als sei es eine Suppe. Alle drei Leute trugen Mützen

und grüne Hemden. Die eine Gestalt hatte eine viel zu kurze Hose an, eine andere trug einen langen Rock.

Das Wichtelweibchen mit dem Rock und der hellen Stimme sagte: "Also, wenn ihr mich fragt, dann hat uns hier die dumme Lisl ein Geschenk hingestellt. Und eine Hose hat sie auch für dich genäht. Schau, Hütchen, die hat genau deine Größe!"

Der Wichtelmann namens Hütchen besah sich die Hose und zog sie schnell an, dann drehte er sich vor seinen Freunden, um ihnen seine neue Hose zu zeigen. "Ei, ist das eine feine Hose. So was Wertvolles habe ich noch nie gehabt, der Stoff ist ganz weich und passen tut sie mir auch. Siehst du, Mützchen, und rot ist sie auch. Also kann ich sie auch immer tragen."

Die Wichtelfrau namens Mützchen tauchte ihren Löffel in den Tee und schlürfte genüsslich einen Löffel von der aromatischen Flüssigkeit auf. Da meldete sich der dritte Wichtel zu Wort. Es war eine alte gesetzte Wichteldame. Sie leckte sich genießerisch über die Lippen, aber dann sagte sie. "Aber nein, das ist ja gar nicht möglich. Die dum-

me Lisl kann doch gar nicht nähen und zum Kochen ist sie auch viel zu dumm und Pfefferminzblätter hat sie heute auch nicht gesammelt, aber die drei vorlauten Kinder haben welche geschnitten. Ich bin ihnen nämlich nachgegangen."
Die Wichtel schwiegen betroffen. Dann sagte die alte Dame wieder: "Die Kinder haben uns das hingestellt. Vielleicht haben sie ja endlich eingesehen, dass es uns gibt."
"Ja, vielleicht haben sie uns ja ein Geschenk machen wollen," stimmte ihr Mützchen zu. "Das ist aber lieb von ihnen."
Die Wichtel schwiegen nachdenklich.
Hinter der Tür rollte Sven sein Netz zusammen und stellte es hinter Lora. Er sah seine Schwestern fragend an und flüsterte:" Also, ich werde keinen von denen einfangen, es gefällt mir zwar nicht, dass sie mich 'Dummer Junge' genannt haben, aber ich war ja auch dumm, weil ich nicht an sie glauben wollte." Lora und Rita nickten zustimmend. Rita stellte die Backrolle neben das Netz und sagte: "Eigentlich sind sie doch auch ganz nett, oder?"

Sven beugte sich wieder nach vorne und blickte um die Tür herum, aber die Wichtel waren verschwunden. Die Kinder liefen zur Tasse und staunten, denn es befand sich nur noch ein winziger Rest Tee in der Tasse und die Hose war auch verschwunden.

Von diesem Tag an hatte die Familie nie wieder Schwierigkeiten mit den Wichteln. Es schien, als seien sie aus dem Haus verschwunden. Aber die Kinder hüteten sich davor, zu glauben, die Wichtel kämen nie wieder. Und erst recht nicht wollten sie wieder in ihren alten Unglauben zurückfallen. Wenn die dumme Lisl in Zukunft von ihren Gesprächen mit den Wichteln erzählte, hörten die Geschwister aufmerksam zu, denn sie hatten nicht vergessen, dass sich ein Eingang zu dem geheimen Wichtelversteck in ihrem Schlafzimmer befand.

Die lange Reise

Heute war ein herrlicher Tag. Dicke schöne schwarze Wolken hingen dicht über der Erde und ein schwerer Regenguss folgte dem Nächsten. Die Wichtelkinder liebten dieses Wetter. Sie rannten, kaum dass die Wolken aufgezogen waren nach draußen und ließen den Wind durch ihre dichten Bärte wehen. Sie tanzten und jauchzten im strömenden Regen und riefen sich gegenseitig neu erdachte Schimpfworte zu.
Am wildesten waren Quarx und Querx, die Wichtelzwillinge. Quarx war ein hübsches Wichtelmädchen von zwölf Jahren. Sie hatte wunderschöne rote Haare und ein dicke, kleine Nase.
Ihr Bruder Querx sprang kraftvoll in eine riesige Pfütze, die sich am Boden ausgebreitet hatte, sodass die anderen Wichtelkinder unter einem Schwall von braunem Wasser verschwanden.
"Ihr Quellköpfe, ihr Dickfüße und ihr Flugohren!" schrie er aus vollem Halse. Die Wichtelkinder blickten begeistert zu ihm hin und begannen damit, ihn mit zähflüssigem

Schlamm zu bewerfen. Quarx hielt ihre Haube in den Regen, bis sie sich mit Wasser gefüllt hatte und schleuderte sie dann ihrer Freundin Herla entgegen, die vor Wonne aufkreischte. Herla zog an dem dicken Ast, unter dem Quarx stand und ein Regen von Tropfen, die an den Blättern gehangen hatten, ergoss sich über Quarx und Kasermandel, ein noch kleines Wichtelkind, das neben ihr stand.
Da kam Pitzel, die Mutter von Quarx und Querx unter der großen Wurzel der großen Eiche hervor, unter welcher sich der Eingang ins Wichtelreich befand. Für das ausgelassene Treiben ihrer Kinder hatte Pitzel heute kein Verständnis. Zum Schutz vor dem Regen hielt sie sich während des Laufens ein großes Blatt über den Kopf.
Da kam ein Windstoß und fegte ihr das Blatt aus der Hand und der Regen klatsche ihr ins Gesicht. Querx und Quarx quietschen begeistert auf, als sie das sahen.
"Quarx und Querx, kommt sofort herein und trocknet eure Bärte. Ihr benehmt euch wie Wichtelbabys," schimpfte Pitzel. Auch die Mütter der anderen Kinder kamen her-

bei um ihre Kinder ins Haus zu rufen. Pitzel musste den wilden Querx sogar am Bart ins Haus ziehen.
Doch dort warteten schlimme Neuigkeiten auf die Wichtel. Als sie sich zum Abendessen alle um die große Wurzel versammelten, die ihnen als Esstisch diente, erhob die weise alte Wichteloma ihre Stimme. Die Wurzel, um die sie alle saßen, hatten die Wichtelfrauen mit Sägen glatt geschnitten, sodass sie die Gerichte, die Schüsseln und Näpfe, aus denen die Wichtel aßen, darauf stellen konnten.
"Was gibt's zu essen?" riefen die Wichtel und die Mutter von Kasermandel, die anerkanntermaßen die beste Köchin in der Wichtelsippe war und aus diesem Grund immer für alle kochte, gab Auskunft:
"Heute gibt es überbackenen Fliegenpilz, Haselnüsse und Ameisenkeulengulasch. Aber jetzt seid still, denn die Wichteloma will etwas sagen."
Die Wichteloma hustete um für Aufmerksamkeit zu sorgen. Dann hob sie an.
"Liebe Mitwichtel, heute habe ich schlimme Nachrichten für euch. Heute habe ich

mit unserem Postboten Karli gesprochen."
Sie ließ die Ankündigung einwirken. Karli war eine dicke Elster, die immer alle Neuigkeiten wusste, weil sie die Wichtelpost beförderte und viel dabei herumkam.
"Karli hat mir berichtet, dass die Trolle wieder in den Wald eingebrochen sind. Sie suchen ein warmes Quartier für den Winter und ich muss euch nicht erst sagen, was das für uns bedeutet...." Die Wichtel hielten erschrocken die Luft an. Dürrbein, ein alter, angesehener Wicht, sprach aus, was alle dachten:
"Die wollen uns hier rausschmeißen und verdammmich, diese hässlichen Stinker sind leider viel stärker und auch größer als wir. Und wenn sie uns am Leben lassen, uns nicht aufessen und uns nicht als Diener benutzen, wo sollen wir dann hingehen? Bald bricht der Winter an und ohne ein warmes Quartier sind wir verloren."
Die Wichteloma hustete schon wieder. Sie hatte sich eine schlimme Erkältung zugezogen und sie musste sich am Tisch fest halten, damit sie nicht umfiel.

"Oma, was rätst du, sollen wir tun?" fragte Pitzel. Allen Wichteln kroch es kalt den Rücken herauf. Denn mit den Trollen zu kämpfen, das war unmöglich. Die Trolle waren fürchterliche Geschöpfe. Sie waren etwa zwei Rübenlängen größer als die nur grashohen Wichtel. Außerdem waren sie am ganzen Körper dicht behaart, stanken entsetzlich und verständigten sich nur durch grunzende Laute. Am grauenvollsten waren jedoch ihre langen spitzen Zähne. Einem noch nicht ganz ausgewachsenem Wichtel konnten sie mit nur einem Biss das Genick brechen.

Ein neuerlicher Hustenanfall erschütterte die zerbrechliche Gestalt der Wichteloma. Dann schwankte sie plötzlich und fiel polternd hinter dem Tisch zu Boden, wo sie schwer atmend liegen blieb.

Zwei kräftige junge Wichtel eilten sofort herbei. Die Oma wurde aufgehoben und in ihr Bett gebracht. Pitzel machte sich daran, zwei Walnussschalen mit heißem Wasser zu füllen und stellte sie der Oma auf den Bauch, damit sie es schön warm hatte. Dürrbein kam aus der Küche geschlurft.

Er hatte einen Tee aus Stinknesselblüten aufgebrüht, den er der Oma in kleinen Schlucken zu trinken gab. Seit der Wichtelarzt im vergangenen Jahr mit seiner Frau und seinen Kindern in die Berge gezogen war, mussten sich die Wichtel nach den alten Geheimrezepten ihrer Wichtelvorfahren selbst behandeln.

Nach einiger Zeit schlug die Wichteloma ihre alten faltigen Augen wieder auf und blickte sich in der Runde der Wichtel um, die um ihr Bett herum saßen. "Ich weiß, was zu tun ist," sagte sie. "Wir müssen uns Rat holen bei den zwei weisen Pfifferlingschwestern." Zustimmendes Gemurmel erhob sich. Mit schwacher Stimme sprach die Oma weiter. "Die zwei weisen Schwestern sind sehr klug. Aber es ist ein weiter und gefahrvoller Weg dorthin, darum müssen wir uns beeilen. Wie ihr wisst, reden die zwei Schwestern nur mit Wichtelkindern, nie mit ausgewachsenen Wichteln. Darum müssen wir Quarx und Querx hinschicken. Ihr zwei müsst," und nun blickte sie die Zwillinge eindringlich an "fragen, wie wir uns vor den Trollen schützen können und ihr müsst gleich morgen früh aufbrechen. Traut ihr euch das zu?"

"Natürlich!" schrien Quarx und Querx und schlugen vor Freude ein paar Purzelbäume.

Noch bevor die Sonne aufgegangen war, saßen Quarx und Querx schon in der Küche am Wurzeltisch und aßen weich gekochte Ameiseneier und Vogelbeerenmüsli zum Frühstück. Auch Herla und Kasermandel saßen dabei. Sie hatten sich entschlossen, ihre Freunde zu begleiten. Kasermandel war, obwohl er der winzigste unter den Wichten war, am stärksten von allen. Obschon er nur so groß war wie ein kleiner Meerrettich, konnte er einen ausgewachsenen Baum entwurzeln, wenn er das wollte. Er dachte, dass seine besondere Kraft auf dieser Reise bestimmt von Nutzen sein könnte. Herla war die beste in der Wichtelschule. In Klettern, Zaubern und Reimen hatte sie sogar eine Fünf, die beste Note bei den Wichteln. Sie war ein sehr kluges Wichtelmädchen und sie hatte große Angst, ihre Freundin Quarx auf diese lange

Reise zu schicken, ohne den Schutz ihrer magischen Kräfte.
Da kam der alte Dürrbein hereingehinkt. Er zog umständlich ein Stück gefaltetes Eichenblatt aus seiner Hosentasche, auf das er einen Plan gemalt hatte. Er überreichte das Blatt Quarx und sagte: "Hier habe ich euch aufgemalt, wie ihr gehen müsst. Die Schwestern wohnen weit im Westen, im Zehnergebirge. Und hütet euch vor allem vor den Nixen und den Eulen." Damit ging Dürrbein schlurfend heraus um sich noch ein Stündchen hinzulegen. Er war nun sechshundertneunundfünfzig Jahre alt und in diesem Alter gehörten ein Schläfchen und ein Gläschen Killelikör zu den Freuden des Wichtellebens.

Die vier Freunde aber machten sich auf den Weg. Sie verabschiedeten sich von allen und wanderten zu der nächsten Haltestelle der Schneckenpost, die hier zweimal am Tag vorbeikam. Mit der Schneckenpost wollten sie den ersten Teil der langen Strecke zurücklegen. Als die Schneckenpost endlich in gemächlichem Tempo um

Die lange Reise

die Ecke bog, hatten die Wichte schon lange gewartet. Sie kletterten erleichtert in den großen vierrädrigen Wagen und gaben dem Kutscher, einem dicklichen alten und äußerst mürrischen alten Wicht, als Bezahlung etwas von ihrem Reiseproviant ab. Das Gespann von sechs großen Schnecken mit großartigen Häusern auf ihrem Rücken setzte sich mit einem schmatzenden Geräusch in Bewegung. Quarx und Querx machten sich einen Spaß daraus, die majestätischen Schnecken mit langen Gräsern von ihrem Sitz im Wagen aus hinter den Fühlern zu kitzeln. Die Schnecken sahen sich unwillig nach ihnen um, sagten jedoch nichts, denn mit dummen kleine Wichtelkindern wollten sie keine Worte wechseln.

Außer den vier Wichteln saß noch ein junge hübsche Zwergendame im Wagen. Sie lächelte die Kinder nachsichtig an und schenkte ihnen kleine Honigbonbons, die die Zwerge sehr schmackhaft herzustellen wussten. Sie erzählte, sie sei auf dem Weg auf den Wichtelmarkt, wo sie die Bonbons gegen gutes Geld eintauschen wollte.

Quarx und ihre Freunde wunderten sich, dass die Zwergendame gar keinen Bart trug, aber sie meinte, es sei bei den Zwergenfrauen gerade in Mode sich den Bart abzurasieren. Quarx staunte die hübsche Zwergin ehrfurchtsvoll an und beschloss heimlich, sich auch ihren Bart abzurasieren.
"Und wohin wollt ihr?" fragte die Zwergendame neugierig. "Wollt ihr auch was auf dem Markt verkaufen?"
"O nein, wir sind auf dem Weg zu den zwei weisen Pfifferlingschwestern, denn die Trolle sind auf dem Weg zu uns." Erzählte Querx bereitwillig. "Wir wollen sie um einen Rat bitten, wie wir die Trolle wieder loswerden."
Die Zwergin nickte verstehend. "Letztes Jahr sind die Trolle in das Zwergengebiet eingefallen. Wir hatten blutige Kämpfe mit ihnen und es sind viele Zwerge umgekommen. Es ist bestimmt gut, wenn ihr euch Rat holt. Wisst ihr was, ich gebe euch noch eine Säckchen Bonbons mit auf die Reise, mehr kann ich leider auch nicht für euch tun. Dafür habt ihr wenigstens etwas Feines zu essen."

DIE LANGE REISE

Die Zwillinge bedankten sich und führten zum Dank der Dame vor, wie sie auf dem Kopf stehen und gleichzeitig in die Hände klatschen konnten. Da hielt die Kutsche mit einem Ruck an und die Zwillinge fielen um. Laut lachend sprangen sie wieder auf. Die Zwergendame klatschte in die Hände, denn die Vorführung hatte ihr gut gefallen. "Warum haben wir denn angehalten?" rief Kasermandel schüchtern zu dem brummigen Kutscher herüber. "Wir bekommen noch einen Fahrgast," kam die mürrische Antwort. Die Schnecken spielten gleichgültig mit ihren Fühlern am saftigen Gras herum. Sie interessierten sich nicht besonders für die Fahrgäste. Eine kleine schwarz gekleidete Gestalt stieg umständlich in den Karren. Sie trug spitze schwarze Schuhe und einen hohen schwarzen Hut. Ganz eindeutig handelte es sich hier um eine Wichtelhexe. An einem langen dicken Seil führte sie ihre Hausmaus mit sich. Die Maus hüpfte geschickt mit einem einzigen Satz in den Wagen. Aber der Schaffner beschwerte sich übellaunig: "Hier dürfen keine Haustiere rein. Entweder ihr bindet sie hinten am Wagen an oder ihr müsst beide draußen bleiben, Mütterchen." Das alte Hexenwichtelweibchen warf dem Kutscher einen giftigen Blick zu. Morgen würde er einen hässlichen roten Ausschlag im Gesicht bekommen, das nahm sie sich vor, ihm anzuhexen.

Da sprang Querx herbei und schlug vor: "Mütterchen, ich binde das Tierchen für euch hinten am Wagen an. Darf ich ein bisschen darauf reiten?" Das Mütterchen schaute erleichtert und dankbar ihren kleinen Retter an und nickte zustimmend. Querx heulte auf vor Freude und schwang sich glücklich auf den Rücken der dicken Maus. Das Seil machte er an der Wagenachse fest.

Die Wichtelhexe ließ sich auf eine der Sitzbänke fallen und nickte auch den anderen Fahrgästen zu, der Fahrer ließ seine Peitsche knallen und die Schneckenpost setzte sich wieder in Bewegung. Auch der Hexe erzählten die Kinder, wohin ihr Weg sie führte. Nur die Zwergendame sprach kein Wort, denn sie hatte vor Wichtelhexen großen Respekt und auch ein bisschen

DIE LANGE REISE

Angst. Als die Hexe hörte, wohin sie wollten sagte sie mit quietschender Stimme langsam und bedächtig: "Ach, das ist aber eine weite Reise." Quarx schaute höflich weg. Natürlich war das eine weite Reise. Im Geheimen hielt sie die Wichtelhexe nicht für so besonders klug.
Da sagte die Wichtelhexe freundlich zu Herla. "Kindchen, du siehst mir aus, als könntest du ein bisschen zaubern. In der Schule gelernt, was? Tse, tse, zu unserer Zeit gab es noch gar keine Schule. Weißt du denn auch, welchen Spruch du sagst, wenn ihr eine Eule trefft, die euch fressen will?"
Herla schüttelte betroffen den Kopf. So etwas lernte man in keiner Wichtelschule. Da bedeutete ihr die Hexe, sich neben sich zu setzen und brachte ihr folgenden Spruch bei, der auch heute noch Eulen wirksam von Wichteln fernhält:

"Regenguss und Pfütze,
fass nicht nach meiner Mütze
fass nicht nach meinem Hals,
wenn ich dreimal mit der Zunge schnalz
Wehe wehe wehe!"

Dann musste man dreimal mit der Zunge schnalzen. Herla lernte den Spruch in kurzer Zeit auswendig. Querx dagegen fand Zaubersprüche lernen äußerst langweilig. Sie schaute ihrem Bruder beim Reiten zu und durfte auch einmal die Maus reiten. Die Wichtelhexe wollte ebenfalls zum Markt um dort die zahme Hausmaus zu verkaufen. Querx strich mit der Hand anerkennend über die Schnurrhaare der Maus und gab mit Kennermine folgendes Urteil ab. "Da bekommst du aber ein schönes Sümmchen für so ein prachtvolles Exemplar. Gibt bestimmt viel Milch."
Die Wichtelhexe zuckte die Achseln: "Ich brauche keine Milchmaus. Ich trinke nur Blutwurztee, das ist gut für die Zauberkräfte. Außerdem frisst die Maus mir die Haare vom Kopf, da verkaufe ich sie lieber."
An der nächsten Haltestelle mussten die Wichtelkinder aussteigen. Sie bedankten sich freundlich bei der Wichtelhexe und der Zwergendame, dann sammelten sie ihre Säcke ein und sprangen aus der Kutsche. Mit unbewegtem Gesicht setzten die mächtigen Schnecken sich wieder in Zug

DIE LANGE REISE

und bald war der Wagen hinter der nächsten Kurve verschwunden.
Die Kinder nahmen sich jeder eine lange Tannennadel als Wanderstock und gingen bis es anfing zu dunkeln, dann suchten sie sich einen sicheren Schlafplatz für die Nacht. Unter dem ausladenden Dach eines großen Steinpilzes entzündete Querx geschickt ein kleines Feuer. Herla kochte in einem großem Ahornblatt einen Eintopf aus den Dingen, die sie mitgenommen hatten: Hamsterkoteletts, Löwenzahnwurzeln und klein geschnittene Kräuter. Als es schließlich ganz dunkel war, rückten die Kinder nah zusammen unter den Pilz. In der nächtlichen Dunkelheit wurde Herla ganz beklommen. Angstvoll fragte sie: "Quarx, meinst du, es gibt Trolle oder Eulen in diesem Wald?"
Quarx gähnte kräftig:" Ach was, die Trolle sind doch noch weit im Norden und wir haben auch gar keine Trollspuren gesehen."
"Und die Eulen können uns unter diesem riesigen Pilz gar nicht sehen, zu schade, dass Steinpilze so giftig sind, sonst könnten wir uns ein Stück davon als Proviant mit-

nehmen," fügte Kasermandel hinzu, der immer Hunger hatte. Er rieb sich müde über sein bartloses Gesicht. "Ich möchte wissen, wann ich endlich einen Bart bekomme!" Querx grinste: "Vielleicht hält man dich sonst für eine Zwergendame", zog er seinen Freund auf. Das erinnerte Quarx wieder an ihr Vorhaben, ihren Bart abzurasieren, damit sie genauso modisch aussähe wie die schöne Zwergin.

Früh am nächsten Morgen, als die anderen noch schliefen, schlich sie sich zur nächsten Pfütze. Ihr bärtiges Gesicht spiegelte sich im Wasser. Schnell nahm sie ihr scharfes kleines Messer, das Pitzel ihr aus einem Mäusezahn gefertigt hatte und rasierte nach und nach ihre Barthaare ab. Im Wasser blickte ihr jetzt ein rotbackiges Mädchengesicht ohne ein einziges Barthärchen entgegen. Sie fand es wunderhübsch. Erfreut machte sie sich auf den Weg zurück zum Schlafplatz. Als sie sich näherte, schienen gerade die ersten goldenen Sonnenstrahlen unter den Steinpilz und weckten die Kinder. Sie beschienen

die herankommende Quarx. Fassungslos und völlig verwundert starrten die Wichtel ihre Freundin an. Dann folgte brüllendes Gelächter. Vor allem der wilde Querx konnte sich kaum wieder beruhigen.
"Ach du liebes Rübchen, was soll das denn? Willst du dich als Zwergin verkleiden oder bist du einfach nur verrückt?"
Quarx ließ sich jedoch nicht beirren. Entschlossen ging sie zu Kasermandel und drückte ihm ihren herrenlosen Bart in die Hand. "Ich werde ab jetzt auch keinen Bart mehr tragen, denn ich finde, Mädchen sind ohne Bart hübscher." Kasermandel und Querx sahen aus, als hätte Quarx vor ihren Augen gerade soeben einen Ochsen mit Hufen und Schwanz verschlungen. Ein Mädchen ohne Bart! Unvorstellbar! Allerdings, das mussten sie zugeben, sah Quarx ohne Bart wirklich hübsch aus.
"Woran soll Pitzel dich denn ins Haus ziehen, wenn du nicht freiwillig mitkommst?" fragte Querx verständnislos und dachte im Stillen: Und woran soll ich dich denn ziehen, wenn ich dich ärgern will?

Aber Quarx machte ein höchst konzentriertes Gesicht. "Ich lasse mich auf keinen Fall von meiner Idee abbringen und ab heute werde ich mich jeden zweiten Tag rasieren. Herla, ich finde, das solltest du auch tun!"
Herla, die gerade dabei gewesen war, einige kleine Singvogeleier über dem Feuer zu braten, ließ erschrocken ihren Rührlöffel fallen und blickte Quarx hilflos an. Aber Quarx stand noch so sehr unter dem Einfluss der Entdeckung ihrer neugewonnenen Schönheit, dass sie freundlich meinte: "Na ja, vielleicht, brauchst du noch etwas Zeit" und Herla schließlich in Ruhe ließ. Zu Kasermandel gewandt sprach sie: "Kasermandel, ich schenke dir meinen abgeschnittenen Bart. Wenn Herla das kann, dann kann sie ihn dir anhexen, wenn nicht, dann suchen wir Harz und kleben ihn fest. Na, was meinst du?"
Kasermandel stand sprachlos unter dem Pilz. Vor Rührung wollte ihm das Herz zerspringen. Der Bart war jedes Wichtels Stolz und diese Freundin wollte ihm ihren Bart schenken. Er räusperte sich umständlich,

denn irgendetwas schien plötzlich in seiner Kehle zu sitzen, dann nahm er dankbar den schönen roten Bart an und hielt ihn probeweise vor sein Gesicht.
"Sieht wichtelig aus!" bestätigte ihm Querx feierlich, der es mittlerweile sehr spaßig fand, dass seine Schwester so dämlich aussah. Und Herla nahm die Eier vom Feuer und fügte hinzu. "Kasermandel, du siehst mindestens zweihundert Jahre älter aus!" Kasermandel strahlte vor Stolz.
"Jetzt", sagte Quarx "bleibt nur noch das Problem, wie wir den Bart an seinem Gesicht befestigen. Vielleicht will er ihn abends ja auch einmal abschnallen und ihn mit Kamille und Lavendelwasser auswaschen und ihn danach gut mit Schlangenfett einreiben."
Nach dem Frühstück brachen die vier Wichtel wieder auf und hielten sich genau in westlicher Richtung. Der Waldweg, den sie benutzten, war ein uralter, ausgetretener Wichtelpfad, der mal bergan führte, mal bergab und viele Kurven beschrieb. Herla dachte die ganze Zeit über angestrengt über einen passenden Zauber-

spruch nach, mit dem sie Kasermandel den Bart so anhexen könnte, dass er ihn manchmal noch abnehmen konnte. Mittags erreichten sie einen ausgedehnten Waldsee, sie beschlossen auf die nächste Fähre zu warten und setzten sich nieder, aßen ein paar Stücke getrockneten Fliegenpilz mit Butter und ruhten aus.
Es war ein bedeckter Tag mit einem kalten Wind, der die Blätter vor sich hertrieb und Quarx und Querx legten sich genießerisch am Ufer in den Nieselregen. Herla saß daneben an einen dicken Stein gelehnt und hielt sich ein Ahornbaltt über den Kopf. Kasermandel war eingeschlafen und hielt im Schlaf seinen neuen Bart umklammert.
Herla sprang plötzlich auf und riss die Zwillinge aus ihrem Schläfchen. "Wie findet ihr diesen Zauberspruch:

> Hex hex hex
> dass ihm ein Bärtlein wächs..."

"Herla, das heißt doch nicht wächs, sondern wächst", sagte Querx gelangweilt. Herla runzelte die Stirn: "Wenn ich 'wächst'

sage, dann reimt es sich doch nicht. Und gute Zaubersprüche reimen sich." "Dann kannst du diesen nicht nehmen, Herla." Querx streckte sein Gesicht mitleidlos wieder dem Regen entgegen.
Herla dachte an die alte Wichtelhexe und daran, was sie ihr über das Zaubern beigebracht hatte und versank wieder in ihren Überlegungen. Quarx richtete beklommen das Wort an ihren Bruder:
"Querx, hattest du schon mal richtig Angst in deinem Leben?"
Querx blickte Quarx verständnislos an. "Ich hatte noch nie Angst. Wovor hast du denn Angst, Schwesterlein?" Querx hatte sofort durchblickt, worauf Quarx mit ihrer Frage hinaus wollte. Quarx hatte schreckliche Angst vor tiefem Wasser und den Geistern, die im Wasser wohnten. Sie hatte keine Schwierigkeiten, in einer Pfütze zu baden oder in einer Badewanne, aber sobald sie nicht mehr auf den Grund eines Wassers sehen konnte, bekam sie mächtige Angst. Vor den Nixen dagegen fürchteten sich alle Wichtel, denn es war bekannt, dass sie die kleineren Wichtel nur allzu gern unter

Wasser zogen und sie dort für sich arbeiten ließen, bis sie eines Tages genug von ihnen hatten und sie wieder zurück an Land schickten. Im Nixenreich war es immer dunkel und die Nixen waren unverschämte und harte Befehlshaber. Eine Unmenge von Schauergeschichten kreiste in den Wohnstuben der Wichtel in aller Welt über die Nixen.

Jetzt fragte Quarx ihren Bruder: "Meinst du, wir müssen unbedingt über den See? Können wir nicht drumherum laufen?" Aber da kam bereits die Wichtelfähre heran. Ein altes Wichtelmännlein lenkte sie genau zu der Stelle, an der die Kinder sich niedergelassen hatten. Die Wichtelfähre bestand aus einer großen runden Muschelschale, unter die der Fährwicht einige Holzstücke geklemmt hatte, damit man sie hoch belasten konnte.

"Na, wollt ihr herüber?" fragte er freundlich und blickte mit mäßigem Interesse auf Quarxs bartloses Gesicht, sagte aber nichts, denn in seinem Beruf sah er viele wunderliche Leute, die auf die andere Seite hinüber wollten.

"Was kostet denn die Überfahrt?" wollte der vorlaute Querx wissen und fügte hinzu "wenn wir selber rudern?" Der Fährmannswichtel blickte ihn erstaunt an. "Was, ihr wollt euch selber rüberrudern, wisst ihr denn, wie schwer das ist, fünf Leute über den See zu rudern, noch dazu bei diesem Wind und außerdem muss ich ja auch alleine wieder zurückrudern." Aber Querx deutete ziemlich selbstbewusst auf Kasermandel, der den alten Wicht freundlich anlächelte, und sagte: "Er wird uns rüberrudern."

Der alte Wicht schüttelte verdattert den Kopf als er Kasermandel sah, der ihm gerade mal bis an den Gürtel reichte und noch nicht mal einen Bart hatte. Da hob Kasermandel mit einer Hand den riesigen Stein an, unter dem Herla gesessen hatte und hielt ihn einige Sekunden lang in der Luft ohne dass ihm der Atem kurz wurde.

Der alte Wicht staunte nicht schlecht über so viel unvermutete Kraft und ließ die Kinder einsteigen. Er fahre sie umsonst herüber, sagte er und er kam aus dem Staunen nicht heraus, als Kasermandel die Ruder ergriff und die Muschelschale in Windeseile über den See sausen ließ. Quarx und Querx gefiel das natürlich sehr gut und sie lehnten sich weit aus der Schale hinaus und hielten ihre Gesichter in die aufspritzenden Wasserfontänen.

Da fielen Quarx plötzlich die Nixen ein und sie setzte sich schleunigst zurück ins Muschelboot. Das Wasser unter ihr schien sich bedenklich zu kräuseln. Es war braun und undurchsichtig und irgendetwas Schwarzes schien sich da unten zu schlängeln. Quarx schluckte hart. Sie lehnte sich wieder vorsichtig über den Rand und sah in das trübe Wasser. Hatte dort nicht irgendetwas aufgeblitzt? Auch der Fährmann schien etwas wahrgenommen zu haben, denn auch er blickte forschend ins Wasser.

"Was ist denn da im Wasser unter dem Boot? Ist das ein Fisch?" fragte schließlich Herla leicht verängstigt. Quarxs Herz begann schneller und schneller zu schlagen. War da nicht ein glitschiger Leib vorbeigeschwommen? Hatte sie nicht eine weiße Hand im Wasser gesehen?

"G....g...ggggibt es hier auch Nixen?" fragte sie den Fährmann und achtete darauf, sich gut am Muschelrand fest zu halten. Der alte Wicht machte ein grimmiges Gesicht. "Normalerweise haben wir um diese Zeit keine Schwierigkeiten mehr mit den Nixen, die kommen nur im Sommer an die Oberfläche. Im Winter bleiben sie im Wasser und häkeln sich Westen." Das hatte Quarx ja noch nie gehört.
"Dddd...ddda war aaa...aaber eben ....e....ee....eetwas, das sah genauso aus wie eine Nixe, es hatte ganz weiße Hände." Wandte Quarx ein, immer noch vor Angst stotternd. Querx lachte erfreut auf. "Ui, Nixen, ich habe noch nie eine Nixe gesehen." Er lehnte sich weit über den Rand der Muschel hinaus und schrie in die trüben Fluten: "Haaaaaallloooo, ihr Nixen, könnt ihr mich hööööören? Wie geht's euch denn da unten? Ist es nicht ein bisschen kalt im Wasser?" Er hielt seine Hände ins Wasser und lehnte sich noch weiter aus dem Boot heraus und im nächsten Moment war er verschwunden. Sein Körper war einfach im Wasser verschwunden!

Quarx schrie entsetzt auf und suchte mit den Augen die Wasseroberfläche ab. Kasermandel ließ die Ruder sinken und starrte mit offenem Mund auf Querxs leeren Platz. Herla fing an zu weinen.

"Was machen wir denn jetzt?" schrie Quarx und schüttelte den alten Wicht unsanft durch. "Mein Bruder ist da unten verschwunden. Die Nixen haben ihn einfach heruntergezogen. Was soll ich denn jetzt machen? Mein Bruder ist weg!" Auch Quarx fing jetzt an zu weinen und der alte Bootswicht sah sich zwei laut weinenden Wichtelmädchen gegenüber.

"Na ja, manchmal bringen sie sie wieder rauf, wenn sie sie nicht wollen. Dann spuckt das Wasser sie wieder aus." sagte er bedächtig und kratzte sich verlegen unter seiner Wichtelmütze. "Wir müssen ein bisschen warten. Vielleicht kommt er gleich wieder hoch", sagte der Wicht hoffnungsvoll.

"Vielleicht?!" Quarx blickte den Alten so böse an, dass er beinahe selbst ins Wasser gefallen wäre. "Vielleicht?! Was heißt hier vielleicht! Meinst du, ich will ohne meinen

Bruder hier wegrudern?" Quarx setzte sich beleidigt hin, da fiel ihr plötzlich etwas ein. "Vielleicht können wir ihn ja den Nixen abkaufen? Was haben die Nixen denn besonders gerne?" fragte sie, erneut Hoffnung schöpfend den alten Wicht. "Gibt es nicht etwas, was die Nixen so sehr lieben, dass sie uns meinen Bruder dafür geben würden?"
Der alte Wicht dachte angestrengt nach. "Na ja, kleine Kinder mögen sie gerne, Säuglinge und so was und junge hübsche Männer natürlich und vielleicht ein bisschen Schmuck..." Quarx war enttäuscht. "Wir haben keine Säugling, jungen Männer und keinen Schmuck." Frustriert blickte sie ins Wasser, das so glatt war, dass man sofort merkte, dass etwas nicht stimmte, weil der Wind doch ging und die Wellen viel größer sein müssten. Es sah gespenstisch aus.
"Gibt es sonst nichts, was sie gerne hätten?" fragte sie.
"Hm, die Nixen mögen alles, was sie im Wasser nicht haben können, zum Beispiel mögen sie gerne Stickrahmen..." Quarx rollte die Augen. Wo sollte sie denn jetzt ei-

nen Stickrahmen hernehmen? "Und Schaukelstühle...." Quarxs Blicke wurden immer böser und dem alten Wicht brach trotz des kühlen Winds auf dem See der Schweiß aus. "...Streichhölzer mögen sie und verschiedenes Sachen zum Essen, die es unter Wasser zum Beispiel nicht gibt...." Quarx unterbrach ihn aufgeregt. "So was wie Honig? Mögen sie Honig gerne? Essen die Nixen gerne süß?"
Der alte Wichtel war erstaunt, denn die bösen Augen strahlten ihn jetzt freundlich an. Quarx lachte glücklich. Dann nahm sie aus ihrer Rocktasche ein Päckchen Zündhölzer und das Säckchen mit den Honigbonbons, das ihnen die Zwergendame ohne Bart geschenkt hatte. Sie lehnte sich nur ganz wenig aus dem Boot und rief ins dunkle Wasser:
"Ihr Nixen, ihr Nixen, kommt an die Oberfläche, ich habe was Feines für euch. Kommt und holt es euch, ich sage nur so viel: Es hat was mit Feuer zu tun und es schmeckt gut. Na? Seid ihr neugierig? Haaaaaallooooo! Und bringt meinen Bru-

der mit an die Oberfläche, sonst bekommt ihr gar nichts."
Nichts tat sich. Alle sahen angestrengt ins Wasser, da hörten sie hinter sich ein leise platschendes Geräusch. Sie drehten sich alle um und sahen zur anderen Seite der Muschelschale heraus. Eine zarte weiße Gestalt von durchscheinender Blässe hielt sich am Muschelrand fest. Es war eine Nixe! Sie war ungefähr doppelt so groß wie die Wichte. Sie hatte große wässrige und leicht blutunterlaufene Augen und dicke rosa Lippen. Auf ihrem Kopf vermischten sich dicke schwarze Locken mit schwarzem Tang und grünen Algen. Quarx fand die Nixe eigentlich wunderhübsch. Die Nixe spuckte ein dicke Fontäne Wasser ins Muschelboot und grinste die Wichtel an. Als sie sprach klang ihre Stimme ganz leise und irgendetwas schien in ihrer Kehle zu gluckern und zu gurgeln.
"Na, ihr kleinen Wichte, habt ihr euch auf den See getraut? Mutig, mutig, das muss ich schon sagen." Sie lachte und strich sich eine nasse Haarsträhne aus dem Gesicht.

Die lange Reise

Beim Lachen zeigte sie ganz spitze, kleine grüne Zähne und Quarx erstarrte vor Angst. "Die Trolle haben uns überfallen, wir müssen zu den zwei Pfifferlingschwestern um Rat zu holen," teilte Herla beherzt der Nixe mit. Die Nixe dreht im Wasser eine anmutige Pirouette und lachte. Dann schnipste sie mit den Fingern gegen das Muschelboot, worauf dieses bedenklich zu schwanken anfing. Sie lachte ausgelassenen über die erschrockenen Gesichter der Wichtel, die sich in höchster Not am Muschelrand festklammerten. Herla hielt das Säckchen mit den Honigbonbons hoch.
"Möchtest du vielleicht ein paar Honigbonbons?" Die Nixe schüttelte sich vor Lachen und schlug im Wasser einen anmutigen Purzelbaum. Als sie wieder an die Oberfläche kam, konnte Quarx sich nicht länger zurückhalten, die die ganze Zeit über bewundernd die Nixe beobachtet hatte und sagte: "Du bist wunderschön! Du hast die schönsten Haare und die schönsten Augen, die ich je gesehen habe." Die Nixe war sehr geschmeichelt. Sie strich selbstverliebt über ihre vollen grünen und

schwarzen Haare: "Weißt du auch, woher das kommt? Ich mache jeden Abend eine Seeschneckenschleim-Kur. Das macht die Haar ganz voll und lockig. Du scheinst ein verständiges Mädchen zu sein. Zumindest hast du keinen hässlichen Bart. Ich finde, Damen sollten keine Bärte tragen. Ich hatte früher auch einen. Aber ich trage einmal in der Woche einige zerriebene Fischeier mit etwas Sand auf mein Gesicht auf und seitdem wächst er nicht mehr. Dein Bruder ist nicht so schlau wie du, er ist ein richtig wilder Kerl, fürchterlich, du Ärmste musst es mit ihm aushalten. Ich bin froh, dass ich ihn wieder los bin und in Ruhe meine Maniküre machen kann. Weißt du, aus Honig und aus Streichhölzern mache ich mir überhaupt nichts, wenn ihr nochmal kommt, bringt mir lieber etwas Wachholdermus mit, damit machen ich mir eine Haarkur. Machs gut, Wichtelmädchen." Damit drehte sich die Nixe um und war im nächsten Moment unter Wasser verschwunden. Die Wichtel sahen verdutzt zwischen Quarx und der Stelle, wo die Nixe verschwunden war, hin und her. Da erscholl

vom anderen Ende des Bootes frohes Gelächter.
Querx hielt sich außer Atem am Boot fest und war gerade dabei, ein Bein ins Boot zu schwingen. "Meine Güte, bei allen Rüben, sind das lustige Leute da unten. Da kannst du richtig Spaß haben. Schade, dass ich nicht länger bleiben konnte, aber die haben gesagt, ich solle wieder nach oben schwimmen, sie könnten mich hier nicht gebrauchen. Zähne haben die, unglaublich. So welche hätte ich auch gerne, da könnten die Trolle einpacken. Wenn ich mal wieder Zeit habe, schwimme ich mal wieder runter. Da sieht's vielleicht aus! Alles voller Juwelen und so ein Quatsch."
Die Wichtelkinder jauchzten auf vor Freude und zogen den nassen Querx ins Boot. Dann ruderte Kasermandel sie so schnell es ging an Land. Sie schenkten die Bonbons dem alten Wichtel und machten sich auf die Suche nach einem trockenen Schlafplatz, wo Querx seinen Bart trocknen konnte. Quarx jedoch nahm sich vom Ufer ein paar Seeschnecken mit und stopfte sie in ein Säckchen mit nassem Sand.

DIE LANGE REISE

An diesem Abend waren die Wichtelkinder sehr müde. Sie legten sich um das Feuer, das Kasermandel in der Mitte einer kleinen Höhle angezündet hatte und unterhielten sich über die aufregenden Ereignisse des Tages. Dann schliefen sie alle erschöpft ein, denn morgen war ein weiterer anstrengender Tag ihrer Reise zu den Pfifferlingschwestern.

Als Quarx am nächsten Morgen ans Flussufer kam, wo sie sich ein paar Fischeier suchen wollte, um den Tipp der Nixe zu befolgen, fand sie dort schon Kasermandel und Herla vor. Herla hielt Kasermandel den Bart vor sein Gesicht und sang einen neu erfunden Zauberspruch:

> "Barbato li Barbartor
> Von einem an das andere Ohr
> mach das Bärtlein fest dem Wicht
> dreimal viermal fünfmal nicht."

Da geschah etwas sehr Seltsames. Der Bart wuchs an einem Ohr fest und an dem anderen Ohr, in der Mitte aber, am Kinn, dort

wo eigentlich ein Bart wachsen sollte, befand sich kein einziges Haar. Herla rasierte Kasermandel den Bart wieder ab und fluchte leise vor sich hin.
"Guten Morgen!" rief Quarx vergnügt und machte sich auf die Suche nach Fischeiern.
"Guten Morgen!" rief Herla. "Ich habe dir schon ein paar Fischeier gesucht. Sie liegen da auf dem Blatt.
"Vielen Dank. Guten Morgen, Kasermandel, gib die Hoffnung nicht auf. Vielleicht finden wir noch etwas Baumharz." Quarx fing fröhlich an zu singen, während sie aus den Fischeiern und dem Sand einen dicken Brei rührte und ihn sich zufrieden ins Gesicht rieb. Während der Brei einwirkte, nahm sie die Seeschnecken aus dem Säckchen, ließ vorsichtig etwas Schleim heraustropfen und strich ihn sich in die Haare. Dann ließ sie die Schnecken eine Zeit lang im grünen Gras weiden und steckte sie schließlich zurück in das Säckchen mit dem nassen Sand.
"Da seid ihr alle!" Querx kam mit einem Blatt voller Haselnüsse und Wurzeln und bot

ihnen davon an. "Seid ihr jetzt alle dem Schönheitswahn verfallen?"
Auch Herla hatte sich etwas Schneckenschleim in die Haare geklebt, aber sie konnte sich immer noch nicht entscheiden, ihren Bart abzurasieren.
"Wie müssen wir heute gehen?" wollte Herla wissen?
"Heute haben wir die gefährlichste Strecke vor uns, es handelt sich um die große Lichtung, hinter diesen Tannen da vorne", informierte sie Querx. "Das Gefährliche ist, dass uns auf dieser Lichtung alle möglichen Raubvögel von oben gut erspähen können und sich auf uns stürzen können, außer natürlich, wir finden einen leeren Kaninchenbau oder so etwas, in das wir flüchten könnten. Wenn wir die Lichtung hinter uns haben, ist es nicht mehr weit, bis zu den Pfifferlingschwestern."
Querx warf einen Blick auf seine Schwester, die mit dem Sand im Gesicht und dem Schleim in den Haaren schon sehr ungewohnt aussah und verbiss sich mühsam ein Lachen. Aber als Herla mit genau dem gleichen Schleim und todernstem Gesicht

Die lange Reise

Kasermandel einen neuen Zauberspruch aufsagte, konnte er sich nicht länger zurückhalten.
Bald ging die Sonne auf und verwandelte die düstere Landschaft des gestrigen Tages in einen freundlichen Herbstwald. Die vier Wichtel beschlossen aufzubrechen, denn ihr Proviant ging langsam zu Ende und sie mussten sich unterwegs noch etwas zu essen besorgen.

Als sie die Lichtung erreichten fiel grelles Sonnenlicht direkt auf die freie Wiesenfläche im Wald. Hoch oben über ihren Köpfen kreiste ein riesiger Mäusebussard. Von einer Eule war noch nichts zu sehen, dafür war es noch zu früh am Tag und darum beschlossen die vier Freunde, so schnell wie möglich noch im Hellen die Lichtung zu überqueren, damit sie bei Einbruch der Dunkelheit, wenn die Eulen sich aus ihren Nestern wagten, schon den größten Teil geschafft hätten.
Jetzt ging es erst einmal darum, sich vor dem Mäusebussard zu schützen, da hatte der schlaue Querx eine Idee: "Wir suchen

uns ein großes Blatt oder meinetwegen auch zwei kleine und laufen geduckt, das Blatt über uns haltend über die Lichtung. Von oben sieht das dann aus, als ob ein Blatt vom Wind über den Boden geweht wird, denn die Vögel können ja nicht sehen, dass wir drunter sind."
Die anderen fanden die Idee sehr gut und suchten ein großes Eichenblatt hervor und ein Buchenblatt. Querx und Quarx nahmen das Eichenblatt und wollten losrennen, da hörten sie von weitem eine dünne verzweifelte Stimme rufen. Als sie in die Richtung sahen, aus der die Stimme kam, erkannten sie entsetzt einen Wichtel, der mit dem riesigen Bussard rang, den sie über der Lichtung gesehen hatten.
Der Bussard schlug wild mit den Flügeln und versuchte sich mit dem Wicht, dessen Jacke er in seinem scharfen Schnabel hielt, in die Lüfte zu erheben, aber der Wicht klammerte sich mit letzter Kraft an einem Zweig eines Strauches fest und ließ nicht los.
"Wir müssen dem armen Wicht helfen!" bestimmte Querx sofort und lief unter einem

Blatt versteckt, seine Schwester mit sich ziehend, los. Kasermandel und Herla folgten ohne viel nachzudenken. Der Wicht kämpfte ganz in der Nähe um sein Leben und bald hatten sie ihn erreicht.

Kasermandel hielt den Wicht an den Armen fest, der Bussard wurde noch wütender. Er schlug mit den Flügeln um sich und erwischte Kasermandel an der Schulter. Der fiel hin und blieb reglos liegen. Der Bussard erhob seinen scharfen Schnabel und wollte erbarmungslos auf Kasermandel einhacken. Der Wicht, der jetzt wieder frei war, kreischte laut und zog den Bussard an der Schwanzfeder, um ihn von Kasermandel wegzulocken.

Aber der Bussard ließ sich nicht beirren und hob erneut seinen Schnabel. Da hatte Herla einen Einfall. Sie wusste zwar nicht, ob der Spruch auch für Bussarde galt, aber plötzlich fiel ihr der Zauberspruch ein, den die alte Wichtelhexe ihr beigebracht hatte, um Eulen abzuwehren.

"Regenguss und Pfütze
Fass nicht nach meiner Mütze
Fass nicht nach meinem Hals
Wenn ich mit der Zunge schnalz
Wehe wehe wehe."

Und sie schnalzte dreimal mit der Zunge. Darauf erhob der Bussard sich zischend und krächzend vor Wut in die Luft und flog davon. Der Wicht, der überfallen worden war, blickte ihm erschöpft nach, dann drehte er sich zu Herla um und dankte ihr bewegt.
"Schnell, wir müssen eueren Freund aufheben und ihn in mein Haus bringen. Ich bin Arzt und kann ihm sicher helfen. Folgt mir, ich wohne gleich hier am Rand der Lichtung, denn hier gibt es immer etwas zu tun. Die Vögel überfallen ja nicht nur mich."
Er ging den Wichteln voraus an den gegenüberliegenden Rand der Lichtung. Aber Querx hielt ihn zurück.
"Halt, nimm doch das Blatt und verstecke dich drunter." Er reichte dem Wichtelarzt das Eichenblatt. Querx und Quarx schnappten sich Kasermandel und folgten

ihm und Herla unter dem zweiten Blatt. Der Rand des Waldes schien ewig weit weg und Querx und Quarx mussten schwer schnaufen mit ihrem schweren Freund, den sie abwechselnd auf dem Rücken trugen oder hinter sich her zogen.
Herla war immer noch ganz berauscht von dem Erfolg, den ihr Zauberspruch gezollt hatte und ihr wurde wieder einmal klar, wie wichtig doch ein guter Zauberspruch war, sie beschloss, sich den Zauberspruch genau zu merken.
Erst gegen Abend gelangten die Wichte zu dem Haus des Wichteldoktors. Dort erwartete sie ein seltsames Haustier. Denn der Doktor hielt sich in seiner Wohnung eine schöne dicke Kreuzspinne.
"Mein Name ist übrigens Dickhaube, und das hier," er zeigte auf die dicke Spinne, die sich höflich verbeugte "ist Kassandra".
"Guten Tag", sagte die Spinne und krabbelte in eine Ecke, wo sie sich zusammenrollte und bald leise anfing zu schnarchen.
Sie legten Kasermandel auf ein Krankenbett, das in der Mitte des Untersuchungszimmers stand und der Wichteldoktor unter-

suchte ihn gewissenhaft. Zuerst nahm er ein kleineres Schneckenhaus, das an der einen Seite ein winzige Öffnung hatte. Die breite Öffnung legte der Arzt an sein Ohr. Dann hob er Kasermandels Augenlider an und blickte prüfend hinein. Schließlich besah er sich die Kopfwunde an der Stirn des Patienten. Er wusch die Wunde mit einem Tuch, das er mit einer gelben Flüssigkeit tränkte, aus und rief Kassandra herbei, die ihm einen Spinnfaden fabrizieren sollte. Kassandra händigte ihm mit einem ihrer acht Beine einen langen durchsichtigen, zarten Streifen aus, den der Doktor bedächtig um Kasermandels Kopf wickelte und dann mit einer Fichtennadel feststeckte.
Die Wichtel hatten interessiert zugeschaut. Jetzt verkündete Dickhaube: "Die Wunde am Kopf ist nicht weiter schlimm. Aber er hat einen kleinen Schock bekommen, darum ist er bewusstlos. Ich bereite ihm einen Tee aus Furzwurzel. Das wird ihn beruhigen. Ansonsten würde ich euch gerne zum Abendessen einladen, denn ich möchte mich für meine Rettung bedanken, vor allem natürlich bei dir, Herla. Mir scheint, aus

dir wird einmal eine recht kluge Wichtelhexe." Herla strahlte vor Stolz, als sie das hörte.
Kassandra stellte sich als wirklich sehr nützliches Haustier heraus. In Windeseile stellte sie mit fliegenden Armen und Beinen ein herzhaftes Abendessen zusammen. Sie servierte Mauserippchen in scharfer Soße, Kräuterknödel und zum Nachtisch einen Pudding aus Mausmilch und getrockneten Walderdbeeren.
Es schmeckte fast so gut wie zu Hause.
Als alle satt waren, setzte Herla sich vor Kasermandels Bett und probierte einen neuen Zauberspruch, denn wenn Kasermandel wirklich einen Schock davon getragen hatte, musste er beim Aufwachen etwas aufgeheitert werden und was würde ihn glücklicher machen als ein Bart. Sie suchte Quarxs Bart aus den Taschen hervor, dann schleimte sie ihn mit Schneckenschleim ein und kämmte ihn, bis er glänzte und ganz zart war.
Schließlich legte sie ihn Kasermandel ans Kinn und versuchte sich zu konzentrieren. Und während die anderen Wichtel sich in

dem großen Gästebett des Wichtelarztes zur Ruhe begaben und gleichmäßige Atemzüge durch das Haus zogen, während auch Dickhaube zu Bett begab und die unermüdliche Kassandra das Feuer am Flackern hielt und mit drei Armen und drei Fichtennadeln einen Topflappen strickte, saß Herla im Schein der Öllampen bei Kasermandel und ersann folgenden Zauberspruch:

> "Bärtlein soll stehen,
> Härlein sich drehen,
> Bärtlein gedeihen
> vor Freude schreien.
>
> Rutsch nicht her,
> rutsch nicht hin,
> bleibe am Kinn,
> verlass es nie mehr."

Dann schleppte sie sich erschöpft ins Schlafzimmer zu ihren Freunden und schlief auf der Stelle ein.

Die lange Reise

Nur langsam kehrte das Bewusstsein in Kasermandels Kopf zurück. Sein Kopf tat schrecklich weh. Aber um ihn herum war es warm und still. Er entspannte sich wieder. Was war eigentlich passiert? Er hatte den Wicht fest gehalten, den der Bussard töten wollte, dann konnte er sich an nichts mehr erinnern. Seine Hand bewegte sich langsam zu seinem schmerzenden Kopf, da hielt sie auf halber Höhe inne. Da war etwas Haariges und sehr Weiches auf seiner Brust, es reichte hinauf bis zu seinem Hals und endete am Kinn.
Er zog daran, es saß fest, es fühlte sich an wie ein Bart. Wie ein Bart? Er schlug unter unglaublicher Anstrengung die Augen auf und blickte genau in zehn seltsame blaubraune ruhige Augen, die alle übereinander zu liegen schienen. Ein Wesen mit zehn Augen! Kasermandel schrie.
Querx erwachte durch einen lauten Schrei, den irgendjemand im Haus ausgestoßen hatte. Alarmiert sprang er aus dem Bett, fiel über Herla, die am Boden lag, weil sie es in der Nacht nicht mehr bis ins Bett geschafft hatte und überschlug sich. Schnell

sprang er auf und rannte ins Arztzimmer. Dort lag Kasermandel im Bett und blickte entsetzt in Kassandras zehn Augen.
"Kasermandel, das ist Kassandra. Sie ist ein Haustier und sie ist unbezahlbar. Sie wird dir nichts tun, siehst du."
Querx sprach beruhigend auf Kasermandel ein und tätschelte Kassandras Leib, worauf sie ihm einen verwunderten Blick zuwarf und an den Herd krabbelte um Frühstück zu machen.
"Querx, ich habe einen Bart, siehst du?" Kasermandel zeigte glücklich auf seinen neuen Bart, der die rote Farbe von Quarxs Haaren hatte.
"Ja, das hast du," staunte Querx und weckte mit lautem erfreuten Gebrüll sie anderen, um ihnen die Neuigkeit mitzuteilen.
Dann gingen alle nach draußen, wo Kassandra in einem ausgehöhlten Baumstumpf heißes Wasser mit Blütenblätter angerichtet hatte und nahmen ein Bad. Zum Frühstück gab es Honigkuchen und Mandelmausmilch.

Dickhaube seufzte vernehmlich: "Ach, wenn ihr weg seid, wird es hier sehr still sein und viele Wichte wagen sich zu dieser Jahreszeit auch nicht auf die Lichtung, sodass ich gar nichts zu tun habe. Wollt ihr nicht noch etwas bei uns bleiben?"
Quarx erklärte dem Wichtelarzt, weshalb sie unterwegs waren, und dass sie nur wenig Zeit hatten, dass sie die Schwestern finden und schnell nach Hause zurückkehren mussten, dass die Wichteloma krank sei....... Da fiel ihr etwas ein und sie schlug vor:
"Dickhaube, möchtest du nicht mit uns kommen? Bei uns leben viele Wichtel und wir haben keinen Arzt in der Nähe, du könntest bestimmt die Wichteloma gesund machen und dir würde es bei uns bestimmt gefallen." Nach kurzem Zögern und weil sie sah, dass Kassandra lauschte, sagte sie: "Und Kassandra ist natürlich auch herzlich willkommen."
Die anderen Wichtel stimmten dem Plan begeistert zu und nach kurzem Überlegen begann der Wichtelarzt seine Arzttasche und seine wichtigsten Habseligkeiten zu

packen. Einige der Taschen schnallte er Kassandra auf den Rücken, dann nahm er sie an die Leine und sie traten vor das Haus. Sie hatten auch einige Essensvorräte aus dem Arzthaus mitgenommen und machten sich nun frisch gerüstet auf den Weg zu den zwei Pfifferlingschwestern.

Der Weg, den die Wichtel heute einschlugen mussten, führte durch das bergige Gebiet der Zwerge. Da Wichtel und Zwerge sich seit alten Zeiten gut verstanden, hatten die Kinder heute keine Angst und genossen das regnerische Wetter. Quarx und Querx sprangen ausgelassen vor den anderen her und vergnügten sich damit, sich gegenseitig in große Pfützen zu schubsen. Die anderen gingen gemächlichen Schrittes hinter den Zwillingen her. Links und rechts des Weges erstreckten sich bizarr geformte Felsen und Gesteinsformationen. Hier hatten die Zwerge ihre Höhlen, in denen sie Erze abbauten, nach Edelsteinen suchten und auch wohnten.
Bis jetzt hatten sie jedoch noch keinen einzigen Zwerg zu Gesicht bekommen. Aber

Die lange Reise

der Pfad wurde immer schmaler, sodass sie hintereinander gehen mussten und führte immer weiter in die Höhe. Als sie um eine Kurve bogen, sahen sie sich plötzlich einer ganzen Schar von Zwergenkindern gegenüber, die aus einem Spalt in den Felsen über ihnen kletterten und das alt bekannte Zwergenlied 'Morgen mach ich meinem Liebchen ein Armband aus Gold und Silber' sangen.

Querx rannte sofort zu ihnen hinüber und unterbrach das Lied: "Hallo, ihr Zwergenkinder! Wir sind Wichtel und wir kommen von weit her. Könnt ihr uns vielleicht sagen, wo die zwei Pfifferlingschwestern wohnen?" und vor lauter Freude, endlich einmal ein paar Zwerge zu treffen, schüttelte er ihnen allen die Hand. Die Zwerge, die von jeher schon viel von Höflichkeit gehalten hatten, waren angenehm überrascht und gaben bereitwillig Auskunft. Ein Zwergenmädchen, das ebenso wie Quarx seinen Bart abrasiert hatte, informierte sie: "Die zwei Schwestern wohnen in dem großen hohlen Pilz ganz am Ende des Weges. Ihr müsst immer nur geradeaus gehen, aber zwei Stunden werdet ihr schon noch gehen müssen. Warum, wenn ich so frei sein darf zu fragen, führt ihr denn eine Spinne mit euch? Handelt es sich hier um eine Lastspinne?"

Querx hatte schnell bemerkt, dass das Zwergenmädchen viel für gute Umgangsformen und gewählte Sprachweise übrig hatte, darum beeilte er sich zu sagen:

"Normalerweise handelt es sich bei diesem Tier um eine Hausspinne, aber ohne dir zu nahe treten zu wollen, im Moment trägt sie auch ein paar Taschen, denn es ist ein starkes Tier."

"Ich möchte nicht unhöflich erscheinen," mischte sich ein anderes Zwergenkind ein, "aber darf ich fragen, was ihr bei den Pfifferlingschwestern wollt? Ich möchte jedoch auf keinen Fall neugierig erscheinen."

Quarx musterte die Zwergenkinder interessiert um festzustellen, ob sie sich auch Seeschnecken-Haarkuren machten. Aber sie konnte nicht feststellen, dass die Zwergenmädchen so volle Haare gehabt hätten wie sie selbst sie mittlerweile bekommen hatte.

"Wir möchten uns einen Rat von ihnen holen, weil die Trolle bald bei uns einfallen werden."

"O, das tut mir aber Leid, mein herzliches Mitgefühl, die Trolle sind wirklich eine üble Sache. Ich hoffe, sie können euch helfen. Gutes Gelingen auf jeden Fall." Meinte das Zwergenmädchen, das zuerst gesprochen hatte und die anderen Zwergenkinder fielen ein und riefen: "Viel Glück!" Dann setzten die Wichtel ihren Weg fort.

Nach einiger Zeit fiel der Weg wieder ab und führte sie in ein stilles Wäldchen. Die Bäume hier trugen lange Bärte und eine Menge Schlingpflanzen hing von den Ästen herab, sodass nur wenig Licht auf den Waldboden fiel.

Das dunkle Licht ließ die Szenerie trist und unheimlich wirken und die große Anzahl an Pflanzen dämpfte alle Geräusche. Der Weg wand sich durch das Dickicht und führte mal hierhin, mal dorthin, immer tiefer gerieten die Wichtel in den seltsamen Wald und nun verstanden sie auch, weshalb die

Schwestern sich diesen Wald zum Wohnplatz ausgesucht hatten: Hier gab es nichts als die Pflanzen und die Tiere. Keine Wichtel lebten in diesem Wald und die Zwerge kamen nur sehr selten hierher. Nixen schien es hier auch nicht zu geben und Kobolde verirrten sich bestimmt ebenfalls nicht in diesen dunklen Wald.

Es roch nach nassen Pflanzen und vermodernden Blättern und je tiefer die Wichtel in den Wald gelangten, desto weniger Licht drang durch die dichten Kronen der Bäume bis auf den Waldboden. Endlich teilte sich der Weg und der eine Teil führte direkt zu einem großen Pilz, der etwa so hoch wie zwei Wichtel übereinander war. Im Stamm des Pilzes befand sich eine Holztür mit der Aufschrift:

W. & H. Pfifferling
Beratung in schwierigen Dingen

Daneben hing eine Klingel. Querx zog ungeduldig an der Klingelschnur und eine leise melodiöse Klingel ertönte. Darauf wurde die Tür von einer kleinen Wichteldame in einem schwarzen schillernden Kleid geöffnet. Sie lächelte freundlich und bat die Reisenden herein.

"Mein Name ist Wacholda Pfifferling. Kommt nur herein, ei, was habt ihr da für ein wunderliches Haustier. Du bist Kassandra, nicht wahr? Habt ihr euch gefürchtet im Wald?"

Wacholda ging beschwingt voran und führte sie ins Innere des Pilzes.

Hier roch es nach Kräutern und Moos und ein zweites kleines Wichtelweibchen war gerade dabei, einen dampfenden Kessel, aus dem der Kräutergeruch emporkroch, über das Feuer zu hängen.

"Na, was sind denn das für Leute?" fragte es mürrisch und wandte ihnen den Rücken zu. "Das ist das eitle Wichtelmädchen, das sich jeden Tag mit Sand abreibt und der dumme starke Junge, der sich ihren Bart genommen hat, weil seiner nicht wachsen wollte und natürlich der rüpelhafte Querx, der so ungestüm an unserer Klingelschnur gezogen hat."

"Das ist Hollunda. Lunda, sei ein bisschen netter zu unseren Kunden, schließlich ha-

ben sie eine lange Reise hinter sich," bat Wacholda ihre Schwester.
"Bist du die Kleine, die ihm den Bart festgezaubert hat?" fragte Hollunda schließlich Herla und kniff ihr in die Wange.
"Ich sage euch allen die Zukunft voraus, aber zuerst dir, mein Pilzchen. Du wirst mal eine große Zauberin, natürlich nicht so groß wie ich, aber zum Leben wird's schon reichen. Willst du hier bei uns bleiben und von uns lernen?"
Herla schluckte schwer und blickte zweifelnd in das unfreundliche Gesicht der alten Hollunda, aber Quarx antwortete schon für sie:
"Ach, wenn du so unfreundlich bist, dann will sie natürlich nicht bei dir bleiben." Dann schlug sie erschrocken über ihre eigene Kühnheit die Hände vor den Mund. Aber Hollunda und Wacholda lächelten nur still.
Wacholda holte ein kleines Tischchen hinter einem Vorhang hervor und setzte sich dahinter auf einen Stuhl, dann entzündete sie ein kleines Feuer auf dem Tisch, was Querx interessant fand, denn er hatte noch

nie gesehen, dass jemand einen Tisch anzündete. Als die ersten Flammen aufloderten, kam Hollunda herbei und streute ein paar Kräuter in die Flammen, worauf ein grünlicher und seltsam duftender Rauch aufstieg.

Hollunda und Wacholda sogen den Rauch genießerisch durch die Nase ein und atmeten entspannt aus. Dann sagte Wacholda:

"Euer Wichtelreich ist sehr bedroht, denn die Trolle sind schon weit in eure Wälder vorgedrungen." Quarx und Querx blickten sich erstaunt an. Woher wussten denn die beiden Damen das alles?

"Wenn ihr euch nicht beeilt, kommt ihr zu spät nach Hause und die Trolle haben schon alles verwüstet. Vor allem braucht ihr einen Rat, wie ihr die Trolle wieder in ihr eigenes Gebiet zurücktreiben könnt. Aber das ist sehr einfach. Trolle sind so grenzenlos dumm, nicht wahr, Lunda?"

"O, ja," fiel Hollunda ein und blickte die Kinder eindringlich an.

"Aber, was sollen wir den denn tun?" fragte der ungeduldige Querx.

Die lange Reise

"Ihr müsst natürlich einen Maulwurf finden," begann Wacholda "und dann müsst ihr ihn bitten, einige Gänge und Stollen vor dem Eingang zu eurem Wichtelhaus zu graben. Dann denken die dummen Trolle jedesmal, sie hätten eure Tür gefunden und sind in Wirklichkeit in irgendeinem der vielen Maulwurfgänge. Mit der Zeit werden sie die Lust verlieren und versuchen, anderswo ihr Glück zu suchen, aber das ist nur das eine, was ihr tun müsst. Das andere ist, dass ihr so viel Tannennadeln finden müsst, wie ihr könnt. Die tragt ihr an euerer Feuerstelle zusammen und entzündet ein großes Feuer, es muss drei Tage lang brennen, aber das ist ja nicht so schlimm bei der Kälte, die bald hereinbrechen wird."
Herla staunte insgeheim: Die zwei Pfifferlingschwestern waren so klug, dass sie sogar wussten, welches Wetter es geben würde.
"Am wichtigsten ist, dass ihr überall im Wichtelhaus Tannennadeln auslegt. Mit den Tannennadeln hat es nämlich Folgendes auf sich: Trolle mögen von sich aus keine Tanne, nie wirst du einen Troll in einem

Tannenwald finden und wenn doch, dann hat er sich verirrt. Was sie aber richtig gehend fürchten, das ist Feuer. Wenn sie verbrannte Tannennadeln riechen, ergreifen sie voller Furcht die Flucht, weil sie denken, es brennt und weil sie einen Tannenwald erwarten. Das ist nicht nur einfach, sondern auch wirkungsvoll."
Die Wichtelkinder jubelten erfreut auf, endlich wussten sie, wie sie den Trollen zu Leibe rücken konnten.
Querx war in Gedanken schon bei den riesigen Feuern, die er entzünden wollte und stellte sich vor, wie er dem Maulwurf in die Gänge nachkroch und unter der Erde mit seiner Schwester verstecken spielen konnte.
Herla räusperte sich: "Es ist sehr freundlich von euch, Hollunda und Wacholda, dass ihr uns geraten habt, aber was möchtet ihr denn als Bezahlung für eueren Rat?"
Die Zwillinge, Kasermandel und der Doktor sahen sich erschrocken an. An eine Bezahlung hatten sie gar nicht gedacht und die verschmähten Honigbonbons waren wohl auch nicht das Richtige für die zwei klugen Wichteldamen.

Die lange Reise

Aber Hollunda und Wacholda sahen zuerst sich und dann Herla wissend an. Schließlich war es kein Zufall gewesen, dass Herla sich plötzlich entschlossen hatte, die Wichtelzwillinge zu begleiten. Sie lächelten im stillen Wissen darüber, dass nun alles seine Richtigkeit hatte und Hollunda antwortete geheimnisvoll:
"Wir haben unsere Bezahlung schon."
Damit machte sie eine seltsame Handbewegung über dem kleinen Feuer auf dem Tisch, worauf das Feuer erlosch. Sodann klatschte sie in die Hände und der Tisch hüpfte auf seinen vier dünnen Beinen von selbst in seine Ecke zurück.
Die Wichtel trauten ihren Augen kaum.
"Das ist ein feines Kunststück, was? Das hat Lunda ihm beigebracht." "Und es hat auch ganz schön lange gedauert, bis er es verstanden hat!" bekräftigte diese.
"Wie wäre es, wenn wir jetzt etwas essen?" meinte Wachholda und plötzlich war nichts mehr zu merken von ihrer rauen Art. "Das ist immer so, wenn es ans Essen geht," verriet ihnen Hollunda flüsternd.

DIE LANGE REISE

Sie winkte die Wichtel in den angrenzenden Raum, der entsprechend der Form des Pilzes, in dem sie sich befanden, runde Wände hatte. In der Mitte des Raumes, der von zwei Gaslampen gemütlich erleuchtet war, befand sich ein runder Tisch, auf dem ein Hauswichtelweibchen gerade Speisen in Hülle und Fülle auftrug. Es eilte geschäftig zwischen einem Herd und dem Tisch hin und her und brachte zu guter Letzt noch einen großen Krug Wacholderwein, den der Doktor sehr zu schätzen wusste:
Es gab gegrillte Mauskoteletts in einer würzigen Soße aus Kräutern und Brühe, Eichelpfannkuchen, Nussecken mit Honig, Bucheckern, in der Schale gegart mit Käsesoße und Apfeltörtchen.
Nach der langen Reise waren die Wichtel sehr hungrig und stürzten sich aufs Essen. Kassandra bekam eine frische Mücke mit Rumsoße und zog sich zum Essen hinter das Haus zurück. Aber nach dem Nachtisch tauchte sie wieder auf und half dem Hauswichtel beim Abwasch.
An diesem Abend schlüpften die Kinder früh unter ihre Decken, die sie um den

noch warmen Herd in der Küche legten, denn am nächsten Morgen wollten sie früh aufbrechen. Zum Abschied schenkte Wachholda der erstaunten Herla einige Buchenblätter, die sie zu einem Buch zusammengebunden hatte und auf denen sie einige wichtige Zaubersprüche aufgeschrieben hatte.

"Eines Tages wirst du schon wissen, was du damit anfängst," meinte sie vielschichtig, dann bekam Quarx zum Schluss noch einen großen Topf von Hollunda, der so schwer war, dass sie ihn auf Kassandra festschnallen mussten.

Auf Quarxs unausgesprochene Frage antwortete sie: "Das ist Wacholderbeermus für die Nixe im See, du weißt schon, für ihre Haare. Du kannst dir etwas davon wegnehmen."

Da strahlte Quarx, denn sie hatte sich schon Sorgen gemacht, wie sie noch etwas Wacholderbeermus auftreiben konnte.

Dann traten die Wichtel die Heimreise an, die viel schneller und einfacher voranging als die Hinreise. Von den Zwergen war nichts zu sehen und dank des Zauberspruchs der Wichtelhexe wurden sie auch diesmal von allen Raubvögeln verschont. Am See übergaben sie der Nixe das Mus, die sich besänftigt verabschiedete und Quarx zum Dank zwei besonders ergiebige Seeschnecken überließ. Am Morgen des dritten Tages überraschte sie Herla mit ebenfalls rasiertem Gesicht. Quarx war erfreut und teilte auch ihre Sand-Seeschneckenschleim-Haarkur mit ihrer Freundin.

Am vierten Tag erreichten sie die Haltestelle der Schneckenpost und als sie das vertraute Gespann herannahen sahen, kam es allen vor, als seien sie nicht nur ein paar Tage, sondern einige Jahre weggewesen. Dickhaube musste seine Spinne ebenfalls hinten am Wagen anbinden. Als die ersten Bäume in der Nähe des Wichtelhauses unter der alten Eiche in Sicht kamen, wurden alle ganz aufgeregt. Die letzte Strecke liefen sie fast und endlich standen sie vor der Haustür.

Es gab ein großes Willkommensfest und die Wichtel tanzten bis spät in die Nacht.

DIE LANGE REISE

Quarxs neue Mode, den Bart zu rasieren und die Haare zu locken, erstaunte die Wichtel sehr. Aber bald rasierten sich immer mehr Wichtelmädchen die Bärte ab, was Quarx ungeheuer schmeichelte.
Kasermandel wurde ebenfalls sehr bestaunt mit seinem neuen roten Bart, der seltsam aussah im Vergleich mit seinen von Natur aus blonden Haaren. Und es sollte sich herausstellen, dass Kasermandel viel Glück gehabt hatte, denn in all den vielen Jahren, die folgten, wuchs Kasermandel niemals ein eigener Bart und hätte Quarx nicht eines Tages beschlossen, ihren Bart abzurasieren und hätte Herla ihn Kasermandel nicht angezaubert, so hätte der arme Kasermandel wohl heute noch keinen Bart.
Noch am Tage ihrer Heimkunft begannen die Wichtel mit den Vorbereitungen für den Überfall der Trolle. Als die Trolle schließlich in das Gebiet der Wichtel einfielen, verkrochen sich die Wichtel im Keller ihres Hauses und hofften, dass das Tannennadelfeuer und die irreführenden Gänge, die ein gemieteter Maulwurf in aller Eile ausgehoben

hatte, ihren Zweck erfüllten. Selbst im Wichtelkeller tief unter der Erde konnten sie das Toben und Wüten der Trolle hören, die sich in den Gängen verirrten und fürchterlich wütend wurden.

Doch am nächsten Morgen waren allen Trolle verschwunden und die Wichtel wurden seitdem auch nie wieder von ihnen bedroht.

Am meisten staunten die Wichtel jedoch über das Haustier ihres neuen Wichteldoktors, die Hausspinne Kassandra. Doch sie gewöhnten sich mehr oder weniger schnell an sie, den Kassandra blieb immer so fleißig und bescheiden, wie sie war und bald wurde sie zu einem angesehenen Mitglied der Wichtelsippe.

Dem Doktor gelang es, die Wichteloma nach langer Krankheit wieder gesund zu machen. Sie lebte noch über hundert Jahre und wurde siebenhundertvierundachtzig Jahre alt. Sie erlebte es noch mit, wie Kasermandel und Quarx heirateten und wie Herla eines Morgens in der Wichtelküche verkündete, sie habe das Zauberbuch der Pfifferlingschwestern ausgelesen

DIE LANGE REISE

und wolle wieder zu den Schwestern zurückkehren, um von ihnen die Kunst des Zauberns zu erlernen.

Da war den Wichteln klar, weshalb die Zauberschwestern keine Bezahlung hatten annehmen wollen. Die zwei klugen Zauberinnen hatten damals schon gewusst, dass Herla einmal zu ihnen zurückkehren würde und hatten sie als ihr eigenes Kind betrachtet.

Der Abschied von Herla fiel allen schwer. Aber bereits zweihundert Jahre später kehrte Herla zur Wichtelsippe zurück. Sie hatte ihre Zauberinnenausbildung abgeschlossen und war nun eine ebenso gute Zauberin, wie es die Pfifferlingschwestern gewesen waren.

Wenn später Quarx und Herla mit ihren Kindern zusammensaßen und ihnen von ihrer gefährlichen Reise erzählten, sagte Quarx jedesmal: "So eine schöne Frau wie die Nixe habt ihr noch nie gesehen, darum macht euch jede Woche eine Seeschnecken-Kur." Und Querx, der auch als erwachsener Wicht noch nicht ruhiger geworden war, schlug einen Purzelbaum.

Die Zaubermütze

Heute war der große Tag des Wichtelvierkampfs und obwohl Schmiz noch zu jung war, um selbst am Wettkampf teilzunehmen, war er doch sehr aufgeregt. Denn der Wichtelvierkampftag war der schönste Tag im Wichteljahr überhaupt. Aus allen Ecken und Höhlen des Waldes, der so groß war, dass ein einziger Wichtel über ein Jahr gebraucht hätte, um ihn zu durchwandern, kamen die Wichtelsippen angereist, um ihre besten Sportler am Wettkampf teilnehmen zu lassen.

Das Treiben, das dann auf der Lichtung unter den großen alten Erlen stattfand, war kaum zu beschreiben. Die Wichtel, die von außerhalb kamen, schlugen Zelte am Rande der Lichtung auf oder wohnten in den unterirdischen Gängen, die extra für diesen Anlass ausgehoben worden waren.

Es waren drei Tage, die nur mit Festlichkeiten zugebracht wurden. Die Kinder hatten plötzlich lauter neue Spielkameraden und die Eltern trafen alte Freunde und Bekannte aus anderen Wichtelsippen wieder, die

Alten saßen zusammen und erzählten Geschichten aus der alten Zeit und die Kräuterweiblein tauschten ihr Wissen aus.
Schmiz wachte an diesem Morgen durch den lauten Tumult auf, den die neu angekommenen Wichtelsippen ausgelöst hatten. Es wurde gehämmert und gesägt, denn die ersten Buden wurden draußen am Festplatz aufgebaut. Später würden hier dann Ameisenschenkel vom Grill verkauft und Nussecken und Haselnussbier und viele Leckereien mehr. Bei dem Gedanken daran lief Schmiz jetzt schon das Wasser im Munde zusammen.
Darum hatte er jetzt nichts eiligeres zu tun, als zu seiner Freundin Eisenhütel zu gelangen und mit ihr die Neuankömmlinge zu begrüßen. Denn sie hatten verabredet als Erstes nach ihrem gemeinsamen Freund Zirkzirk Ausschau zu halten. Zirkzirk war Eisenhütels Cousin, er wohnte mit seiner Sippe weit im Westen des Waldes und sie sahen ihn jeweils nur zu solchen Festlichkeiten.
Er sprang behände aus seiner Hängematte und bemerkte, dass die meisten Wichtelkinder hier im Kinderzimmer noch schlie-

fen, aber Eisenhütels Hängematte war schon leer. Nur ihre Puppe Heinzchen lag noch darin und schien ebenfalls noch zu schlafen.

Leise, um die anderen Wichtelkinder nicht zu wecken, ließ sich Schmiz zu Boden gleiten und schlüpfte in seine Hausschuhe. Dann rannte er aus dem Schlafzimmer durch den langen Mittelflur, der durch das gesamte Wichtelhaus führte, durch die Küche. Schmiz war der schnellste Läufer unter den Wichteln und er war sehr zornig gewesen, dass er nicht am Wichtelwettbewerb hatte teilnehmen dürfen, weil er erst zwölf Jahre alt war. Aber ein altes Wichtelsprichwort hatte das Teilnahmealter auf einhundertzwanzig Jahre festgelegt:

> Schäl keinen Baum,
> Erzähl keinen Traum,
> Ein Wichtel nicht rennt,
> Bevor er erkennt,
> Dass einhundertzwanzig
> Erst der Wicht wird.

Sing nicht im Schlaf,
Esse kein Schaf,
Back keinen Kümmel ins Brot.

Diese Gesetze nannte man die Wichtelgesetze und jeder Wichtel hielt sich daran. In der Küche musste Schmiz seinen Lauf plötzlich abbremsen, was eine schwarze Spur auf dem Bretterboden hinterließ, denn er sah Eisenhütel vor dem Herd stehen. Ihre Mutter kämmte ihr mit einem Tannennadelkamm die wilden braunen Haare und schüttelte missbilligend den Kopf. Im Herd brannte ein Feuer und anscheinend hatte Eisenhütel gerade ihre Haare gewaschen und musste jetzt warten, bis ihre Mutter sie gekämmt und getrocknet hatte.
Dabei trat Eisenhütel ungeduldig von einem Fuß auf den anderen, denn sie hasste es still zu stehen oder auf etwas zu warten Eisenhütel war einfach die Energie in Person. Niemals war sie müde. Morgens war sie immer als Erste wach und abends konnte man sie nicht dazu überreden in die Hängematte zu gehen.

Sie wollte nichts als rennen und spielen und in der Küche bei ihrer Mutter zu sitzen, war das Schlimmste, was sie sich vorstellen konnte. Schmiz mochte das sehr an Eisenhütel, denn mit ihr war es nie langweilig. Die Mutter hatte es natürlich schwer mit einer solchen Tochter, aber das war Eisenhütel egal.

"So ein verwildertes Haarbüschel!" schimpfte Frau Strohnessel, so hieß Eisenhütel mit Nachnamen, aufgebracht vor sich hin. "Was machst du bloß immer, Eisenhütel?" Und sie schmierte noch etwas Rattenfett in die abstehenden Haare ihrer Tochter, damit sie schön glänzten. Eisenhütel grinste Schmiz genervt an und zuckte die Schultern.

"Ich konnte nichts tun, ich wollte rausrennen, da hat sie mich abgefangen. Ich musste sogar ein Bad nehmen," teilte ihm Eisenhütel mit und warf ihrer Mutter einen vorwurfsvollen Blick zu.

Schmiz hatte keine Mutter mehr und kannte solche Probleme nicht, aber damit Eisenhütel nicht noch mehr litt, nahm er eine Schüssel und goss warmes Wasser aus dem

Krug auf dem Herd hinein, dann wusch er sich ebenfalls die Haare und sogar das Gesicht. Danach kämmte er sich mit der Bürste, die Frau Stohnessel ihm reichte und nahm auch etwas Rattenfett.

Als er endlich fertig war, hatte auch Frau Strohnessel ihr Werk beendet und Eisenhütel, die vor Langeweile beinahe eingeschlafen war, packte energisch ihre blauen Mütze und zog sie auf.

Auch Schmiz nahm seine Mütze hervor. Sie war rot und es war eine besondere Mütze. Er hatte sie von seiner Mutter geerbt, als diese vor zehn Jahren von einem Wildschwein zertreten worden war. Seitdem hielt er sie in großen Ehren, denn wenn man am Zipfel der Mütze zog, wurde man samt der Mütze unsichtbar.

Die Mütze hatte ihm schon manchen Gefallen erwiesen. Als zum Beispiel die Wichtelväter in der Küche ihren wöchentlichen Backtag abhielten, hatte sich Schmiz unsichtbar in die Küche geschlichen und hatte so viel Teig genascht, wie er wollte. Aber nach einiger Zeit hatten die Wichtel den Teigverlust bemerkt und erkannten, dass nur er dahinter stecken konnte, weil nur er im Besitz einer Zaubermütze war.

Als er einmal Eisenhütel die Mütze geborgt hatte, um Teig zu naschen, hatten die Väter einen Besenstil durch die Luft geschwenkt. Die Mütze war daran hängen geblieben und Eisenhütel hatte beschämt die Flucht ergriffen.

Einmal hatte er auch versucht, mit Hilfe der Zaubermütze am Wettkampf teilzunehmen, aber damals war er noch zu klein gewesen, als dass er wirklich Chancen auf einen Sieg gehabt hätte. Außerdem hatten die Sportler ihn erwischt, als er sich einmal kurz die Mütze vom Kopf genommen hatte, weil ihm so heiß war und er wieder sichtbar geworden war.

"Los komm, wir rennen nach draußen und schauen, wer schon alles angekommen ist," schrie Eisenhütel begeistert und zog Schmiz schon mit vor die Küchentür. Die Küchentür, der Hintereingang des Wichtelhauses, das sich unter einem großen moosbewachsenen Stein befand, mündete direkt auf den Vierkampfplatz.

Viele Wichtel waren in der Nacht angekommen und waren nun damit beschäftigt, Zelte und Buden aufzubauen, oder sich in Baumwurzeln oder Mauselöchern, sowie den Gästegängen einzurichten: Hängematten für die Kinder und Nussschalen für die Babys wurden an Ästen aufgehängt, Mausefelle auf dem Boden ausgerollt und Grillplätze eingerichtet.
Die erste Bude hatte schon eröffnet und ein alter, hinkender Wichtelgroßvater bot gesottene Moosflechten mit Erdbeermarmelade an. Eisenhütel, die immer viel Geld von ihrer Mutter bekam, lief hin und kam mit zwei noch warmen Flechten zurück, von denen sie eine Schmiz in die Hand drückte.
Am nächsten Stand konnten Wichteldamen sich ihr Haar und ihren Bart locken lassen. Eine Wichtelfriseurin war gerade dabei, einem eingebildet aussehendem Wichtelmädchen die Haare auf Schneckenwickler aufzurollen. Sie nahm eine Strähne vom Haar ab, wickelte sie um ein dicke Schnecke und steckte sie oben am Kopf fest.

Das Mädchen drehte ihnen den Rücken zu, aber als es ihre Stimmen hörte, drehte es sich auf seinem Hocker herum und lächelte sie hochmütig an.
"Oh, guten Morgen Schmiz und Eisenhütel. Seid ihr also auch schon wach. Ich muss dringend etwas für meine Haare tun."
Eisenhütel starrte das hübschen Wichtelmädchen erstaunt an. Es war Kapuzine, die Schwester von Zirkzirk. "Machst du das etwa freiwillig?"
"Aber natürlich," lachte Kapuzine, belustigt von solcher Dummheit. "Sei mir nicht böse, aber ich möchte schließlich auf keinen Fall so aussehen wie du. Solch wilde Haare, nein danke."
Eisenhütel fuhr sich unwillkürlich mit der Hand durch ihre abstehenden Haare, dann warf sie einen traurigen Blick auf Kapuzines ordentliche, wunderschön gelockte, dunkelrote Haarpracht. Kapuzine war genauso alt wie sie, also neun, aber sie war bereits eine kleine Schönheit.
Um sie von solch unwichtigen Dingen wie Haaren abzulenken, sagte Schmiz schnell: "Kapuzine, weißt du wo dein Bruder Zirkzirk

ist? Wir wollen mit ihm die Buden anschauen gehen."

Kapuzine winkte mit einer graziösen Handbewegung ab. "Ehrlich gesagt, es ist mir vollkommen egal, wo er ist. Wahrscheinlich steckt er bei den Hühnern und stört die Hühnerhüter bei ihrer Arbeit." Damit drehte sich Kapuzine wieder herum und bedeutete der Frisörin weiterzumachen. "Ich habe jetzt leider keine Zeit mehr für euch, wie ihr selbst seht." Sagte sie noch zu den beiden.

Eisenhütel drehte die Moosflechte, die sie eben noch so lecker gefunden hatte, unschlüssig in ihrer Hand, sie hatte plötzlich keinen Hunger mehr und sie gab sie Schmiz. Dann gewann jedoch ihre gute Laune die Oberhand, denn sie wollte sich das schöne Fest nicht von Kapuzine verderben lassen.

Sie rannte mit Schmiz zu den Hühnern am anderen Ende des Platzes. Hühner, diese riesenhaften Tiere hatten den Wichteln schon von jeher großen Respekt eingejagt, denn sie waren genauso groß wie sie selbst und hatten einen spitzen gefährlichen

Schnabel. Das Hühnerreiten, eine Art Hühnerrodeo, war eine der vier Disziplinen im Wettkampf und jedes Jahr gab es wieder Verletzte.

Schon von weitem hörten sie das Gegacker der Hühner. Die Hühner waren mit Seilen an Bäumen festgebunden und bekamen gerade einige Körner zu essen. Die Hühnerhüter liefen herum und streuten Futter und Heu aus, in dem die Hühner scharren konnten und legten das Zaumzeug für den nächsten Tag bereit.

Da krächzte plötzlich eines der Hühner entsetzt auf und schlug mit den Flügeln um sich, irgendjemand hatte es an den Schwanzfedern gezogen. Das konnte nur Zirkzirk sein, denn solche Einfälle hatte nur er. Der Flügelschlag des wütenden Huhn warf einen der Hühnerhüter um und er landete in einem großen Haufen Hühnerkot.

"Wenn ich dich erwische!" schimpfte der Wicht, der in den Hühnerkot gefallen war, mit einer kleinen Gestalt mit gelber Mütze, die so schnell sie konnte aus dem Stall floh und dabei vor sich hin kicherte.

Schmiz und Eisenhütel rannten hinterher und hielten sich beim Laufen ihre Mützen fest, damit sie nicht herunterfielen. "Zirkzirk, wir sind's, warte auf uns!" riefen sie hinter ihm her.

Zirkzirk bog um einen weiteren Stand und ließ sich erschöpft und immer noch lachend auf einen Heuhaufen fallen, der hier lag. Schmiz und Eisenhütel ließen sich ebenfalls hinfallen und begrüßten ihren Freund.

"Na, wie findet ihr's bis jetzt? Großartig, was, ich habe schon ein Huhn gezwickt, aber jetzt habe ich Hunger. Habt ihr schon was gegessen?" Schmiz gab ihm die übrig gebliebene Moosflechte in die Hand und Zirkzirk aß sie genießerisch auf.

Als er endlich fertig war, hielt Eisenhütel es nicht mehr länger aus und fragte ungeduldig. "Wollen wir uns die Stände jetzt endlich mal anschauen? Vielleicht ist die Wahrsagerin wieder da, dann will ich mal hingehen und hören, was sie mir so sagt. Kommt ihr mit?"

Zirkzirk sprang auf und wischte sich die klebrigen Finger an seiner vollkommen

schmutzigen Hose ab. "Natürlich kommen wir mit."
Die Wichtelkinder spazierten an den Ständen vorbei, die es hier gab. Viele waren schon fertig aufgebaut und die Verkäufer boten kreischend ihre Waren feil, denn heute, wo der eigentliche Wettkampf noch nicht stattfand, ließ sich ein gutes Geschäft machen.
Der heutige Tag war ganz dem Wichtelfest gewidmet und am Abend würden die Wichtelmusikanten spielen, die erwachsenen Wichtel würden tanzen und sich betrinken und erst im Morgengrauen ins Bett fallen. Mittlerweile hatten auch die anderen Stände eröffnet und es gab viel zu sehen.
Ein dicker Mann bot Wichtelmützen in allen Farben an, die er selbst genäht und gefärbt hatte. Am nächsten Stand führte ein junger Wichtel seine Hausmaus vor, der er einige Kunststücke beigebracht hatte. Die Maus konnte tanzen, auf drei Pfoten gehen und mit den Ohren wackeln, wenn er es sagte. Die Kinder klatschten begeistert Beifall.

Eine dicke Frau verkaufte kleine Kuchen aus Bucheckermehl und Zirkzirk gelang es ihr drei davon zum Preis von einem abzuschwatzen. Zwischen zwei Bäumen war ein Seil gespannt worden, das über den Köpfen der Wichtel in der Luft hing. Eine junge Wichteldame in einem rosenfarbenen Kleid und dazu passender Haube tanzte vorsichtig über das Seil hinweg.
So verlief ein aufregender Tag. An einer Bude, wo es frische Pfannkuchen gab, trafen sie auch Kapuzine wieder, deren Haare in kleinen roten Löckchen auf ihren Schultern lagen. Kapuzine begrüßte ihren Bruder mit den Worten." Du siehst aus, als hättest du mit den Hühnern gekämpft." Die Freunde lachten, denn so ähnlich war es ja auch gewesen.
Kapuzine deutete auf den großen freien Platz in der Mitte, auf dem sich gerade die Musikanten aufstellten.
"Das ist das Schilfrohrorchester. Sie machen einfach himmlische Musik." Sie blickte die anderen herablassend an "Aber bestimmt habt ihr noch nie etwas vom Schilfrohrorchester gehört, nicht wahr?" Das

mussten die Freunde in der Tat verneinen. Erfreut über deren Unwissen, fuhr Kapuzine selbstgefällig fort:
"Nun, die Instrumente, die die Musiker benutzen, sind alle selbst gemacht und zwar nur aus Materialien, die es an Teichen mit Schilfrohr gibt. Wenn ihr genau hinseht, könnt ihr erkennen, dass der Trompeter auf einem Schneckenhaus spielt, in das er verschieden Löcher gebohrt hat. Der Geiger hat sich Rattenhaar über eine Muschelhälfte gespannt und das ist verantwortlich für den schönen Klang.
Schmiz schaute herüber zu dem seltsamen Orchester. Er sah einen älteren Wichtel, der vorsichtig einen langen Halm, der innen hohl war, aus seinem Reisesack nahm.
"Das ist der Flöter, er spielt auf einem Schilfhalm, ich glaube dieses Instrument ist äußerst schwierig zu bedienen," wusste Kapuzine.
Auch ein Kind spielte bei den Musikanten mit. Es war ein Junge, ungefähr im Alter von Zirkzirk und Schmiz. Er hatte eine große Muschel vor sich stehen, über die ein gegerbtes Hamsterfell gespannt war, und

zwei große Löffel in der Hand. Immer, wenn er mit einem der Löffel probeweise auf die Muscheltrommel schlug, ertönte ein warmer dunkler Ton.

Kapuzine erklärte ihnen: "Das ist Mönk. Er spielt die Trommel, von ihm weiß ich die ganzen Dinge über das Orchester. Ich habe ihn heute Morgen beim Frisör kennen gelernt, denn er hat sich auch die Haare machen lassen. Sein Vater, das ist der Mann mit der Schilfflöte, hat ihn hingeschickt.

Die vier Wichtel ließen sich mit ihren Pfannkuchen am Rand der Lichtung nieder und warteten bis das Orchester spielte. Das erste Lied war traditionellerweise das Eröffnungslied für die Wichtelfestlichkeiten. Alle Wichtel sangen den Text mit:

> Ihr Wichtel kommt und tanzt
> seid lustig und trinkt Wein
> so lange du feiern kannst,
> so lange schenk ich dir ein

Schwingt eure Arme und Beine
dreht euch und fasst eure Hände
niemand ist heute alleine
und schon ist das Lied nun zu Ende.

Dann intonierte die Wichtelkapelle einen beliebten Wichteltanz und die ersten Wichtel betraten die Tanzfläche. Sie fassten sich an den Händen und bildeten einen großen Kreis. Auch Kapuzine und Schmiz rannten hin und tanzten mit und schließlich schlossen sich auch Zirkzirk und Eisenhütel an, obwohl sie sich nicht viel aus tanzen machten. Erst um Mitternacht fielen die Kinder todmüde in ihre Hängematten, denn der nächste Tag würde wahrscheinlich noch aufregender werden.

Der Morgen des Wettkampfes brach an und Schmiz saß müde in der Hängematte. Natürlich war Eisenhütel schon wieder vor ihm erwacht und aus dem Schlafzimmer verschwunden. Aber als er heute in die Küche kam, war sie auch dort nicht zu finden. Verwirrt ging Schmiz hinaus auf den Festplatz, aber nur die Hühnerhüter und die

Sportler waren schon wach und die meisten Buden hatten noch geschlossen.
Er suchte an Eisenhütels Lieblingsplätzen nach ihr, schließlich schaute er sogar im Kamin nach und suchte in der Badewanne. Aber von seiner Freundin war auch dort keine Spur. Da hörte er ein leises Schluchzen aus der Vorratskammer hinter der Küche. Er öffnete den kleinen Zugang und lugte hinein. Da saß Eisenhütel ganz hinten in der engen Kammer zwischen allerlei Mäusefleischwürsten und weinte und weinte. In der Hand hielt sie ihren alten blauen Hut, aber neben ihr lag eine wunderschöne neue Mütze aus lindgrüner Seide mit einem hellgelben Rand.
"Um Rübchens Willen, Eisenhütel, warum heulst du denn?"
Eisenhütel sah erschrocken auf und sagte böse. "Wehe, du sagst jemandem, dass ich geweint habe!" Erstaunt fragte Schmiz: "Aber warum weinst du denn?"
"Kapuzine hat viel schönere Haare als ich und überhaupt ist sie auch viel hübscher und sie hat gesagt, sie wollte nie meine Haare haben und da habe ich den dicken

Mann geweckt, der die Mützen verkauft hat, und der war sehr böse auf mich, dass ich ihn so früh aus den Federn gejagt habe und jetzt habe ich mir diese neue Mütze gekauft, aber Kapuzine sagt, grün ist etwas für alle Wichtelinnen und es steht mir überhaupt nicht. Was soll ich denn jetzt mit der Mütze machen?"

Mädchen waren seltsam, dachte Schmiz. Es war doch ganz egal, wie eine Mütze aussah, es war nur wichtig, dass sie passte. Das hütete er sich aber zu sagen, denn er wollte Eisenhütel nicht noch trauriger oder wütender machen. Er sagte nach langen Überlegen:

"Das mit der Mütze ist doch nicht so schlimm. Draußen stellen sie gleich die Teilnehmer für den Wettkampf vor, komm, wir gehen raus und halten für Zirkzirk einen Platz frei. Ich finde übrigens, Kapuzine ist eine dumme Maus und überhaupt nicht hübsch."

Anscheinend hatte er das Richtige gesagt, denn Eisenhütel zog ihre alte, blaue Mütze wieder an und folgte ihm nach draußen. Dort waren die ersten Wichtel aufgestanden und die Sportler machten einen ersten Übungslauf zum Warmwerden um den Festplatz herum.

Eisenhütel und Schmiz kauften einen Sack voller gefüllter Eicheln und einige Nussschalen Holunderlimonade, dann suchten sie Zirkzirk und Kapuzine, die heute auch Mönk, den Trommler aus der Kapelle dabeihatte. Zu viert suchten sie sich einen guten Platz, von dem aus sie den Wettkampf gut verfolgen konnten.

Nach und nach füllte sich das Gelände um den Wettkampfplatz, denn immer mehr Wichtel kamen aus der Umgebung herbeigeströmt. Eisenhütels Mutter ging mit ihrem Ehemann an ihnen vorbei und rief ihnen "Viel Spaß" zu. Auch Zirkzirk und Kapuzines Eltern ließen sich am Rand der Lichtung nieder und die Mutter der beiden kam herbei und brachte ihnen eine Platte mit Kirschkuchen.

Endlich eröffneten zwei Wichtel aus der Kapelle die Spiele, indem sie heftig in ihre Muschelhörner bliesen. Zuerst wurden die Sportler vorgestellt. Es waren zehn Teilnehmer, darunter befand sich zu aller Erstaunen auch der hinkende, alte Wicht vom Moosflechtenstand. Er schien aber guter Dinge zu sein und winkte freudig in die Menge.

Einer der Teilnehmer war ein Wicht aus Eisenhütels und Schmizs Sippe, der sich durch besonders große Kraft auszeichnete. Als erste Disziplin fand das Tauziehen statt. Jeweils zwei Wichtel mussten gegeneinander antreten, so lange bis der Stärkste von ihnen ermittelt war. Der hinkende alte Wicht besiegte unglaublicherweise einen großen, starken und noch jungen Wicht mit einer auffallend gelben Kappe. Der Wicht aus Eisenhütels und Schmizs Sippe, Großfraß, ging ebenfalls als Sieger aus seinem Kampf mit dem düster gekleideten Dwarf aus dem Norden.

Am Ende traten Großfraß und der hinkende alte Wicht gegeneinander an. Der hinkende Wicht, sein Name war Futz, verlor, aber die Wichtel am Rande des Turnierplatzes spendeten ihm trotzdem großen Beifall, weil ein Wicht in seinem Alter schon viel Mut aufbringen musste, um im Wichtelvierkampf anzutreten.

Die zweite Disziplin war der Halm-Hochsprung, eine der schwierigsten Sportarten. Wieder gewann Großfraß und Eisenhütel und alle anderen Wichte ihrer Sippe jubelten ihm zu. Danach gönnten die Sportler sich eine Pause und aßen und schliefen etwas.

Am Nachmittag wurden die Letzten beiden Disziplinen ausgetragen. Zuerst mussten die Sportler im Nuss-Zielwerfen gegeneinander antreten. Es ging darum, mit einer Haselnuss auf ein an einem Baum markiertes Ziel zu treffen. Zur großen Freude der Zuschauer, die den alten Wicht mittlerweile in ihr Herz geschlossen hatten, gewann Futz.

Dann kam der Höhepunkt des alljährliches Wichtelfestes, das Hühnerrodeo.

Als Erstes kam der düstere Dwarf auf einem unruhigen Huhn in die Mitte des Platzes galoppiert. Das Huhn schrie und schüttelte sich, es schlug mit den Flügeln, aber weil es angebunden war, konnte es nicht davonfliegen.

Dwarf hielt sich sehr lange auf dem Rücken des bösartigen Huhns und die Menge klatschte reichlich Beifall. Dann kam ein Teilnehmer aus Zirkzirks Sippe hereingeritten und Zirkzirk schrie Eisenhütel begeistert ins Ohr und rief immer seinen Namen: "Plumpshin!" Eisenhütel fand, dass ein solcher Name dem Wicht sicher nicht viel Glück bringen konnte bei einer solchen Sportart.
Der dritte Teilnehmer war der alte Futz. Auch er hielt sich erstaunlich lange auf dem Rücken des Huhns. Aber der nächste Teilnehmer hatte Pech. Sein Huhn versuchte mit dem Schnabel nach ihm zu picken und vor lauter Angst fiel der Wicht herunter. Auch der folgende Teilnehmer konnte nicht lange auf dem Rücken des Huhns bleiben und als schließlich Großfraß auf einem gesprenkeltem Rebhuhn in die Mitte galoppiert kam, waren die Kinder von dem ganzen Geschrei schon ganz heiser, außer natürlich Kapuzine und Mönk, die zum Schreien natürlich viel zu fein waren.
Als das Rodeo vorbei war, zogen sich die Juri-Mitglieder, die zu entscheiden hatten,

wer denn nun Sieger der diesjährigen Wichtelfestspiele geworden war, in ihr Beratungszelt zurück. In dieser Pause spielte die Wichtelkapelle und Mönk musste sich von den Kindern verabschieden.
Eisenhütel war nicht besonders traurig drüber und auch die beiden Jungen schienen den Trommler nicht zu vermissen. Vor allem Zirkzirk konnte sich nicht genug darüber wundern, dass ein Wichteljunge in seinem Alter sich freiwillig so fein anzog und den ganzen Tag über sauber blieb.

Als es schon fast dunkel wurde, hörten die Musiker wieder auf und Mönk nahm wieder seinen Platz neben Kapuzine ein, die heute wunderschön geflochtene Zöpfe trug und sich eine Gänseblümchenblüte als Sonnenhut auf den Kopf gezogen hatte. Eisenhütel schaute neidvoll zu ihr hin und betrachtete traurig ihren eigenen, alten Hut. Aber schon ging es wieder weiter und die Juri betrat die kleine Bühne, die einige Wichte hastig auf dem Wettkampfplatz aufgerichtet hatten. Der Vorsitzende der

Juri, der ehrenwerte alte Wicht Zahnlos räusperte sich.
"Den dritten Platz im heutige Wichtelwettkampf hat der Wicht Futz gemacht." Tosender Applaus unterbrach seine Rede und jemand schubste Futz nach vorne, der von Zahnlos eine schöne Kette mit einem Bernsteinanhänger bekam, auf dem stand: Dritter Platz im großen Wichtelvierkampf. Zahnlos hob wieder seine Stimme:
"Der zweite Platz geht an unseren Freund aus dem Norden, an Dwarf!" Die Wichtel aus dem Norden schrien und tobten vor Freude und Dwarf holte sich mit bösem Gesicht seine Medaille ab. Zahnlos machte ein Pause, um die Spannung zu erhöhen.
"Der erste Platz im diesjährigen Wichtelvierkampf geht an den Wicht Großfraß!" sagte er dann und Großfraß stolperte glücklich auf die Bühne, um seine Medaille in Empfang zu nehmen. Die Wichtel jubelten und alle warfen ihre Mützen in die Luft und fingen sie wieder auf. Großfraß winkte mit seiner Medaille glücklich zu den Wichteln aus seiner Sippe hin und bedankte sich beim Publikum.

Eisenhütel zog sich ihre alte Mütze wieder über die Ohren, die sie geschickt aufgefangen hatte, da hörte sie, wie neben ihr Schmiz erschrocken aufschrie: "Meine Mütze, meine Mütze ist weg! Ich habe sie nicht aufgefangen und jetzt ist sie weg!"
Alarmiert drehten sich die anderen Kinder um und suchten auf dem Boden und neben ihnen nach der wertvollen Mütze. Da schrie plötzlich Eisenhütel: "Dahinten, seht mal, und deutete mit dem Finger an den Rand der Zuschauerplätze, wo eine Gestalt sich schnell davonmachte, sie hatte die Mütze unter ihren Mantel gesteckt, aber ein Zipfel der roten Zaubermütze schaute unter dem Mantel hervor und so hatte Eisenhütel den Dieb erkannt.
Sofort sprang Schmiz auf und hechtete so schnell er konnte hinter dem Mützendieb her und das war sehr schnell. Sie sahen, wie er hinter den Zuschauern verschwand. Nach einiger Zeit kam er schließlich wieder mit hängendem Kopf und traurigem Gesicht.
"Ich habe ihn nirgends finden können. Entweder er war zu schnell oder er hatte ein

Geheimversteck und jetzt ist meine schöne Mütze weg....." Eisenhütel erkannte, dass Schmiz gleich zu weinen anfangen würde und schleppte ihn schnell von den anderen Wichteln weg, denn sie wusste genau, dass man es nicht gerne hatte, wenn einem die Leute beim Weinen zuschauten.
Sie führte Schmiz in ein leeres Zelt und setzte sich mit ihm auf den Boden. Auch Zirkzirk war ihnen gefolgt und schließlich kam sogar Kapuzine herein und schaute ausnahmsweise einmal nicht hochnäsig.
Schmiz war untröstlich über den Verlust seiner Mütze und wischte sich ununterbrochen über das Gesicht, damit die anderen seine Tränen nicht sahen. Kapuzine schaute eine Zeit lang mitfühlend, aber dann fragte sie: "Warum kaufst du dir denn nicht einfach eine neue Mütze? Was war denn an diesem alten Ding so besonderes?"
Zirkzirk sah seine Schwester böse an und erklärte:
"Kapuzine, du weißt nicht, was es mit dieser Mütze auf sich hat, diese Mütze ist etwas Besonderes, es ist eine Zaubermütze. Wenn du sie aufziehst und an dem Zipfel

ziehst, wirst du unsichtbar. Überlege dir nur einmal, wie viele Schnecken du dir dann beim Frisör klauen könntest, ohne dass dich jemals irgendjemand erwischt!"
Kapuzine machte große Augen: "Was? Aber was sollen wir denn da machen?"
Alle blickten traurig zu Boden und schwiegen und in Schmizs Augen sammelten sich erneut die Tränen. Da erinnerte sich Eisenhütel daran, wie Schmiz sie damals wegen ihrer Haare getröstet hatte und stand entschlossen auf.
"Schmiz, hör jetzt auf zu weinen, du wirst deine Mütze wiederkriegen, hörst du? Du wirst sie dir einfach zurücknehmen. Ich weiß auch schon, was zu tun ist." Sie blickte kriegerisch in die Runde. "Na, macht ihr mit?"
"Was willst du denn tun?" fragte Zirkzirk hoffnungslos.
"Ich habe einen Plan."
"So, und welchen?" Das war Kapuzine.
"Es ist doch sehr einfach. Wir müssen uns überlegen, wer die Mütze gestohlen haben könnte. Es kann nur ein Wicht aus unserer Sippe gewesen sein."

"Warum denn das?"
"Nur ein Wicht aus unserer Sippe weiß, dass die Mütze Zauberkräfte hat. Die anderen Wichte denken, es ist eine ganz normale Mütze. Und eine ganz normale Wichtelmütze würde doch niemand stehlen."
Die Wichtelkinder blickten Eisenhütel erstaunt an, daran hatten sie noch gar nicht gedacht.
"Wisst ihr auch, was wir jetzt tun werden?" fragte Eisenhütel die anderen ungeduldig. "Wir gehen jetzt zur Wichtelwahrsagerin und lassen uns sagen, wer es war."

Die Wichtel machten sich entschlossen auf den Weg zu der Wahrsagerin, die ihr Zelt am Ende des Festplatzes aufgestellt hatte. Schmiz sah schon wieder etwas besser aus. So spät würde bestimmt niemand mehr zur Wahrsagerin wollen und sie hofften, sie kämen direkt an die Reihe. Vor dem Zelt stand ein Schild, auf das die Wahrsagerin geschrieben hatte:

>Fürs Wahrsagen einen Drillich,
>Als Belohnung will ich.

Eisenhütel fischte behände einen Drillich aus ihrer Rocktasche. Die blanke Münze funkelte im Licht des Mondes, der gerade aufging. Aber Kapuzine hatte sich schon in den Eingang geschmuggelt und der alten Wichtelhexe einen Drillich gegeben. Sie wollte sich auch als nützlich erweisen. Die Wichtelhexe biss mit den einzigen Zahn, den sie noch im Mund hatte auf die Münze, um festzustellen, ob sie aus echtem Wichtelgold war. Dann winkte sie die Kinder herein und sagte:
"Wer mit mir will reden,
Und das sag ich jedem,
Nur Reime darf machen
Und nicht drüber lachen!"
Die Kinder verstummten ratlos. Aber Eisenhütel sagte zu den anderen: "Sie will, dass wir nur in Reimen mit ihr reden. Wie wir's in der Schule gelernt haben, versteht ihr?"
Jeder überlegte sich, wie er ihr Vorliegen am Besten vorbringen könnte und schließlich fing Zirkzirk an:
"Nicht die Zukunft wollen wir erfragen, sondern Probleme, die uns plagen,...."
Dann wusste er nicht mehr weiter.

"....Gestohlen wurde seine Mütze,
Und nun woll'n wir dich freundlich bitten,
Falls du uns sein kannst zu Nütze,
Wer in der Wichtel eigener Mitten,
diese Mütze haben kann." beendete Kapuzine geschickt den Reim.
Die Wichtelhexe bedeutete ihnen, an einem kleinen Tisch Platz zu nehmen, an dem drei Stühle standen. Eisenhütel und Kapuzine setzten sich zur Wahrsagerin, die anderen blieben in der Nähe stehen. Die alte Wichteldame nahm aus einem Schrank eine große glänzende Kristallkugel heraus und stellte sie vorsichtig vor sich hin. Sie entzündete ein kleines Stückchen Kohle in einer Schüssel aus Metall und warf ein paar seltsam aussehende Kräuter hinein, dabei murmelte sie Worte auf einer den Kindern unbekannten Wichtelsprache vor sich hin. Ein dichter gelber Rauch stieg aus dem Räucherkessel auf und ein aromatischer Duft verbreitete sich im Zelt.
Der Rauch war beißend und ließ einem die Tränen in die Augen steigen, doch der alten Wichtelhexe schien das nichts auszumachen. Eisenhütel musste husten und

hielt sich die Hand vor den Mund, um das Geräusch zu dämpfen. Aber die alte Wichtin schien auch das nicht zu stören, denn sie schloss jetzt entspannt die Augen und senkte ihre Stimme:

Walpurgia, Arachnia, Wichtelmütz
und Teufeldreck,
hört jetzt her ihr Kinderlein,
Ich weiß, wer nahm die Mütze weg..."

Die Kinder lehnten sich gespannt vor, um besser zu hören.

"Nicht aus eurer Mitten einer,
Sondern aus der großen Sippe,
nahm die Mütze weg ein kleiner,
unsichtbarer Wicht.

Doch passt auf, denn finster ist er
Und sehr stark und geistgewandt
Und trotz all der Arbeit wird er
Euch mit Namen nicht genannt.

Sucht nicht bei den fernen Dingen,
Sucht im Kleinen, dann gelingen

Euch die großen Sachen
Und unsichtbar könnt ihr euch
wieder machen."

Jetzt waren die Kinder sehr enttäuscht, denn keiner von ihnen hatte genau verstanden, was die alte Dame gemeint hatte. Diese erhob sich aus ihrem Stuhl, winkte den Rauch mit ihrer knotigen alten Hand beiseite und sagte freundlich: "Wenn ihr wiederkommen wollt, keinen Lohn mir zahlen sollt, doch versucht ihn erst zu finden, und das Geheimnis zu ergründen."

Die Kinder gingen mit gemischten Gefühlen nach draußen, wo es so dunkel geworden war, dass nur der Mond und die Öllampen und Feuer, die die Wichtel zum Tanzen entzündet hatten, den Festplatz noch beleuchteten.
Das Wichtelorchester hatte wieder zu spielen begonnen und die Wichtel drehten sich schon wieder im Tanz und sangen ausgelassen die alten Lieder. Den Kindern war heute allerdings nicht nach Tanzen zu Mute, sie suchten sich einen ruhigen Platz,

was in all dem Gewühl nicht besonders einfach war. Schließlich breitete Zirkzirk eine Decke, die er in einem Zelt gefunden hatte unter einem Holunderbusch aus und sie nahmen alle darauf Platz, um zu besprechen, was die Wichtelhexe ihnen hatte mitteilen wollen.

Schmiz war wieder sehr niedergeschlagen und darum lief Eisenhütel schnell zum Wichtelhaus hinüber und holte einige belegte Brote und einen Krug Erdbeersaft, aus dem sie alle zusammen tranken. Kapuzine verzog zunächst angewidert das Gesicht. Da sie aber auch Hunger und Durst hatte, aß und trank sie schließlich mit.

"Wenn ihr mich fragt", begann Zirkzirk die Diskussion und wischte dabei seine fettigen Finger an seinem Pullover ab, "so wollte uns die Alte sagen, dass der Dieb auch einer der anderen Wichtel sein kann, also jemand, der nicht aus unserer Sippe ist. Darum hat sie nämlich die Zeilen 'Nicht aus eurer eigenen Mitte, sondern aus der großen Sippe' gesagt."

Die anderen runzelten die Stirn.

"Vielleicht hat sie aber auch gemeint, keiner von uns vier, sondern einer aus der Sippe," gab Kapuzine zu bedenken.
"Das ist sehr einfach festzustellen," meldete sich Eisenhütel zu Wort. "Heute Nacht, wenn die Wichtel alle tanzen, gehen wir ins Wichtelhaus und durchsuchen dort alles nach der Mütze, auch die Umgebung, das heißt den Hof, die Scheune, die Mauseställe und den Waschplatz. Wenn wir sie dort nicht finden, hat sie bestimmt niemand aus der Sippe genommen."
"Wenn wir sie nicht finden und jemand aus den anderen Sippen der Dieb ist, dann müssen wir uns aber damit beeilen, herauszufinden, wer es war, denn übermorgen reisen die Wichtel schon wieder nach Hause," warf Schmiz unglücklich ein.
"Das schaffen wir schon!" rief Eisenhütel fröhlich uns dann gab sie das Zeichen zum Aufbruch, denn erstens war sie ein ungeduldiges Wichtelkind und zweitens hatten sie wirklich keine Zeit zu verlieren und jetzt waren alle Wichtel auf dem Festplatz, um an der Wichtelpolonäse teilzunehmen.

"Aber wir müssen uns anschleichen, denn wenn jemand sieht, dass wir ins Wichtelhaus sehen und hat wirklich seine Mütze dort versteckt, dann kommt er hinterher und versteckt sie schnell irgendwo anders!"

Zirkzirk schlich sich durch den Hintereingang ins Wichtelhaus und durchsuchte, so wie sie es abgemacht hatten den Hof und die Scheune. Als er diese Aufgabe erfüllt hatte, schlich er sich auch auf diesem Weg wieder hinaus und lief zum Holunderbusch, um auf die anderen Wichtelkinder zu warten.
Eisenhütel lief zu ihrer Mutter und sagte ihr sei schlecht, denn die Mutter hatte sich schon gefragt, wo ihre Tochter bloß stecken mochte. Eisenhütel sagte, sie würde sich in der Küche einen Pfefferminztee machen und dann zu Bett gehen. Das fand die Mutter sehr vernünftig und erstaunt über so viel erwachsenes Benehmen blickte sie ihrer Tochter freundlich nach.
Im Haus dachte Eisenhütel überhaupt nicht daran, sich ins Bett zu legen oder einen Tee

zu kochen. Sie suchte sehr gewissenhaft die Küche und alle anderen Zimmer im Wichtelhaus ab und drückte sich unauffällig aus der Haustür, um zum Treffpunkt zu laufen.

Schmiz rutschte durch die Abfallgrube in den Keller, wo er nach seiner Mütze suchte. Dann suchte er in den Mäuseställen, voller Angst die Mäuse könnten erwachen und durch ihr Piepsen die anderen Wichtel herbeirufen. Dann verschwand er wieder durch den Kellereingang und rannte zum Holunderbusch.

Kapuzine ging durch den Stall zum Waschplatz der Wichtel und suchte im Schein einer kleinen Öllampe nach der Mütze. Dann verschwand sie durch die Stalltür, lief um das Wichtelhaus herum und danach zum Holunderbusch.

"Also, habt ihr etwas?"

Alle schüttelten die Köpfe.

"Aber ich habe eine sehr seltsame Entdeckung gemacht," sagte Eisenhütel. "Als ich das Schlafzimmer der Wichtelkinder durchsuchte, ist mir etwas aufgefallen. Alle Hängematten waren frisch gemacht, das

Bettzeug lag wie immer zu einer ordentlichen Rolle am Kopfende, ihr wisst ja, wie die Hauswichtel immer die Betten machen, aber Schmizs Bett war total zerwühlt."

"Was heißt denn zerwühlt?" fragte Kapuzine.

"Das Bettzeug hing aus der Hängematte und lag auf dem Boden und irgendwie sah es aus, als hätte jemand was darin gesucht."

"Das heißt," Zirkzirk räusperte sich "jemand hat in deinem Bett nach deiner Wichtelmütze gesucht, Schmiz, außer du hast dein Bett selber wieder unordentlich gemacht."

"Nein, ich war heute noch gar nicht wieder im Wichtelhaus", sagte Schmiz verwundert.

Alle schwiegen und dachten über die seltsamen Dinge nach, die geschahen.

Eisenhütel wusste wie so oft als Erste eine Antwort: "Der Dieb hat also zuerst in deinem Bett nach der Mütze gesucht, vielleicht dachte er, du trägst sie nicht jeden Tag, weil sie so wertvoll ist. Aber warum hat er dann das Bett so zerwühlt gelassen? Dann weiß doch jeder, dass der Dieb hier nach der Mütze gesucht hat?"

"Dann muss er überrascht worden sein," schloss Kapuzine.

"Ja, hm, aber wenn er überrascht wurde, vielleicht hat ihn dann jemand dort gesehen?" meinte Zirkzirk und die Augen der Kinder weiteten sich. Dann sahen sie zu der Lichtung hin, wo immer noch die Wichtelkapelle spielte und die letzten Wichtel sich betrunken auf den Beinen zu halten versuchten. Andere waren schon in ihre Zelte gekrochen und wieder andere waren gerade dort eingeschlafen, wo sie als Letztes gestanden hatten.

"Von denen können wir niemand mehr fragen," sagte Zirkzirk belustigt und sprach damit aus, was alle dachten.

Die Wichtel beschlossen, selber auch in die Hängematten zu gehen und alles Weitere auf Morgen zu verlegen. Schmiz und Eisenhütel kehrten ins Wichtelhaus zurück und legten sich in ihre Hängematten. Aber Schmiz konnte in dieser Nacht keinen Schlaf finden. Er musste immer an seine Mütze denken und daran, wo sie jetzt wohl lag. Außerdem hatte irgendein fremder Wichtel seine Hängematte durchsucht, in

der er viele seiner Schätze aufbewahrte, was alle Wichtelkinder taten. Vielleicht kam der Dieb zurück und sah ihn in seiner Hängematte liegen und schlafen und tat ihm etwas Schlimmes an?
Dann schalt sich Schmiz für seine Angst. In dem Zimmer lagen außer ihm noch zehn andere Wichtelkinder, er konnte ihren ruhigen Atem hören. Eisenhütel lag direkt hinter ihm. Er drehte sich zu ihr um und sah, wie sie im Schlaf ihre Puppe Heinzchen umschlungen hielt. Beruhigt legte er sich wieder zurück. Er musste seine Mütze irgendwie wieder finden......

Am Morgen wartete schon Frau Strohnessel auf Eisenhütel und wollte ihr die Haar kämmen. Das war für Eisenhütel natürlich kein schöner Tagesanfang. "Stell dich doch nicht so an," schimpfte Frau Eisenhütel und wusch ihrer Tochter mit duftender Rosenseife die Haare. "Du willst doch sicher nicht so aussehen wie ein Troll. Mit diesen Zotteln siehst du fast genauso aus!" Eisenhütel trat ungeduldig von einem auf den anderen

Fuß. Sie verstand nicht, warum die Welt so viel Wert auf gekämmte Haare legte.

Als sie endlich fertig war, hatte sie kaum noch Zeit, etwas zu essen und rannte gleich zum Holunderbusch, wo die Kinder sich am Morgen wieder trafen, um zu besprechen, was als Nächstes zu tun war.

An diesem Morgen waren die meisten Wichtel in ihren Zelten und Häusern damit beschäftigt, Vorbereitungen für den großen Wichtelball am Abend zu treffen. Alle Wichtel holten ihre schönsten Kleider und Ballanzüge hervor, denn alljährlich wurde der schönste Wicht und das schönste Wichtelweibchen unter allen Anwesenden ausgewählt und durfte den Ball mit einem Tanz eröffnen.

Der Frisörstand am Rand des Turnierplatzes war den ganzen Tag über voller Wichtel, die sich ihre Bärte schneiden, einrollen, flechten oder locken ließen oder die ihre Haare mit einer Schnecken-Dauerwelle verschönern wollten.

Die Kinder waren natürlich noch zu klein, um am Wettbewerb teilzunehmen, aber auch Eisenhütel musste sich kurz vor Beginn des Balles bei Frau Stohnessel einfinden, ihr schönstes Kleid anziehen und sich die Haare schon wieder kämmen lassen. Das machte Eisenhütel schon jetzt unheimlich wütend.

Die anderen waren schon vor ihr am Holunderbusch und hatten ihr einen Nusspfannkuchen am Stand des alten Futz gekauft. Eisenhütel setzte sich und beruhigte sich wieder etwas, während sie zusammen überlegten, was als Nächstes zu tun sei.

"Also, vielleicht sollten wir als Erstes ins Wichtelhaus gehen und die Hauswichtel fragen, ob sie gestern beim Bettenmachen jemanden gesehen haben, der sich im Kinderschlafzimmer herumgedrückt hat," meinte Zirkzirk und sah unbehaglich auf die ausnahmsweise saubere blaue Hose, die er heute hatte anziehen müssen.

"Das ist eine gute Idee," sagte Schmiz. "Am besten ist, Eisenhütel und ich erledigen das, weil wir ja auch dort wohnen."

"Und wenn ihr zurück seid, gehen wir über den Platz und ihr schaut euch alle Wichtel an, die ihr nur irgendwo seht, vielleicht kann Eisenhütel den Wicht wieder erkennen, der dir gestern die Mütze gestohlen hat. Ich habe ihn zwar nur von hinten gesehen, aber er kam mir irgendwie ziemlich klein vor." Zirkzirk gab den beiden einen Schubs und schickte sie los, nachhören, ob jemand einen fremden Wicht im Kinderschlafzimmer gesehen hatte.

Im Wichtelhaus herrschte große Umtriebigkeit. Die Wichtel liefen in den Gängen hin und her und suchten nach ihren feinen Kleidern, nahmen Bäder oder räumten auf. Im Kinderschlafzimmer waren alle Kinder erwacht. Die Hängematten waren noch nicht gemacht worden, aber gerade als Schmiz und Eisenhütel wieder verschwinden wollten, kam ein altes Weibchen herein, das einen Wassereimer und eine Bürste in der Hand hielt, mit der es später den Boden schrubben wollte.
Das Weibchen hatte von der vielen Hausarbeit einen ganz krummen Rücken und schwielige Hände. Als es die Kinder sah, lächelte es nachsichtig.
"Na, habt ihr heute lange geschlafen, oder warum seid ihr immer noch hier?" fragte es

und begann damit ein Bett aufzurollen. Eisenhütel stieß ihren Freund in die Seite, denn das war die perfekte Gelegenheit, herauszukriegen, wer seine Hängematte durchsucht hatte.

"Warst du gestern auch schon hier und hast unser Zimmer sauber gemacht?" fragte Eisenhütel und versuchte, die alte Wichtelfrau gewinnend anzulächeln. Diese lachte herzhaft.

"Natürlich, ich bin jeden Tag hier drin, jeden Tag und das seit dreihundertneunundvierzig Jahren, oder waren es dreihundertachtundvierzig, was ist jetzt, August, nein, dann sind es wohl doch schon dreihundertneunundvierzig, oder wann habe ich mit dem Saubermachen angefangen? War das vor dreihundert..."

Eisenhütel verlor die Geduld mit dem alten Weibchen und unterbrach seine Rede: "Hast du gestern alle Hängematten aufgerollt? Ohne eine zu vergessen?"

Das alte Weibchen grinste und zeigte dabei vollkommen schwarze Zähne: "Oh ja, natürlich, was glaubst du denn Kind, ich mache immer alle Betten, alle Betten und

keines wird vergessen, ich habe alle Betten gemacht......"
Das alte Wichtelfrauchen schien schon etwas verwirrt zu sein, darum unterbrach Eisenhütel es zum zweiten Mal: "War gestern vielleicht jemand hier drin, als du fertig warst und hat etwas in der Hängematte gesucht?" fragte Eisenhütel weiter.
"Ach, nein, ich glaube nicht, oder war da jemand, hmmm, mein Gedächtnis ist so schlecht geworden........." Eisenhütel rollte die Augen an die Decke und klopfte ungeduldig mit dem Fuß auf den Boden.
"Ach, ich glaube, als ich schon längst fertig war und den Gang gewischt habe, da ist einer von euch zurückgekommen, so ein kleiner Junge...oder war' s ein Mädchen? Er ist ins Schlafzimmer gegangen und als er mich im Gang gehört hat, da ist er rausgelaufen, so ein kleiner Junge, oder....hm, ich weiß aber nicht, was er da drin gemacht hat, sah aus, als hätte er was vergessen."
"Ein WichtelKIND, bist du ganz sicher, dass es ein Kind gewesen ist? Wie sah es denn aus?"

"Ach, das war so ein kleiner Junge, oder vielleicht auch ein Mädchen......hatte braune Haare oder auch gelbe und hm... ich habe ihn ja nur noch von hinten gesehen, weiß nicht, Goldkindchen, ich muss jetzt putzen, denn ich muss mich noch für den Ball schön machen, tut mir Leid, ich unterhalte mich sonst gerne mit dir...."
Eisenhütel zog Schmiz am Ärmel aus dem Kinderschlafzimmer heraus und vorsichtig, damit ihre Mutter sie nicht etwa sah und im Haus behalten konnte, schlichen sie aus der Haustür und zum Treffplatz. Dort erzählten sie den Freunden, was sie in Erfahrung gebracht hatten.
Da hatte Kapuzine eine Idee:
"Wisst ihr noch, was die Wahrsagerin uns gesagt hat?" Sie wiederholte die ersten Zeilen:

>'Nicht aus euerer Mitten einer,
>Sondern aus der großen Sippe,
>Nahm die Mütze weg ein kleiner,
>Unsichtbarer Wicht.'

Das hat die Wichtelhexe gesagt und das stimmt ja auch. Es war ein kleiner Wicht, das heißt ein Kind. Das heißt, wir kennen es."

Die Kinder waren ratlos. Sie konnten sich nicht vorstellen, wer von allen Wichtelkindern auf dem Festplatz die Mütze gestohlen haben könnte und weshalb.

"Vielleicht müssen wir noch mal überlegen, was die Hexe sonst noch gesagt hat, vielleicht kriegen wir noch was raus? Wie war das noch?

>Doch passt auf, denn finster ist er,
>Und sehr stark und geistgewandt,
>Und trotz all der Arbeit wird er,
>Euch mit Namen nicht genannt."

Keines der Kinder wusste damit etwas anzufangen. Da meldete sich ausnahmsweise Schmiz selbst zu Wort, der die ganze Zeit traurig vor sich hingestarrt hatte:

"Hat die Wichtelhexe nicht gesagt, wir dürften wiederkommen und sie noch mal fragen, falls wir nicht weiterkommen, sollen wir das machen?"

Da niemand eine bessere Idee hatte, verließen sie ihren Platz unter dem Baum und schlenderten über den Platz. Eisenhütel und Schmiz mussten sich alle kleinen Wichte und alle Kinderwichte genau ansehen und überlegen, ob so vielleicht der Wicht ausgesehen haben könnte, der mit der Mütze davongelaufen war.

Sie gingen an den Buden vorbei, drückten sich an der riesigen Schlange von wartenden Wichteln vor dem Frisörzelt vorbei und erreichten schließlich das hintere Ende des Platzes, wo die Wahrsagerin ihr Zelt hatte. Auch hier warteten schon viele Wichtel, vor allem viele Wichteldamen, dass sie endlich an die Reihe kämen, denn sie wollten von der Wahrsagerin wissen, ob sie vielleicht die Schönheitskönigin des heutigen Abends werden würden.

Enttäuscht wollten sie Kinder sich zum Gehen wenden, denn solange wollten sie nicht warten, vor allem Eisenhütel nicht. Da kam die Wahrsagerin mit einer jungen Wichteldame vor das Zelt, um die nächste Kundin einzulassen und erblickte sie.

"Zuerst die Kindchen nehm' ich mit hinein,
denn das hab ich versprochen,
wenn sie wiederkomm'n, die Klein'n
dass sie gleich drankommen sollen."

Erfreut wanderten die Kinder hintereinander ins Wahrsagerzelt und setzten sich hin.

"Wir wollen uns bedanken,
Dass du uns ohne einen Franken
Die Wahrheit sagen kannst,
denn ratlos sind wir längst"

reimte sie schlaue Kapuzine und ersparte den anderen viel Mühe.

"Ein Kindlein ist's gewesen,
doch hat es das nicht gewollt,
gezwungen von dem Bösen
hat es sie klauen gesollt,
die schöne rote Mütze,
die findet ihr bestimmt,
nur schaut nach dieser Mütze,
wo die Musik erklingt."

Mit diesen Worten stand die Wichtelhexe auf und schob die Kinder wieder aus dem Zelt, um sich wieder den aufgeregten, jungen Wichtelinnen zu widmen.
Die Kinder gingen in tiefes Nachdenken versunken zurück zu ihrem Beratungsplatz. Sie achteten nicht auf die Wichtel um sie herum und so entging ihnen, dass sich schnellen Schrittes die Mutter von Zirkzirk und Kapuzine, Frau Erdwurzel, näherte. Erst als sie direkt vor ihnen stand, wussten sie, dass sie nicht aufgepasst hatten.
"Kapuzine, Zirkzirk, da seid ihr ja, ich habe euch die ganze Zeit gesucht. Ihr kommt jetzt sofort mit ins Zelt, ihr müsst euch waschen, euch die Haare kämmen und ihr müsst auch mal was essen, ihr könnt nicht den ganzen Tag nur hier herumstreunern, Ach, Eisenhütel, da bist du ja, deine Mutter lässt dir ausrichten, du sollst sofort ins Haus kommen und dein neues Kleid anziehen und du sollst Schmiz mitbringen." Dann schnappte sie sich ihre beiden Kinder und marschierte fröhlich mit ihnen davon.
Zirkzirk warf ihnen über die Schulter einen hilflosen Blick zu, dann verschwanden die

Freunde hinter einer der Buden. Eisenhütels schlechte Laune kehrte augenblicklich zurück. Sie hasste es, sich fein machen zu müssen und heute, wo sie so viele andere Dinge zu tun hatte, hasste sie es mehr denn je.

Vor der Haustür zum Wichtelhaus stand schon Frau Strohnessel und hielt zwei Badetücher in der Hand. Eisenhütel und diesmal auch Schmiz wurden in die große Badewanne hinter dem Haus gesteckt, dann wurden Eisenhütels Haare zu zwei ordentlichen festen Zöpfen geflochten und sie musste ihr schönstes Kleid aus gelbem Stoff anziehen. Auf dem gelben Untergrund waren viele kleine grüne und rosa Blüten aufgestickt und Eisenhütel musste eine neue lila-blaue Mütze dazu tragen.

Schmiz musste einen blauen Wichtelanzug mit goldenen Knöpfen anziehen.

"Wo ist denn deine schöne Zaubermütze?" fragte Frau Strohnessel verwundert. Dann lachte sie und sagte: "Ach, ich weiß schon, die hast du dem kleinen Musikanten geliehen, wie heißt er nochmal? Mönk? Ein reizender kleiner Junge und so wohlerzogen.

Er war gestern hier und hat sie aus deinem Bett geholt, er sagte, du würdest sie ihm für einen Tag leihen. Habt ihr ihn mal trommeln gehört allerliebst, nicht wahr?"
Frau Strohnessel holte aus einer Truhe eine neue blaue Mütze hervor, von denen sie dort immer eine für Eisenhütel bereithielt. Eisenhütel hatte ihren Namen von der Pflanze Eisenhut und diese Pflanze hatte Blüten, die aussahen wie blaue kleine Wichtelmützen. Darum bekam Eisenhütel nur blaue Mützen, die die Farbe des Eisenhutes hatten. Da Eisenhütel blau hasste, verlor sie ihre Mützen immer absichtlich. Mit der Zeit hatte die kluge Mutter sich einen Vorrat an den blauen Mützen angelegt, damit ihre Tochter nie ohne Mütze gehen musste. Dies war für alle Wichtelmütter eine schreckliche Vorstellung.
"Was schaut ihr denn so erstaunt? Hm? Na, jedenfalls seid ihr jetzt fertig. Wir sehen uns beim fest. Mach dich nicht schmutzig Eisenhütel!"
Frau Strohnessel ging fröhlich in ihr Schlafzimmer und suchte in ihrer Truhe nach ihrem Abendkleid. Eisenhütel sah ihren

Freund entschlossen an, dann zog sie ihn schnell aus dem Wichtelhaus und lief mit ihm über den Platz zu dem Zelt von Zirkzirk und Kapuzine.

Im Zelt wurden Zirkzirk und Kapuzine gerade für den Abend eingekleidet. Zirkzirk hatte eine bestickte schwarze Weste und eine saubere schwarze Hose an. Eine hellrote Mütze vervollständigte seinen Aufzug. Kapuzine hatte neue Locken in den Haaren, die mit einem rosafarbenem Band zurückgehalten wurden, dazu trug sie ein passendes rosafarbenes Kleid mit einer kleinen Schärpe. Es sah sehr hübsch aus und Eisenhütel sah beschämt an ihrem gelben Kleid herunter, mit dem sie eben durch eine Pfütze gelaufen war und auch ihr rechter Zopf hatte sich aufgelöst und hing als seltsames Gewirr von Haaren auf ihre Schulter.

Frau Erdwurzel schüttelte grinsend den Kopf, dann machte sie auch Eisenhütels anderen Zopf auf und schlang ein blaues Band, das sehr hübsch zu ihrer Mütze passte um ihre Haare und steckte die restlichen Haare mit ein paar bemalten Tannennadeln hinter ihren Ohren fest. Eisenhütel

schaute verblüfft in den Spiegel im Zelt und bemerkte, dass sie viel hübscher aussah als sonst.
"Na, endlich hast du mal eine schöne Frisur. Du bist richtig hübsch, Eisenhütel," sagte Kapuzine freundlich und klopfte den Schmutz von Eisenhütels Kleid. Da musste auch Eisenhütel lächeln und dankte Frau Erdwurzel für die schöne Frisur.
Dann konnten die Kinder endlich gehen und Schmiz und Eisenhütel erzählten ihren Freunden die große Neuigkeit:
"Stellt euch vor, was Frau Strohnessel gesagt hat. Sie fragte mich, wo meine Mütze sei und sagte, die habe sich Mönk ausleihen wollen, darum sei er ins Wichtelkinderzimmer gekommen und habe nach ihr gesucht!" informierte sie Schmiz.
"Und denkt nur daran, was die Wichtelhexe gesagt hat:

> 'Ein Kindlein ist's gewesen
> Doch hat es das nicht gewollt,
> Gezwungen von dem Bösen,
> Hat es sie klauen gesollt'"

ergänzte Zirkzirk und außerdem hat sie auch gesagt: 'Nur schaut nach dieser Mütze, Wo die Musik erklingt!'"
Die Kinder waren betroffen und Eisenhütel fasste zusammen: "Also Mönk, der Musikant hat es getan. Er hat ja auch neben uns gesessen und als die Wichtel ihre Mützen hochgeworfen haben und jeder nur nach seiner Mütze geschaut hat, um sie wieder aufzufangen, war es für Mönk ganz einfach, eine andere Mütze zu fangen als seine eigenen und in der allgemeinen Aufregung davonzulaufen. Aber er hat die Mütze nicht freiwillig gestohlen, sondern es hat ihn jemand dazu gezwungen."
Kapuzine war ganz blass geworden, denn Mönk war ja ihr Freund. Dass er der Dieb sein sollte, das fiel ihr schwer zu glauben. Langsam setzte sie sich hin und achtete dabei diesmal gar nicht auf ihr Kleid, das garantiert schmutzig wurde. Eisenhütel klopfte ihr beschwichtigend auf die Schulter.
"Das hat er doch nicht mit Absicht gemacht. Ich bin mit sicher, dass er die Mütze nicht stehlen wollte. Denn die Wahrsa-

gerin hat doch gesagt, er sei gezwungen worden."
"Aber wer hat ihn denn dazu gezwungen? Ich kann mich nicht mehr daran erinnern, was die Wahrsagerin dazu gesagt hat."
Zirkzirk wusste es noch:

"Doch passt auf, den finster ist er,
Und stark und geistgewandt,
Und trotz all der Arbeit,
Wird euch der Name nicht genannt."

"Wer ist denn besonders finster und besonders stark?" fragte Schmiz ratlos und schüttelte den Kopf "Wenn er wirklich so finster und böse und stark ist, vielleicht sollten wir dann lieber nicht versuchen, die Mütze zurückzubekommen?"
Aber davon wollten die anderen nichts hören, vor allem, nachdem sie so lange versucht hatten, den Dieb zu fangen. Kapuzine hatte die ganze Zeit gegrübelt und geschwiegen, aber jetzt horchte sie auf. Sie wollte nicht, dass ihr Freud Mönk von einem finsteren Wicht gezwungen wurde, schlimme Dinge zu tun.

"Aber, Kapuzine, hast du denn nicht gemerkt, dass Mönk weggelaufen ist, er saß doch neben dir?" fragte Schmiz.
"Ich habe erst bemerkt, dass er weg war, als auch Schmiz schon losgelaufen war, denn ich habe meinen Hut fallen lassen. Aber dann dachte ich, er ist wieder zurück zur Kapelle gegangen, weil der Wettkampf ja vorbei war."
Das leuchtete allen ein. "Trotzdem müssen wir überlegen, was wir nun tun sollen," erinnerte Zirkzirk die anderen Kinder. "Ich bin dafür, dass wir als Erstes mal Mönk fragen, wer ihn beauftragt hat, die Mütze zu stehlen. Und dann knöpfen wir uns den Kerl vor und zwingen ihn, uns die Mütze auszuhändigen."
Eisenhütel machte ein zweifelndes Gesicht, denn sie hatte Angst vor dem unbekannten Auftraggeber, auch wenn sie das nicht unbedingt zugeben wollte. Außerdem, und das machte sie ihren Freunden klar, konnte Mönk ja auch alles abstreiten und dann würden sie nie erfahren, wie sie die Mütze wieder zurückbekommen könnten.

"Ich hab's", rief sie. "Der Auftraggeber darf nicht ahnen, dass wir wissen, wen er geschickt hat, um die Mütze zu stehlen. Wir tun jetzt folgendes..." Und sie erklärte ihren Plan...

Die Musiker hatten sich noch nicht auf der kleinen Bühne eingerichtet, denn es war noch etwas Zeit, bis der Ball beginnen würde. Aber eine kleine Wichtelgestalt in einem rosaroten Gewand huschte über den Festplatz und sprach eindringlich auf den Trommler Mönk ein. Das wunderte niemand, denn jeder wusste, dass die beiden Freunde waren. Dann verschwanden sie in der Menge und machten sich auf zu einem geheimen Platz unter einem Holunderbusch.

Unter den Holunderbusch konnte man, wegen der tief herunter hängenden Zweige nicht hineinschauen. Drinnen saßen die anderen drei Wichtelkinder und erwarteten Kapuzine und Mönk schon gespannt. Mönk war das Ganze sichtlich unangenehm und er fing sofort an, sich bei Schmiz für den Mützendiebstahl zu entschuldigen. Schmiz

winkte großmütig ab, aber dann fragte Eisenhütel:
"Mönk, wir sind dir nicht böse, aber wir hätten die Mütze gerne wieder. Kannst du uns sagen, wer sie jetzt hat. Wer hat dir den Auftrag gegeben, die Mütze zu stehlen?"
Mönk wurde ganz blass und antwortete mit vor Angst zitternder Stimme: "Wenn ich euch sage, wer das war, dann bringt er mich um und euch dazu, denn er ist stark und schlau und au..au.. außerdem hh...hh-hhabe ich große A...Angst vor ihm."
Da wurde Zirkzirk alles klar und er schlug sich an die Stirn: "Natürlich, so war es. Ich weiß, wer es gewesen ist. Es war der finstere Dwarf, nicht wahr Mönk?" Mönk nickte stumm und voller Kummer und Zirkzirk erklärte den Freunden: "Dwarf ist ein Wichtel aus unserer Sippe. Er ist immer schlechter Laune und ein sehr finsterer Geselle. Ihr wisst, er hat den zweiten Platz bei dem Wichtelwettkampf gemacht. Das meinte die Wahrsagerin mit : 'Er ist finster und stark'. Ich kann mir auch denken, warum er die Mütze will: Er ist zornig, weil er nur den Zweiten und nicht den ersten Platz ge-

macht hat, jetzt will er die Mütze aufziehen, unsichtbar werden und Großfraß, den Sieger heimlich beim Training beobachten. Stimmt das, Mönk?"
Mönk schien es nun für sinnlos zu halten, noch länger zu schweigen und er gab bereitwillig Auskunft. "Es ist sogar noch viel schlimmer. Er will sich die Mütze anziehen und dann versuchen, Großfraß beim Training, wenn er allein im Wald Haselnusswerfen übt, ans Leben zu gehen....!" Mönk musste nun mit den Tränen kämpfen. "Er hat gesagt, ich soll ihm die Mütze beschaffen, denn für mich sei es leicht, da ich euch gut kenne und in den Pausen neben euch sitze. Er hat gesagt, er dreht mir den Hals um, wenn ich jemand etwas erzähle."
Jetzt liefen ihm wirklich die Tränen über die Wangen und sickerten in seinen Kragen. Kapuzine legte ihm den Arm um die Schultern und die Kinder dachten eine Weile angestrengt nach.
Da lächelte Eisenhütel plötzlich vor sich hin: "Wir müssen uns einfach die Mütze wieder zurückstehlen. Weißt du, wo Dwarf die Mütze aufbewahrt, Mönk?" Mönk nickte. "Er

hat sie unter seinem Zelt im Boden vergraben. Es ist ein Loch unter der Schlafdecke im Boden des Zeltes. Ich weiß auch, wo das Zelt ist. Ich kann euch hinführen."

"Nein, das machen wir ganz anders, denn er darf ja nicht wissen, dass du uns das Versteck gezeigt hast. Du gehst jetzt sofort zurück zu den Musikern und spielst deine Trommel. Kapuzine setzt sich in die Nähe und falls er dich angreifen will, rennt sie zu Großfraß und holt ihn. Großfraß ist der Bruder von meiner Mutter. Er wird sofort mitkommen und uns helfen. Schmiz setzt sich neben Kapuzine und macht ein trauriges Gesicht, auch dann noch, wenn Zirkzirk und ich kommen und sagen, dass wir die Mütze zurückhaben. Zirkzirk und ich gehen nämlich ins Zelt von Dwarf und holen die Mütze. Aber Schmiz darf die Mütze nicht tragen, solange Dwarf noch hier ist, sonst weiß Dwarf, dass wir uns die Mütze zurückgeholt haben."

Diesen Plan fanden alle gut und Mönk eilte zurück zu den Musikanten, gefolgt von Kapuzine, die anmutig ihre Schleppe über dem Arm trug, damit sie nicht darüberfiel.

Schmiz machte ein Gesicht, als habe ein Erdbeben gerade seine gesamte Sippe ausgerottet und nahm tieftraurig neben Kapuzine Platz.

Zirkzirk und Eisenhütel gingen auf dem Weg, den Mönk ihnen beschrieben hatte, zu dem Zelt von Dwarf. Die Musikanten hatten begonnen zu spielen und die Wichtel zeigten sich in ihren schönen Kleidern und tanzten vor der Juri herum, damit sie sie auch bemerkte.

Alle Wichtel eilten auf den Festplatz und keiner beachtete die beiden Kinder, die zwischen den Zelten herumliefen.

Dwarfs Zelt stand mitten in einer großen Menge von Zelten aus der Sippe der Nordwichtel. Zirkzirk vergewisserte sich, dass das Zelt leer war, dann ging er hinein. Eisenhütel blieb draußen und passte auf, dass die Luft rein war.

Zirkzirk schlug in dem dämmrigen Licht im Zelt die Schlafdecke von Dwarf zur Seite. Tatsächlich, unter der Decke kam der Zeltbosen zum Vorschein und darin befand sich ein kleines Loch. Zirkzirk steckte vorsichtig die Hand hinein und grub in der wei-

chen Erde unter der Zeltplane. Bald stieß seine Hand auf etwas weiches. Als er es herauszog, war es die rote Zaubermütze.
Da hatte Zirkzirk eine blendende Idee. Er zog seine eigene ebenfalls rote Mütze vom Kopf. Sie sah fast genauso aus, wie die Zaubermütze, allerdings waren in dieser Mütze keine Zauberkräfte. Er grub die Mütze an der Stelle der Zaubermütze sorgfältig wieder in die Erde ein, dann deckte er gewissenhaft die Zeltplane drüber und faltetet die Schlafdecke wieder über dem Loch zusammen, genauso wie es ausgesehen hatte, als er hereingekommen war. Zum Schluss nahm er die Zaubermütze und schlich aus dem Zelt.
Als er Eisenhütel erreichte, die sich ungeduldig umsah, grinste er über das ganze Gesicht. Dann erzählte er ihr von dem Tausch der Mützen und auch Eisenhütel lachte zufrieden, denn jetzt würde der finstere Dwarf die Verwechslung sicherlich erst bemerken, wenn er wieder längst zu Hause war und die Mütze ausprobieren wollte. Dann würde er denken, Mönk habe ihm aus Versehen, die falsche Mütze gebracht,

weil Schmiz seine Zaubermütze in einem Versteck aufbewahrte.

Eisenhütel und Zirkzirk gaben sich die Hand und gratulierten sich. Aber dann brachten sie die Mütze zum Holunderbusch und vergruben sie dort zum Zweiten mal. Vor Zirkzirks Zelt machten sie Halt und Zirkzirk borgte sich eine Mütze von seinem Vater, der mehrere Wichtelmützen besaß, die alle rot waren, und sie machten sich auf den Weg zu ihren Freunden. Als sie schon fast angelangt waren, sahen sie einige Meter entfernt Dwarf, der mit einer schönen Wichteldame sprach.

Ganz ruhig gingen die Kinder an ihnen vorbei und setzten sich neben Ihre Freunde. Eisenhütel wartete, bis Dwarf mit der Dame weggegangen war, dann hob sie den Daumen in die Höhe zum Zeichen, dass ihr Plan gelungen war und sie die Mütze zurück hatten.

Da fiel es Schmiz ganz besonders schwer, sein trauriges Gesicht beizubehalten, denn er wusste, unter dem Holunderbusch wartete seine geliebte Mütze auf ihn und seine Freunde hatten sie ihm zurückgeholt.

Als ich bei den Wichteln wohnte...

In den Schulferien brachten Herr und Frau Krumm ihre Tochter Elba immer zu den Großeltern aufs Land. Sie taten dies, damit sie wenigstens in den Ferien einmal vor ihrer mürrischen Tochter Ruhe hatten.
Die Eltern flogen dann nach Spanien oder nach Italien und machten Urlaub am Strand. Elba war darüber sehr böse, denn das Haus der Großeltern lag einsam auf einem hohen Berg. Darum war es ihr dort sehr langweilig.
Jetzt saß sie mit ihrem Eltern im Auto und war schon wieder auf dem Weg zu den Großeltern. An diesem Hochsommertag war es sehr heiß und das Auto quälte sich den steilen, gewundenen Weg hinauf, der zum Haus führte.
Im Auto war es noch heißer und sehr stickig und Elba sagte schlecht gelaunt:
"Hier ist es entsetzlich heiß, ich hoffe, ich muss nie mehr mit euch im Auto fahren!" und blickte mürrisch aus dem Fenster auf die sonnige Landschaft.

Der Vater blickte sich unglücklich nach ihr um: "Aber Elba, dafür können wir doch nichts, im Sommer ist es eben heiß, mach doch dein Fenster noch weiter auf!" Elba tat, als habe sie nicht gehört, was ihr Vater gesagt hatte.
Durch das geöffnete Fenster flog eine kleine Mücke herein und setzte sich an die Scheibe. Elba zerquetschte sie mit dem Daumen und schnippte den toten Körper nach draußen.
"Widerlich, dieses Ungeziefer, auf dem Land gibt es Ungeziefer in Hülle und Fülle und ihr lasst mich sechs Wochen hier zurück. Ich hasse euch!"
Frau Krumm blickte ihren Mann hilflos an, aber der wusste auch nicht weiter und zuckte nur die Achseln.
Er lenkte das Auto in die kiesige Auffahrt zu dem kleinen Haus der Großeltern. Dann stieg er erschöpft aus dem Auto und dehnte seine steifen Arme und Beine.
Er hatte keine Ahnung, was er sonst mit Elba tun sollte, als sie für die Ferien in der Obhut der Großeltern zu lassen, denn er hielt es einfach nicht mehr länger mit ihr

aus. Das war nichts ungewöhnliches, denn mit Elba hielt es niemand lange aus.

Die Großeltern kamen aus dem Haus gelaufen, sie hatten Kuchen gebacken und Kaffee gekocht, denn sie freuten sich auf ihre Kinder und ihre Enkelin.

Dass Elba unausstehlich war, schien ihnen nichts auszumachen und Herr Krumm wunderte sich jedes Jahr in den Sommerferien aufs Neue, weshalb sie sich nie über sie beschweren.

Elba ging mürrisch ins Haus, ohne ihre Großeltern zu begrüßen und ohne ihren Koffer aus dem Kofferraum zu holen.

Ihr war alles egal. Sie ging in die Küche des kleinen Hauses und ärgerte sich einmal mehr über die mangelnde Bequemlichkeit, denn ihre Großmutter hatte noch nicht einmal eine Geschirrspülmaschine.

Sie nahm sich eine Dose Limonade aus dem Kühlschrank und atmete tief durch, um sich zu beruhigen. Durch das Fenster sah sie, wie ihre Eltern sich mit den Großeltern unterhielten und dabei immer wieder die Köpfe schüttelten, als wollten sie sa-

gen: Dieses unausstehliche Kind! Seid ihr sicher, dass ihr es mit ihr aushaltet?
Die Großmutter kam langsam und schwerfällig zur Küche herein. Als sie Elba am Tisch sitzen sah, lächelte sie freundlich: "Na, mein Goldblümchen, die Limonade haben wir extra für dich gekauft. Wir dachten, du magst vielleicht kein Wasser."
"Da habt ihr Recht, und Limo mag ich noch viel weniger. Ich trinke nur Cola und Eistee," sagte Elba und überlegte, was sie ihrer Großmutter noch Böses sagen könnte. Aber da ihr im Moment nichts einfiel, ging sie hinaus und ließ die Großmutter stehen.
Auf der Wiese vor dem Haus hatte der Großvater schon den Tisch gedeckt und war gerade dabei einen saftigen Kirschkuchen anzuschneiden.
Der Kuchen sah wirklich sehr lecker aus, aber Elba wollte nicht, dass jemand dachte, sie freute sich, dass es Kuchen gäbe. Darum sagte sie:" Der Kuchen sieht ja eklig aus, von wann ist der denn, von vorgestern? Ich esse höchstens deshalb ein Stück, weil ich schrecklichen Hunger habe." Um die Bedeutung ihrer Worte zu

unterstreichen verzog sie ihr Gesicht zu einer bösartigen Fratze.
Elba wäre eigentlich ein hübsches Mädchen gewesen, obschon sie für ihre zehn Jahre noch etwas zu klein war, aber weil sie immer so böse schaute, hatte ihr Gesicht mit der Zeit etwas Düsteres bekommen.
Das fand Elba allerdings sehr ausgefallen und hübsch an sich selbst und sie war stolz auf ihr erschreckendes Äußeres.
Nach dem Essen verabschiedeten sich die Eltern, denn sie mussten sich beeilen, wenn sie ihr Flugzeug nach Ibiza, ihrem diesjährigen Reiseziel erreichen wollten.
Elba hatte keine Lust sich von ihren Eltern zu verabschieden, denn sie fand, das hatten sie, nach all dem, was sie ihr antaten, indem sie sie einfach hier zurückließen, nicht verdient.
Darum holte sie sich ein Buch aus ihrem Koffer und setzte sich im Garten ins Gras.
Dort blieb sie bis es fast dunkel war, dann schlich sie sich ins Haus.
Sie wollte nicht, dass ihre Großeltern sie bemerkten, sie wollte, dass sie sich Sorgen um

sie machten und sich fragten, wo sie wohl sei.
Als sie in den Hausgang trat und die Haustür hinter sich zumachte, hörte sie die Großeltern im Wohnzimmer leise miteinander sprechen. Auch ihren Namen hörte sie. Darum ging sie leise näher und stellte sich hinter die Tür, dort verharrte sie und hörte ganz leise dem Gespräch zu, bei dem es um sie ging.
"Ich denke, dass sie jetzt alt genug ist dafür," sagte die Oma mit leiser Stimme.
"Meinst du wirklich?" vergewisserte sich der Großvater.
"Ja, aber letztendlich haben das nicht wir zu bestimmen, sondern, wir müssen einfach warten, bis *sie* sie holen kommen."
Elba zog die Augenbrauen zusammen. Das verstand sie nicht. Wer sollte sie holen kommen?
"Ja, aber sie ist wirklich schlimm und darum finde ich, *sie* sollten sich beeilen und sie endlich bei uns abholen."
"Pst, da war doch was, oder? Hast du nichts gehört?"

"Nein, da ist nichts, wahrscheinlich sitzt sie immer noch im Garten und schmollt."
Schritte näherten sich und Elba ging schlängelte sich ohne einen Laut hinter der Tür hervor und sah sich um. Schnell schlüpfte sie ins Badezimmer und drehte den Wasserhahn der Badewanne auf.
Das Wasser plätscherte laut in die Wanne. Jetzt würden die Großeltern glauben, sie nähme ein Bad und kämen nicht auf den Gedanken, sie habe sie belauscht.
Elba lächelte böse. Ihre Großeltern waren so dämlich, dass sie es nicht bemerkt hatten, dass sie ihr Gespräch mitangehört hatte.
Als Elba in der Nacht in dem Bett im Gästezimmer lag, war sie aber überhaupt nicht mehr so zufrieden mit sich. Genauer gesagt hatte sie sogar ziemlich große Angst.
Im Zimmer war ganz still, obwohl sie die Fenster geöffnet hatte. Kein Laut drang herein, denn hier auf dem Land fuhren in der Nacht keine Autos mehr und auch der Lärm der Fabriken, den Elba nachts in der Stadt hörte, wenn sie ihr Fenster öffnete

fehlte ihr. Diese Ruhe, fand sie, hatte etwas seltsam Ungewohntes.
Außerdem schien heute Nacht kein Mond und darum war es im Zimmer stockdunkel. Elba fühlte sich sehr allein.
Zu Hause wäre sie aufgestanden und hätte ihre Eltern geweckt, ihnen erzählt, das sie nicht schlafen könne und ihre Mutter hätte ihr einen Tee gemacht. Hier in diesem dunklen stillen Haus traute sie sich noch nicht einmal nur das Bett zu verlassen.
Vor allem musste sie immer an das seltsame Gespräch denken, das sie bei ihren Großeltern mitgehört hatte.
Wer würde sie holen kommen?
Wofür war sie nun alt genug?
Würde man sie entführen?
Sie zog ihre Bettdecke möglichst hoch und versuchte einzuschlafen. Langsam zählte sie bis zehn, dann bis hundert, dann bis fünfhundert. Irgendwann zwischen fünfhundert und sechshundert musste sie wohl doch eingeschlafen sein, denn als sie erwachte war es heller Tag.

Seltsamerweise lag sie im Freien auf der Erde und ihr war entsetzlich kalt. Sie setzte sich auf, aber um sie herum standen nur seltsame riesige Pflanzen, die aussahen, wie extrem hohe Grashalme, sie reichten ihr bis zur Schulter.
Wo war sie? Wie war sie hierhin gelangt. Sie folgte einer in das seltsame hohe Gras getretenen Spur, denn es war sehr anstrengend, das Gras selber zur Seite zu knicken. Da sah sie sich plötzlich einer riesigen Heuschrecke gegenüber. Die Heuschrecke war halb so groß wie sie und blickte sie aus großen grauen Augen gleichgültig an. Elba wich erschrocken einen Schritt zurück und stieß einen Angstlaut aus.
Die Heuschrecke knabberte zufrieden an einem besonders saftigem Halm.
Sie ließ sich durch Elbas Gegenwart überhaupt nicht aus der Ruhe bringen, sondern warf nur hin und wieder einen Blick zu ihr hin. Dabei machte sie schmatzende Geräusche und Elba konnte sich nicht zurückhalten zu sagen:

"Mein Gott, hat dir denn niemand beigebracht, wie man anständig isst? Das hört sich ja an wie bei einem Neandertaler."
Zu ihrer Überraschung hob die Heuschrecke den Kopf und blickte sie genervt aus ihren riesigen Augen an.
Sollte sie das etwa verstanden haben? Lange Augenwimpern an einem riesigen hellgrünem Augenlid senkten sich für einen Moment über die ballgroßen Augen.
Hatte ihr die Heuschrecke zugezwinkert?
Elba wandte sich verwirrt ab. Wieso hatten ihre Großeltern sie hierhin in diesen seltsamen Garten getragen, wo es riesige Heuschrecken gab? Sie wollte auf der Stelle heim ins Haus der Großeltern, oder noch besser zurück in die Stadt in ihr vertrautes Zimmer.
"Wie komme ich bloß aus diesem seltsamen Garten heraus?" fragte sie sich selbst.
Die Heuschrecke hob wieder ihren hässlichen Kopf und schaute in ihre Richtung. Ihre Kiefer bewegten sich, während sie den Halm kaute. Und Elba könnte schwören, sie lächelte etwas. Sogleich wischte sie diesen unsinnigen Gedanken beiseite.

Sie musste versuchen, zurück zum Haus zu finden aber so weit sie sehen konnte, erblickte sie nichts anderes als weite wogende Wiesen voller riesiger Grashalme.

Ganz in ihrer Nähe riss die Heuschrecke einen neuen dunkelgrünen Grashalm aus und aß ihn genießerisch auf. "Die dunkelgrünen sind die besten."

Wer hatte das gesagt? Hatte das die Heuschrecke gesagt?

Wie konnte denn so etwas nur möglich sein?

Elba lief zu dem großen Insekt herüber und baute sich vor ihm auf.

"Hast du das eben gesagt?" wollte sie von ihm wissen und gratulierte sich im Geiste selber, dass sie nun schon so verwirrt war, dass sie mit Heuschrecken sprach.

"Siehst du sonst noch jemand hier außer dir und mir?" fragte die Heuschrecke gelangweilt und nicht gerade sehr freundlich.

Elba schüttelte den Kopf. Dann setzte sie sich benommen auf die Erde. Sie lehnte sich an eine große metallene Mauer. Sie musste unbedingt etwas essen, dann war sie bestimmt wieder normal.

An eine Mauer? Elba sprang auf und starrte auf das Ding, das da vor ihr aus der Erde ragte:

Das war keine Mauer, sondern es sah vielmehr aus wie die Gartenschaufel ihrer Oma. Nur dass diese Gartenschaufel ungefähr fünfhundertmal größer war als eine normale Gartenschaufel.

Wie konnte das sein? Vor ihr aus der Erde ragte ein riesiger Löwenzahn. Die gelbe Blüte war so breit, dass sie sie bequem als Kopfkissen hätte nehmen können und eine Ameise, die gerade an einem der überdimensionalen Blätter heraufkrabbelte war so lang wie ihr Bein. Elba konnte sogar ihr Gesicht sehen.

Die Ameise winkte ihr freundlich zu und setzte ihren Weg fort. Elba konnte es nicht glauben.

Entweder war die Welt über Nacht gewachsen und man hatte sie dabei vergessen, oder sie war über Nacht geschrumpft und war nun so groß wie ein Stuhlbein.

"Du bist natürlich klein gezaubert worden", sagte die Heuschrecke hinter ihr und fing sich geschickt eine kleine Mücke ein, die

sie im Ganzen herunterschluckte. Elba fand es eklig, wie die Heuschrecke die Mücke heruntergeschluckt hatte, aber sie zwang sich, sich nicht aufzuregen.
"Hast du jetzt endlich mal dein Frühstück beendet und kannst mir sagen, wo ich hin gehen soll?" herrschte sie die Heuschrecke barsch an.
Die Heuschrecke war es nicht gewohnt, dass jemand so mit ihr sprach. Sie blickte Elba gelassen an. Dieses bösartige kleine Tier, das unbedingt von hier weg wollte, interessierte die Heuschrecke nicht sonderlich.
Darum drehte sie sich um und ging langsam weg, denn zum Hüpfen hatte sie gerade viel zu viel gegessen.
"Halt, warte!" Elba rannte hinter dem großen Tier her, denn immerhin war die Heuschrecke das einzige Lebewesen, das sie hier kannte. "Wie komme ich zum Haus meiner Großeltern?"
"Woher soll ich das denn wissen? Ich weiß ja noch nicht einmal, wer deine Großeltern sind? Sind sie Flöhe oder Bienen? Eigentlich siehst du gar nicht aus wie ein Insekt.

Außerdem sind Insekten viel höflicher und du bist ein freches kleines Tier."
"Ich bin kein Tier," schrie Elba die Heuschrecke an. "Ich bin ein Mensch!"
"Nein, das bist du nicht, Menschen sind viel größer als du, du bist ein Klitzekleinchen. Aber vielleicht bist du ein Wichtel?"
Elba wurde jetzt wirklich böse.
"Sehe ich vielleicht aus wie ein Wichtel? Ich bin ein Mensch und ich will sofort zurück. *So- fort*!"
Die Heuschrecke zuckte gleichgültig mit ihren Heuschreckenschultern. "Dann geh doch zurück!" rief sie ihr und lief weiter.
Elba sah der Heuschrecke verzweifelt nach. Vielleicht hätte ich etwas freundlicher sein sollen, dachte sie für sich. Irgendwo musste sie jetzt jedenfalls hingehen, denn sie wollte nicht bis ans Ende ihres Lebens auf dieser Wiese bleiben.
Sie beschloss, dass sie von der Schaufel aus nach Norden gehen würde. Dann setzte sie sich in Trab.
Sie lief um riesige Löwenzähne herum, um ganze Büschel der großen Grashalme und an breiten Huflattichblättern.

Da hörte sie plötzlich aus der Nähe ein Geräusch. Es hörte sich an, als würde jemand singen. Atemlos vor Aufregung blieb sie stehen und horchte in die Luft. Eine helles, zartes Stimmchen sang ein Lied, das sie noch nie gehört hatte.
Der Wind frischte auf und wehte aus einer anderen Richtung, das Stimmchen wurde lauter und sie konnte die Wörter verstehen.

"....Ach, sagt mir, ihr grü-hü-nen Blä-hä-tter, ob er mich liebt, wie ich ihn,
Erzählt mir, ihr ge-hel-ben Blü-hü-ten, weshalb er fort von mir will...."

Elba dreht sich in die Richtung, aus der die Töne gekommen waren und lief in diese Richtung weiter.
Die Geräusche wurden immer lauter und sie lief immer schneller um die aus der Erde ragenden Gräser herum. Einmal fiel sie hin und verlor die Stimme, aber sie rappelte sich wieder auf und als sie eine Weile gelaufen war, begann der Gesang von Neuem.

"....Oh, zeigt mir, ihr wogenden Halme,
wo mein Lie-hi-bster ist,
den ich in mei-hei-nem Träume,
des Nachts habe vermisst."

Elba zog einen Grashalm zur Seite und blickte auf ein Stückchen Moos, das einen Teil der Wiese bedeckte, wo keine langen Grashalme wuchsen.
Hier war es sehr sonnig. Auf dem flauschigen Moosteppich saß ein Mädchen und sang mit der hellen Stimme, die sie eben gehört hatte, das Lied.
Was sie am meisten verwunderte war, dass das Mädchen genauso groß war, wie sie selbst. Es hatte lange dunkelblonde Haare und es war damit beschäftigt sich diese Haare in drei gleiche ordentliche Zöpfe zu flechten. Elba fand, es sah sehr lustig aus, diese Frisur.
Vor Verwunderung schnellte ihr der Halm aus der Hand, an dem sie sich fest gehalten hatte und Elba fiel hin. Das Mädchen blickte in ihre Richtung und rief: "Knoll? Finz? Seid ihr das?"

Elba kam hinter den Halmen hervor und näherte sich dem Mädchen langsam. Sie wollte auf keinen Fall, dass es weglief und sie wieder alleinließ.

"Guten Tag!" sagte sie unsicher. "Darf ich mich etwas zu dir setzen?"

Das Mädchen lächelte sie freundlich an und zeigte auf die Stelle im Moos neben sich. Elba ließ sich auf den Moospflanzen nieder.

Sofort versank sie in der weichen Fülle. Sie fand, sie habe noch nie so bequem gesessen. In der Sonne war es warm und sie entspannte sich etwas.

Wie sie jetzt sah, war das Mädchen doch etwas älter als sie, sie schätzte sie auf fünfzehn oder sechzehn Jahre. Das Mädchen hatte ein sehr rundes, aber hübsches Gesicht.

"Ich heiße Karamella, wegen meiner Haare. Sie haben sie gleiche Farbe," sagte es und lächelte wieder freundlich.

Dieses Lächeln war so ansteckend, dass Elba auch lächeln musste. Es war sehr ungewohnt für Elba, denn sie hatte bestimmt seit acht Jahren nicht mehr gelächelt. Sie hatte Lächeln immer albern gefunden, aber bei Karamella sah es sehr freundlich aus.

"Möchtest du vielleicht etwas zu essen haben?" fragte nun Karamella und nahm einen braunen Beutel hervor, aus dem sie drei Stücke Nusskuchen nahm. "Blütenknosp hat mir wieder viel zu viel zu essen eingepackt, das kann ich niemals alles allein essen, aber wenn ich nicht alles esse, ist Blütenknosp beleidigt, denn dann denkt sie, ihr Kuchen schmeckt mir nicht."

Elba nahm ein Stück Kuchen und biss hinein.

Er schmeckte besser, als alles, was sie bis jetzt gegessen hatte. Mit vollem Mund sagte sie: "Mein Name ist Elba", und wartete darauf, dass Karaemlle über diesen dummen Namen lachen musste, wie es die Kinder in der Schule immer taten.

Aber Karamella schien an diesem Namen nichts seltsames zu finden, was ja auch nicht verwunderlich war bei jemand, der selbst Karamella hieß.

"Aus welchem Wichtel-Clan kommst du denn? Ich habe dich hier noch nie gesehen", fragte Karamelle neugierig.
Elba ließ bedrückt den Kuchen sinken. Was sollte sie denn darauf sagen? *Ich bin kein Wichtel, du Idiot, und ich heiße auch nicht, wie eine Kuchenzutat,* wollte Elba schon sagen, da erinnerte sie sich daran, dass sie nicht wusste, wo sie war und sagte nur bedrückt:
"Ach, ich fürchte, ich habe mich verlaufen."
Karamella legte mitfühlend ihren Arm um ihre neue Freundin und meinte freundlich:
"Ach, das ist nicht so schlimm, weißt du, wenn du willst, kannst du mit uns kommen und bei uns bleiben."
Elba schöpfte neue Hoffnung.
"Das würde ich sehr gerne," sagte sie dankbar. Karamella schlug vor, ihr die Haare zu kämmen, denn sie meinte, sie müsse noch ein bisschen hier sitzen und auf ihre Brüder warten, die die Haustiere auf die Weiden trieben, dann wollten sie zusammen zurückgehen. Weil Elba nicht wusste, was sie sonst tun sollte, stimmte sie zu.

Karamella kämmte mit einem Kamm, der aus einem Mäuseknochen gefertigt war, Elbas wirre, dunkle Haarpracht aus. Dann flocht sie Elba drei Zöpfe, genau wie sich selbst.
"Wie alt bist du denn, Elba?"
"Ich bin zehn."
"Ich werde im nächsten Monat einhundertzwei." Karamella zog eine grüne Mütze mit einem langen Zipfel auf den Kopf. "Wo ist denn deine Mütze? Du hast doch bestimmt eine Mütze?"
Elba war verwirrt. "Muss man denn eine Mütze haben?"
Karamella sah sie an, als habe sie gefragt: Muss man denn atmen?
"Natürlich muss man eine Mütze haben. Alle Wichtel haben eine. Hast du keine?"
"N..nein!" stotterte Elba. "Ich bin ja auch gar kein Wichtel. Ich bin ein Mensch und ich wurde kleingezaubert."
"Ach, das ist schon vielen passiert," Karamella nahm mitfühlend ihre Hand.
"Aber wenn du bei uns leben willst, musst du eine Mütze haben. Ich werde dir eine

borgen. Ich habe noch meine alte Kindermütze, die ist sehr hübsch."
Aus den Halmen drang Fußgetrappel zu ihnen herüber und bald teilten sich die Gräser und zwei Wichte kamen zum Vorschein und rannten auf Karamella zu. Hinter ihnen kamen zwei dicke Mäuse und ein Hamster aus dem Gestrüpp. Sie wurden von den Wichteln an einer langen Leine geführt.
Die eine Maus zog knurrend an ihrer Leine, denn sie wollte nicht mitkommen. Der kleinere Wicht sprach begütigend auf sie ein und streichelte ihre zarten Ohren: "Ho, ho, ganz still, Holla, bald bist du zu Hause."
Karamella stellte ihren Brüdern lächelnd ihre Freundin vor: "Das ist Elba, sie ist kein Wicht, aber sie hat sich verirrt und weiß nicht mehr, wohin. Elba, das sind Knoll und Finz, meine Brüder."
Sie zeigte auf Knoll und sagte: "Knoll ist achtundneunzig Jahre alt. Er geht aber noch zur Schule und hütet die Mäuse."
Elba verstand, dass bei Wichteln hundert Jahre noch nicht so furchtbar alt war.
"Das hier ist Finz, er ist elf." Finz schwang sich behände auf den Rücken der dicke-

ren Maus und rief:" Na, Elba, willst du nicht auch rauf?"
Elba war begeistert. Sie ließ sich von Finz auf den hohen Mausrücken heraufhelfen und so ritten sie fröhlich zurück zum Wichtelhaus.
Elba vergrub glücklich ihre Hände im warmen Mausfell, das nach frischer Luft und Sonnenschein roch und blickte von ihrer stattlichen Höhe herab auf die anderen beiden Wichtel.
"Warum hast du denn keine Mütze auf?" fragte Finz und stubste sie von hinten in den Rücken, beinahe wäre sie von der Maus gefallen und sie musste sich schnell fest halten, dann musste sie lachen, dass sie so ungeschickt war.
Normalerweise hätte Elba jetzt gesagt: *Na, was glaubst du denn, du Dummhirn? Ich bin keiner von euch Wichteln und deshalb habe ich auch keine dieser potthässlichen Mützen auf.*
Aber jetzt wollte sie nicht böse sein und so erklärte sie Finz, dass sie keine Mütze hatte, weil sie kein Wichtel war.

Darauf gab sie Finz einen Stubs und Finz hielt sich schnell an ihr fest, damit er nicht herunter fiel.

Jetzt musste auch er lachen, denn es war lustig, sich auf dem Mäuserücken zu halten, wenn man geschubst wurde. Er schubste wieder Elba und sie schubste zurück und mit diesem Spiel unterhielten sie sich, bis sie zu Hause bei den Wichteln angelangten.

Als die Sonne gerade unterging, hatten sich Finz und Elba schon sehr gut angefreundet. Sie hatten nun ein neues Spiel, das darin bestand, sich gegenseitig Finzs Mütze abzujagen.

Da meinte Karamella, die mit Knoll zusammen auf der anderen Maus ritt: "So, da wären wir." Sie sprang vom Mauserücken herunter und lief zu einem hohlen Baumstamm, der auf dem Boden lag.

An der einen Seite des Stamms befand sich eine Tür aus Holz, an die Karamella jetzt laut und lange klopfte.

Da wurde die Tür aufgestoßen und ein altes Wichtelweibchen streckte den Kopf heraus: "Ach, da seid ihr ja endlich, kommt schnell rein und bringt die Mäuse und den Hamster mit."

Das Wichtelweibchen hatte ein faltiges, runzliges Gesicht mit roten dicken Backen und so weit Elba das erkennen konnte, hatte es nur noch einen einzigen Zahn.

Der hohle Baumstamm diente als Stall für die Tiere, denn zwei weitere Mäuse befanden sich darin und blickten neugierig auf, als ihre Stallgenossen hereinkamen. Auch ein Eichhörnchen lag zusammengerollt in einer Ecke und schlief schon.

Es sei nur zur Übernachtung hier, teilte die Wichteloma mit und öffnete die Tür am hinteren Ende des Stalls, die in das eigentliche Wichtelhaus führte.

Sie gelangten in einen langen Gang, der mit selbst gewebten, braunen und grauen Teppichen ausgelegt war. Dann kamen sie in eine geräumige Küche, in der ungefähr zehn Wichtel um einen Tisch versammelt waren und Abendbrot aßen.

Für Elba wurde ohne großes Aufhebens ein weiterer Hocker herbeigezogen und sie setzte sich neben Finz und eine wunder-

schöne Wichteldame, die Karamella als ihre Tante Blütenknosp vorstellte.
Blütenknosp lud Elba einen Teller voll mit seltsamen Gerichten, die sie noch nie gesehen hatte.
Eines sah aus wie Eicheln, die man mit einer seltsamen Masse gefüllt hatte.
"Das sind gefüllte Eicheln mit Fliegenpilz und Mäusekäse überbacken, sehr zu empfehlen." sagte ein uralt aussehendes Großväterchen neben ihr.
Elba steckte einen Löffel voll mit diesem unbekannten Gericht in den Mund und meinte: "Oh, das schmeckt wundervoll!"
"Was ist sie, mannstoll?" fragte das Großväterchen und sah Elba überrascht an. Elba war verwirrt.
"Nein, Opa, nicht mannstoll, wundervoll, Wundervoll!" schrie Knoll dem Opa ins Ohr, an Elba gewandt erklärte er: "Opa hört nicht mehr so gut. Er ist schon siebenhundertdrei Jahre alt."
Elba nickte verstehend, ihre Großmutter war auch etwas schwerhörig. Darum schrie Elba sie oft an und manchmal verlor sie auch die Geduld mit ihr und sprach gar

nichts mehr mit ihr. Aber hier im Wichtelhaus schien sich niemand groß an der Taubheit des Wichtelopas zu stören.

Zum Nachtisch brachte Blütenknosp einen großen gelben Pudding herein, von dem sie stolz sagte, es sei Honigpudding mit Fliegeneiern gefüllt.

Elba musste schlucken, sie war sich nicht sicher, ob sie etwas von dem wundersamen Nachtisch probieren sollte. Aber Elba hatte schon immer gerne süß gegessen und die anderen Kinder fielen mit großem Appetit über den Pudding her.

Elba war gerade dabei vorsichtig das erste Stück Pudding in den Mund zu schieben, als der Wichtelopa wieder das Wort an sie richtete:

"Na, wie schmeckt dir denn der Nachtisch, kleine Dame?" Elba, die sich noch immer nicht getraut hatte, ein Stück davon in den Mund zu stecken, sagte vorsichtig:

"Oh, ich kann nicht klagen."

"Was du hast's im Magen! Ja, der Magen, da haben viele Schwierigkeiten mit. Ich hatte vor kurzem einen schlimmen Magenkrampf und habe vier Wochen im Bett gelegen...!"

"Nein, Großvater, sie kann nicht klagen, NICHT KLAGEN!"

"Was! Ha! Das ist ein Mädchen nach meinem Geschmack!" schrie der Großvater erfreut und verschluckte sich, weil so viel Freude zu viel für seinen alten Körper war.

"Noch mehr vertragen, sagt sie! Sie kann tatsächlich noch mehr vertragen!" Er lachte begeistert vor sich hin.

"Nein, Großvater...", fing Finz an. Aber Blütenknosp winkte ihm ab. Sollte der alte Wicht ruhig glauben, das fremde Mädchen wollte noch mehr essen, wenn es ihn erfreute, sollte es Blütenknosp nur recht sein.

Am anderen Ende des Tisches saß Strudel, eine Wichtelfrau in den besten Jahren. Sie war die Tochter des Wichtelopas und nun lächelte sie Elba freundlich an, denn so gelacht hatte ihr Vater schon seit einigen Jahrzehnten nicht mehr.

Jetzt beobachtete sie, wie der alte Wichtel der verlegenen Elba noch ein großes Stück Pudding auf den Teller lud.

Elba hatte jetzt eine riesige Portion Pudding mit Fliegeneiern auf ihrem Teller und nun würde es sich endgültig nicht mehr lange aufschieben lassen, sie würde die Fliegeneier essen müssen.

Der erste Bissen war gar nicht so schlecht, aber der Pudding war sehr schwer und nach einigen Löffeln davon war Elba schrecklich satt.

Aber sie wollte den alten Wichtelopa nicht enttäuschen und so aß sie immer weiter und versuchte dabei, nicht ans Essen zu denken, sondern daran, dass sie mit ungefähr zehn Wichteln an einem Tisch saß.

Im Nu war der Teller leer und sie erntete einen dankbaren Blick von der dicken Strudel. Elba war erstaunt über sich selbst, zu Hause hätte sie den Pudding nicht angerührt.

Aber die Zuneigung dieser Wichtelfamilie war ihr wohl sehr wichtig.

Die Wichtelkinder sprangen jetzt ungeduldig vom Tisch auf und rannten durch die Küche in den Gang in ihr Kinderzimmer.

Ein Kind, das Elba nicht kannte, rief, sie müssten noch eine Hängematte für Elba

aufhängen und als Elba in das Kinderzimmer ging, sah sie warum:
Alle Kinder schienen in einem einzigen Zimmer zu schlafen. An Baumästen, die durch die Wände und Decken des Zimmers liefen, hatte man Hängematten aufgehängt und darin schienen die Wichtel zu schlafen.
In einer Ecke hinter einem ganz dicken Ast hing die Hängematte von Finz und Elba freute sich, als Strudel für sie eine Hängematte direkt daneben aufhing. Auf der anderen Seite des Raumes schliefen Knoll und das andere Kind.
Als Elba in dieser Nacht in ihrer Hängematte lag und die Augen schloss, war sie sehr müde, denn der Ritt auf der Hausmaus war sehr anstrengend gewesen und sie hatte das Gefühl, seit dem Morgen sei nicht nur ein Tag, sondern eine ganze Woche vergangen.

Am Morgen schien die Sonne durch ein Astloch in das Kinderschlafzimmer im Wichtelhaus. Elba wachte davon auf, dass jemand ihre Füße kitzelte. Sie schrie und

strampelte mit den Beinen und ein ausgelassenes Gelächter drang in ihre Ohren.
Als sie die Augen aufschlug, sah sie die Wichtelkinder, die um ihre Hängematte standen und erfreut lachten, weil ihr Streich gelungen war.
Finz hielt eine lange Feder in der Hand, mit der er sie wachgekitzelt hatte.
Elba wollte schon schimpfen, sie wollte zu den Kindern sagen, sie sollten nicht solch kindische Spiele mit ihr versuchen und ihr auf die Nerven gehen.
Aber als sie sich aufrichtete, verlor sie in der ungewohnten Hängematte das Gleichgewicht, die Hängematte drehte sich um und im nächsten Moment lag Elba auf dem Boden.
Die Wichtel kreischten vor Freude. Elba musste nun auch lachen. Das war so ziemlich die schlimmste Art gewesen, auf die sie jemals wach geworden war.
Finz half ihr auf die Beine. Angelockt durch das laute Lachen und den Krach, stürzten Blütenknosp und Karamella herein. Sie trugen ihre langen weißen Nachthemden

und Schlafhauben auf dem Kopf und sahen sehr lustig aus, wie Elba fand.

Da sah Elba an der anderen Wand des Schlafzimmers eine leere Hängematte. Niemand schien darin zu schlafen, denn es befand sich keine Decke darin. Das war sehr seltsam.

"Wer schläft denn in dieser Hängematte?" Die Wichtel wurden plötzlich ganz still. Alle taten, als hätten sie etwas sehr Wichtiges zu tun. Finz suchte seine Hose, Knoll machte sorgfältig sein Bett, oder besser gesagt seine Hängematte, Karamella fummelte an ihrer Haube, das andere Wichtelkind, das Witz hieß, blickte traurig zu Boden.

Elba kam der Gedanke, dass sie vielleicht etwas Falsches gesagt hatte.

"In dieser Hängematte schläft niemand", sagte schließlich Knoll und erzählte damit Elba nichts Neues, denn es war ja ganz offensichtlich, dass in der Hängematte niemand schlief. Elba zog seufzend den Schlafanzug aus, den Finz ihr geliehen hatte und schlüpfte in ihre Kleider.

Aber davon wollte Karamella nichts wissen. Sie nahm Elba an der Hand und ging mit ihr

zur Schneiderkammer, in der immer Kleidungsstücke für die Wichtel bereitlagen.
Elba sah jetzt aus wie ein Wichtelmädchen. Blütenknosp hatte ihr drei Zöpfe geflochten, sie hatte einen langen Rock und eine weite rote Bluse angezogen und sie trug eine rote Wichtelmütze.
Elba fand, sie sah sehr seltsam aus. Jeder würde sie für einen Wichtel halten, dabei war sie doch ein Mensch.

An diesem Tag ging Elba mit Finz, Knoll und Witz zum Angeln. Sie ritten auf den Hausmäusen an den See, der hinter dem Wichtelhaus lag und Knoll, der ein sehr guter Bootsmann war, machte das Boot von einem Baum nahe am Ufer los und die Kinder setzten sich hinein.
Dann ruderten Finz und Knoll langsam auf den See hinaus. Jeder bekam eine Angel, die aus einem gebogenen kleinen Knochen bestand, an dem man eine langen Schnur befestigt hatte. Elba hatte noch nie geangelt, aber die Wichtel versicherten ihr, es sei ganz leicht.

Sie wollten ein paar Fische fangen für das Abendessen. Knoll meinte, das sei sehr einfach und mache auch viel Spaß, nur müsse man sich vor den Krebsen in Acht nehmen.

Im See und vor allem an den Ufern krabbelten eine Menge Krebse herum. Ein Krebs reichte einem Wichtel bis an den Nabel und seine Zangen, die für einen Menschen ziemlich ungefährlich waren, konnten für einen Wichtel lebensgefährlich sein. Aber hier in der Mitte des Sees waren sie vor den Krebsen sicher und Elba konnte sich ganz auf ihre Knochenangel konzentrieren.

Die Sonne schien warm ins Boot und die Wichtel waren bester Laune. Da bewegte sich Knolls Angel ein kleines Stück nach links, dann noch ein kleines Stück und dann noch eins. Elba zwinkerte mit den Augen. Knoll schien nichts zu bemerken, darum zog sie an seinem Ärmel.

"Ist das schlimm, wenn sich deine Angel bewegt?" fragte sie.

"Ich hab' einen dran, ich hab einen!" jubelte Knoll und zerrte vergnügt an der Angel. Das kleine Boot schaukelte bedenklich auf dem glatten Wasser, aber die Kinder waren viel zu aufgeregt, um es zu bemerken.

Sie zogen mit vereinten Kräften an der Angel und holten die Schnur ein. Langsam kräuselte sich die Wasseroberfläche, dann tauchte ein großer, besonders dicker Fisch mit einer blauen Haut aus dem Wasser auf. Knoll holte immer mehr Leine ein.

Als der Fisch zappelnd am Boot angelangt war, schlug Finz ihm mit einem der Ruder auf den Kopf. Der Fisch verdrehte die Augen und hörte auf zu zappeln. Die Kinder zogen den Fisch ins Boot.

Er war fast so lang wie der kleine Finz und nun lag das Boot ein bisschen tiefer im Wasser.

Da riss etwas an Elbas Leine und Elba erschrak.

"Da ist einer dran!" teilte Finz ihr mit und half ihr die Leine einzuholen. Elbas Fisch entpuppte sich als winziges kleines Schlänglein, der Fisch war nämlich ganz lang und sehr sehr klein. Elba konnte ihn mühelos ins Boot heben.

Früher wäre Elba jetzt böse gewesen, denn sie hätte auch lieber einen riesigen Fisch geangelt, wie Knoll, aber heute musste sie über den seltsamen Fisch lachen.
Finz erklärte ihr jedoch, dieser Fisch sei ganz besonders lecker und eine seltene Delikatesse. Auf dem Wichtelmarkt, der einmal im Monat stattfand, wurden solche Fische für fünf Drillinge verkauft.
Elba musste lachen. "Bezahlt ihr mit Drillingen?" fragte sie belustigt. "Bei uns heißt das Mark!" Die Wichtelkinder fanden das seltsam, denn von Mark hatten sie noch nie etwas gehört.
Finz ließ seine Hand ins Wasser gleiten und bevor Elba etwas ahnen konnte, bekam sie einen riesigen Schwall Wasser ins Gesicht, mit dem Finz sie nassgespritzt hatte.
Finz heulte auf vor Vergnügen, dass sein Streich mal wieder gelungen war und Elba holte tief Luft, so hatte sie sich erschrocken. Sie nahm ein Ruder und gab Finz von hinten einen Schubs, worauf er über den Bootsrand kippte und ins Wasser fiel.
Die Kinder waren begeistert. Sie schubsten und spritzten sich so lange gegenseitig

nass, bis sie schließlich alle im Wasser lagen.
Nass und erschöpft, mit einigen Fischen als Beute im Boot, ruderten sie schließlich ans Ufer. Da schrie Finz auf. "Da, da! Da kommt eine riesige Krabbe auf uns zu! Schnell rudert wieder in den See!"
Knoll ruderte geschickt wieder in den See zurück. Im sicheren tiefen Wasser entspannten sich die Kinder und schauten zurück ans Ufer. Dort saß die Krabbe auf dem Sand und blickte aus riesigen bösen Augen zu ihnen herüber.
"Die hat einen Mords-Hunger", sagte Witz überzeugt und versuchte sich seine Angst nicht anmerken zu lassen. "Die hätte uns alle gerne zum Mittagessen, da bin ich mir ganz sicher!" Finz sah das kleinere Wichtelkind warnend an. "An so was sollten wir jetzt lieber nicht denken, wir sollten uns besser überlegen, wie wir hier wegkommen."
Knoll meinte, er wolle versuchen, das Boot an einer anderen Stelle am Ufer zu landen.

Aber wann immer sie eine andere Stelle ansteuerten rannte die Krabbe flink am Ufer entlang und war vor ihnen da.
Dann wartete sie bereits auf sie und ihr hungriges Gesicht ließ nichts Gutes ahnen.
"Was machen wir denn jetzt?" wollte Elba wissen.
"Keine Ahnung!" sagte Knoll.
"Kraut und Rüben!" fluchte Finz.
Witz fing an zu weinen.
Da riss Elba der Geduldsfaden. Mit einem Mal kehrte ihre alte Bösartigkeit zurück und machte sich in ihrem Körper breit.
Sie war mächtig böse auf die hässliche Krabbe und sie konnte sich einfach nicht mehr länger zurückhalten.
"Du bist ein stinkiges, hässliches, verabscheuungswürdiges Höllenbiest!" schimpfte sie mit der Krabbe und in ihren Augen lag keine Spur von Angst, sondern sie sah ihr direkt in die Augen.
Die Wichtel blickten sie erstaunt an.
"Aber das ist noch nicht alles. Du bist nicht nur hässlich anzusehen, du hast auch einen ganz unsympathischen Charakter. Du bist, sozusagen, ein Geschöpf ohne Liebe

und Zuwendung und, weißt du was, du verdienst es auch nicht anders. So etwas Ekelhaftes wie du, sollte für immer unter der Erde leben, denn es ist es nicht wert, das Sonnenlicht zu sehen."
Die Krabbe sah Elba ungläubig an. Sie hatte noch nie erlebt, dass ein Wichtel sich getraut hätte, mit ihr zu reden.
Hier am See war es sehr langweilig und die Krabbe hatte nicht gerade viele Tiere oder Wesen, mit denen sie sich unterhalten konnte, denn die Fische sprachen nicht mit ihr und andere Krabben gab es nur wenige.
"Bist du verrückt? Die bringt uns um!" flüsterte Finz erregt. "So kannst du doch nicht mit der Krabbe reden!" Er vergrub vor Angst den Kopf in den Händen.
Aber Elba bemerkte es nicht, sie war nun nicht mehr zu bremsen. Sie hatte vor, diesem hässlichen Krebs eine Standpauke zu halten, wie er sie noch nie gehört hatte.
"So, und was das Schlimmste an dir ist, du bist so widerlich und abstoßend, dass du keine Freunde hast, denn niemand will etwas mit dir zu tun haben. Du hast es immer

nur aufs Essen abgesehen. Und? Was hast du davon?"

Die Krabbe klapperte hilflos mit ihren Scheren und Zangen, ein Geräusch, bei dem es den Wichteln kalt den Rücken herunter lief. Elba aber hatte längst keine Angst mehr. Sie redete weiter auf die Krabbe ein.

"Ich sage dir, was du davon hast: Niemand redet mit dir! Die Fische mögen dich nicht, weil du sie auffrisst, die Wichtel mögen dich noch viel weniger und die anderen Krabben? Die mögen dich auch nicht. Ich weiß zwar nicht, ob du eine männliche oder eine weibliche Krabbe bist, aber ich wette, dein Ehemann oder Eheweib hat dich verlassen, weil du so unausstehlich bist."

Die Krabbe am Ufer zitterte nun und es sah aus, als könne sie sich kaum noch auf den Beinen halten. "I...Ich...Ich..," stotterte sie und kam nicht weiter, denn Elba hatte Luft geholt und setzte zu einer weiteren vernichtenden Rede an:

"Weißt du, ich war früher auch unausstehlich, aber ich habe eines gelernt: Du kannst zu vielen Leuten unausstehlich sein,

das macht nichts, zu einigen wenigen aber musst du auch mal nett sein, du darfst ihnen nichts tun und du musst einfach nett zu ihnen sein, denn sonst hast du keine Freunde. In den Ferien bist du allein und zum Schluss wirst du kleingezaubert. Ich kenne mich da aus, glaub' mir."
Die Krabbe hatte einen winzigen Mund, der sich nun hilflos öffnete und schloss, sie zitterte am ganzen Leib und eine einzige dicke Träne kullerte aus ihrem einen Auge und rollte langsam in den Sand.
"Weißt du, du musst einfach auch mal nett zu jemand sein, zum Beispiel zu den Wichteln. Wenn du nett zu ihnen bist, dann hast du die besten Freunde, die du dir wünschen kannst. Finz zum Beispiel," Elba holte Finz nach vorne, damit die Krabbe am Ufer ihn sehen konnte. "Finz ist immer zu Streichen aufgelegt, mit ihm hast du immer was zu lachen. Oder auch Witz", und Elba griff nach dem kleinen Witz "ist noch ganz klein und kann gerade erst sprechen. Würdest du dieses hübsche Wichtelbaby essen, dann müsstest du schon ein ziemlich ekliges Tier sein."

Und die Krabbe, die vor einer Stunde Witz noch für ein besonders zartes Abendessen gehalten hatte, sagte mit hoher zitternder Stimme:

"E..Ent....Entschuldigung!" und kratzte bekümmert mit ihrer scharfen Zange im Sand.

"Ja, du hast auch allen Grund, dich zu entschuldigen! Schön, dass es dir so früh einfällt!" Die Wichtelkinder sahen Elba ehrfurchtsvoll an. Witz hatte ganz vergessen zu weinen und nun grinste er, dass sein dicken Kinderbacken ganz rot wurden.

"Würdest du denn," fing die Krabbe mit zitternder Stimme an und schüttelte den Kopf, denn sie konnte vor Tränen nicht weitersprechen. "Würdest... willst du denn meine Freundin sein?" fragte die Krabbe schließlich und weinte aus Leibeskräften.

"Meine Frau hat mich vor ein paar Wochen verlassen, wegen eines anderen Krebses. Sie ist mit ihm auf und davon und seitdem habe ich niemanden mehr."

"Rudert mich ans Ufer!" sagte Elba resolut. Und Knoll wendete das Boot und brachte es an Land.

"Sei bloß vorsichtig!" flüsterte Finz, als Elba ausstieg. Die Wichtelkinder blieben im Boot und beobachteten argwöhnisch, wie Elba sich der Krabbe näherte.

Knoll umfasste ein Ruder fester, im Notfall würde er versuchen, der Krabbe eins überzuziehen.

Elba war inzwischen bei der Krabbe angelangt und legte ihr eine Hand auf den Panzer.

"Ich könnte schon deine Freundin sein, ich könnte dich besuchen und wir würden zusammen Fische fangen. Vielleicht freundest du dich auch mit anderen Wichteln an. Du musst nur eines versprechen!"

Elba blickte die Krabbe streng an. "Du musst versprechen, nie, nie, nie wieder einen Wichtel zu fressen oder eines seiner Haustiere. Na? Kommen wir ins Geschäft?"

Die Krabbe reichte Elba die Zange und Elba schlug ein. Die Krabbe schüttelte ihr vorsichtig die Hand und hob die andere Zange wie bei einem Schwur in die Höhe.

"Ich verspreche, dass ich nie mehr einen Wichtel essen werde und dass alle Wichtel von nun an meine Freunde sind."

"Also schön, mein Name ist Elba und die anderen kennst du ja schon."
"Knips!" sagte die Krabbe und es sah aus, als ob sie lächelte.
"Also Knips, ich freue mich, dass wir Freunde sind und zum Zeichen unserer Verbundenheit werden wir dir einen unserer Fische schenken, denn wir haben sowieso viel mehr gefangen, als wir an einem Tag essen könnten und die Wichtel haben keine Tiefkühltruhe."
Elba winkte ihre Freunde heran, die aus dem Boot sprangen und der Krabbe freundlich auf den Rücken klopften.
Elba sah, dass der Blick der Krabbe begehrlich auf dem kleinen Schlänglein hängen geblieben war, das sie gefangen hatte.
Darum zog sie es, zusammen mit einem anderen saftigen Fisch unter den anderen Fischen im Boot hervor und reichte es der Krabbe mit einem freundlichen Nicken.
Die Krabbe legte die Fische sorgsam auf den Sand und zwinkerte ihr zu:
"Ich habe auch etwas für euch!" Sie krabbelte schnell in ihr Krabbenloch und kam

mit einer wunderschönen Muschelschale zurück. Die Wichtelkinder jubelten.
"Das ist die perfekte Kinderwiege! Da wird sich Blütenknosp aber freuen!" riefen sie und nahmen die Muschelschale dankbar an.
"Kommt ihr morgen wieder?" fragte die Krabbe, als die Kinder aufbrachen.
"Wir kommen jeden Tag und besuchen dich!" versprach Elba.

An diesem Abend gab es nicht nur ein Festessen, sondern die Kinder erzählten auch, was ihnen mit der Krabbe passiert war.
Elba aß so viel, wie schon lange nicht mehr, denn die Fische waren ohne Fliegeneier und Fliegenpilz zubereitet und Elba konnte mit gutem Appetit essen.
Über die Geschichte mit der Krabbe wunderten sich alle sehr und seit diesem Abend sahen die Wichtel Elba anders an, denn nun war Elba nicht mehr nur ihr Gast, sondern sie gehörte zur Familie.
Die Wichtel besuchten ihren neuen Freund Knirps oft und schwammen mit ihm im Was-

ser. Als es kälter wurde, saßen sie mit ihm in dem gemütlichen Krabbenloch und aßen geräucherten Fisch.
Als Blütenknosp ihr Baby bekam, legte sie es in die Muschelschalenwiege und schaukelte es hin und her und am nächsten Tag ging auch sie zu Knips um sich zu bedanken.

Eines Tages, als die Kinder wieder ihren Krabbenfreund besuchen wollten und an die Tür zum Krabbenloch klopften, erblickten sie mit Verwunderung eine zweite Krabbe.
"Das ist Zwick, meine neue Frau!" präsentierte Knips stolz die hübsche Krabbendame. Zwick erzählte, dort wo sie herkäme, hätten die Wichtel schon seit längerer Zeit Frieden mit den Krabben geschlossen und sie sei froh, das die Krabben in diesem Gebiet genauso fortschrittlich waren.
Von da an besuchten die Kinder die Krabben nicht mehr so oft, denn sie wollten die neue Familie nicht stören, aber noch heute sind die Krabben und die Wichte in diesem Teil der Welt befreundet und gehen oft

zusammen fischen oder besuchen gegenseitig Tanzveranstaltungen.

Elba lebte nun schon ein paar Wochen bei den Wichteln und sie verstand sich mit allem Wichteln gut, vor allem mit dem alten Wichtelopa saß sie oft zusammen und manchmal, wenn der alte Wicht gut gelaunt war, ließ er sie auch an seiner Pfeife ziehen.
Anfangs musste Elba husten, weil der Rauch so stark war und in ihrer Kehle brannte und schmerzte aber mit der Zeit gewöhnte sie sich an den beißenden Qualm und fand sogar Gefallen daran.
Bei solchen Gelegenheiten, wenn der Opa und sie zusammensaßen, unterhielten sie sich über das Nettsein und die Freundlichkeit, mit der Elba immer noch manchmal Schwierigkeiten hatte.
Einmal fragte sie den Opa auch nach dem leeren Bett im Wichtelzimmer, das sie am ersten Morgen bemerkt hatte und der Opa versprach ihr zu erzählen, was es damit auf sich hatte. Er rief die Wichtel am Esstisch zusammen und meinte, es sei nun Zeit, Elba

zu erzählen, warum eine der Kinderhängematten leer war.
Elba hielt die Pfeife und von Zeit zu Zeit nahm sie einen Zug daraus. Der Opa räusperte sich und nahm noch einem Schluck Pilztee, dann fing er an zu erzählen:

"Es ist schon ein paar Monate her, da kam Parasitus in unsere Gegend. Du wirst nicht wissen, wer das ist, aber jeder Wicht kennt ihn und ein Wicht, der ihn nicht kennt, ist kein richtiger Wicht."
Verwirrt hielt der Opa inne um über das nachzudenken, was er da gesagt hatte. Dann setzte er wieder an.
"Schon allein sein Name verbreitet Angst und Schrecken bei allen Wichteln, darum wird er auch nicht oft genannt und wenn dann muss man gleich ausspucken oder 'Kraut und Rüben' sagen, denn das ist ein alter Wichtelfluch. Parasitus ist das Unaussprechliche, vor dem jeder Wichtel Angst hat, er ist ein Alptraum und doch ist er real. Er lebt tief unter der Erde in einer dunklen Höhle. Weil nie die Sonne an ihn heran kommt, ist er zuerst ganz weiß und dann

ganz grün geworden. Er trägt nur schwarze Kleidung, denn alle anderen Farben tun seinen Augen, die Licht und Farbe nicht gewöhnt sind, weh. Das Wichtigste an Parasitus ist jedoch, dass er sich der 'Schwarzen Kunst' verschrieben hat. Was die 'Schwarze Kunst' ist weißt du ja bestimmt. Man versteht darunter die böse, die schwarze Art des Zauberns und der Magie. Parasitus hat sein Leben darauf ausgelegt, anderen zu schaden und daraus einen Nutzen zu ziehen.

Alle hundert Jahre kommt er an die Oberfläche und nimmt sich ein Wichtelkind, dem er seine Zauberkunst beibringt. Er erzieht es zu einem bösen Wesen, damit sich das Böse in der Welt fortpflanzt und die Welt schließlich immer böser wird.

Vor fünf Monaten kam Parasitus an unsere Tür und nahm sich ein Wichtelmädchen mit. Die Eltern der Kleinen waren so traurig, dass sie für immer fortgegangen sind. Seitdem steht die Hängematte leer und seitdem sind wir in unseren Herzen alle traurig...."

Der Wichtelopa schwieg verdrossen und nahm seine Pfeife wieder an sich. Elba knabberte nachdenklich an ihrem Fingernagel.
"Wie hieß das Kind denn, das er mitgenommen hat?" wollte sie wissen.
"Hasel", sagte Finz düster. "Sie war meine Schwester."

In dieser Nacht konnte Elba nicht gut schlafen. Sie schaukelte in ihrer Hängematte und blickte durch das Astloch in den nächtlichen Himmel.
Sie musste an die arme Hasel denken, die die Schwarze Zauberkunst von Parasitus erlernte und in einer Höhle leben musste. Jetzt konnte sie verstehen, warum es den Wichteln so schwer fiel, von der leeren Hängematte zu sprechen.
Elba musste aber auch viel über sich selbst nachdenken. Manchmal hatte sie das Bedürfnis, sehr sehr böse zu jemandem zu sein, so wie sie es früher immer gewesen war.
Zu den Wichteln und den Tieren und Pflanzen wollte sie nicht böse sein. Aber sie hat-

te richtig Lust, irgendjemand richtig zusammenzustauchen und plötzlich hatte sie die Lösung: Sie würde zu Parasitus gehen. Das wollte sie tun.

"Elba, ich weiß ja, das du ein seltsames Kind bist, aber das ist wirklich die dümmste Idee, die du seit langem hattest. Das kannst du nicht tun," sagte Finz entschlossen und um jeder Diskussion zuvorzukommen, drückte er erst Elba und dann der Krabbe Knips eine Angel in die Hand und blickte aus Wasser.
"Halt die Angel nicht wieder so fest", sagte er zu Knips, der seine Angel beim letzten Mal aus Versehen mit seiner Zange zerbrochen hatte, denn auch jetzt bog sich die dünne Angel schon wieder bedenklich in seinem Greifarm durch.
Elba hatte ihren beiden Freunden gerade von ihrem Plan erzählt, Hasel bei Parasitus in Zukunft zu vertreten.
Jetzt erklärte sie ihnen: "Ihr wisst das vielleicht nicht, aber ich kann so unausstehlich sein, dass es wirklich niemand mit mir aushält. Ich kann die nettesten und die

schlechtesten Menschen zur Verzweiflung bringen, ich kann so gemein sein, dass man es einfach nicht mehr mit mir aushält," sagte Elba überzeugt.
"Das glaube ich dir sofort", meinte Knips, der sich noch gut an Elbas Rede erinnerte, als er noch Wichtel gegessen hatte.
"Das glaube ich dir nicht", sagte dagegen Finz, der immer eine gute Meinung von Elba hatte und der außerdem nicht wollte, dass seine Freundin zu Parasitus ging.
Aber Elba wollte sich von ihrem Vorhaben nicht abbringen lassen. Sie freute sich darauf möglichst ekelhaft zu Parasitus zu sein. Knips zog einen zappelnden Fisch aus dem Wasser und tötete ihn, indem er ihm mit seiner Zange das Genick brach. Finz fand es immer noch beängstigend, wenn Knips das tat. Darum sah er schnell weg.
"Ich werde das auf jeden Fall tun, ob ihr nun einverstanden seid oder nicht!" gab sie den beiden anderen bekannt und legte sich im Boot zurück und blickte in den blauen Himmel hinauf. Wenn man kleingezaubert war, sahen selbst die Wolken anders aus.

Finz und die Krabbe warfen sich einen ratlosen Blick zu.

"Finz, ich finde, gleich morgen früh solltest du mich zu dieser Höhle führen, in dieser Zauberer lebt, und wenn du das machst, dann wirst du auch deine Schwester wiedersehen, vergiss das nicht. Ich habe mir das genau überlegt. Wenn ich am nächsten Tag nicht bis Sonnenuntergang zurückbin, dann kannst du dir Sorgen machen, aber vorher noch nicht."

"Wenn sie nicht zurückkommt;" sagte die Krabbe und klappte nervös ihre Zange auf und zu "dann werde ich hingehen und ihm das Genick durchzwicken."

Das schien Finz etwas zu beruhigen und zögernd meinte er: "Na gut, dann versuch', was du tun kannst, aber wenn du nicht zurückkommst, komme ich mit Hasel und Knips, um dich abzuholen, also streng dich an, denn Knips hat jetzt eine Familie zu versorgen und da will er nicht lange wegbleiben."

In der Tat hatte Zwick einige kleine Krabbeneier gelegt, aus denen vor einer Woche kleine Krabben hervorgekommen waren, mit denen die Wichtelkinder oft spielten.

Am nächstem Morgen ging Elba mit Blütenknosp wieder in die Kleiderkammer im Wichtelhaus.
Dort suchten sie einen langen schwarzen Rock und eine schwarze Bluse heraus, aber in den Sack, den Elba mit sich trug steckten sie einen Rock, der so gelb war, wie nichts, was Elba je gesehen hatte. Es war ein Gelb, das selbst ihr in den Augen schmerzte. Dazu wählte sie eine Bluse aus schreiendem Rot.
"Wie hast du denn dieses Gelb hingekriegt?" fragte Elba, die wusste, dass die Wichtel ihre Kleider immer selber färbten.
Blütenknosp lachte.
"Oh, das, das war ein Versehen, ich habe zu viel Schlüsselblumensaft genommen. Das Rot kommt von den Zwiebelschalen, die mir mein Mann mal vom Markt mitgebracht hat, das sieht prachtvoll aus, gell?"
Das musste Elba allerdings zugeben.
Sie knotete ihren Sack fest zu, dann ging sie mit Blütenknosp zurück in die Küche.

Hier hatten sich alle Wichtel um den Tisch versammelt, um ihr Glück zu wünschen.
Elba sah viele unglückliche Gesichter, allen voran natürlich Finz, aber der Wichtelopa nahm sie zur Seite und meinte, ihr Entschluss zum Zauberer Parasitus zu gehen, sei richtig gewesen.
Er schenkte ihr mit einem traurigen Lächeln seine Pfeife, aber Elba musste grinsen.
"Ich gehe für genau einen Tag und eine Nacht zu Parasitus und bin morgen wieder da. Warum regt ihr euch so auf? Bevor ihr euch noch richtig Sorgen machen könnt, bin ich wieder da und bringe hoffentlich auch Hasel mit. Also ist doch alles in Ordnung!"
Elba spürte die alte Ungeduld in sich aufsteigen. Es war besser, wenn sie sich so schnell wie möglich auf den Weg machte. Finz und Knips warteten vor dem Wichtelstall. Sie wollten sie bis zur Höhle begleiten und vor der Höhle warten, um im Notfall eingreifen zu können. Finz probierte ein letztes Mal Elba von ihrem Plan abzubringen, aber Elba wollte nun wirklich nichts mehr davon hören. Sie ging schnellen

Schrittes vor ihren Freunden her und machte ein erwartungsvolles Gesicht.
Knips und Finz tappten unschlüssig hinterher und unterhielten sich leise. Elba bekam mit, wie Knips zu Finz sagte: "Finz, du musst sie gehen lassen, weißt du, was ich glaube? Ich glaube, sie freut sich richtig darauf, mit dem Zauberer zu streiten, ich glaube, sie genießt das."
Finz schüttelte den Kopf, dass seine Wichtelmütze hin und her flog.
"Menschen sind wirklich seltsam. Manchmal brauchen sie einen Streit, damit es ihnen besser geht. Wenn es uns Wichteln schlecht geht, suchen wir uns keinen Streit, sondern etwas Feines zu essen und einen guten Freund. Ich verstehe sie nicht."
"Das musst du auch nicht!" rief Elba von vorne und fing fröhlich an zu pfeifen.

Der Weg, den sie eingeschlagen hatten, führte aus dem Wichtelgebiet heraus durch eine tiefe Schlucht. Die Bäume, die an den Wänden der Schlucht in die Höhe wuchsen, waren uralt und knotig. Es schien viel kälter zu sein, als im Wald, wo die Wich-

tel wohnten und ein seltsames Licht beleuchtete die Umgebung.
Große, hässliche, schwarze Vögel saßen in den kahlen Ästen der seltsamen Bäume und stießen krächzende Rufe aus.
Aus den Büschen und Sträuchern, die herumstanden, stieg ein grünlicher Nebel auf. Finz bekam etwas Angst und hielt sich dicht an der Krabbe, die mit ihren abstehenden Augen vorsichtig die Umgebung musterte.
"Das ist hier bestimmt ein Geisterwald," sagte Finz und blickte sich unbehaglich um. Irgendwie hatte er das Gefühl beobachtet zu werden. "hier wohnen bestimmt Trolle und böse Kobolde. Lasst uns umkehren!" schlug er vor. Aber Elba lachte nur und Knips rollte mit den Augen, als wolle er sagen: Mitgehangen, mitgefangen!

Langsam durchquerten sie die Schlucht. Als sie fast am Ende des seltsamen Weges angelangt waren, hielt Finz vor einer Höhle an, die tief in den Fels zu führen schien.
Sie lag etwas oberhalb des Weges und die Freunde mussten erst einige Treppenstufen

hochsteigen, bevor sie die massive Eisentür erreichten, die den Zugang zur Höhle verwehrte.
An der Tür hing keine Klingel und nur ein schwarzes Schild warnte:

Fremder, willst du treten ein,
Kannst du gerne kommen rein,
Doch wenn du willst wieder nach Haus
Wer weiß, ob dich lasse raus........

Elba las Finz und Knips, die nicht lesen konnten, das Schild vor.
Darauf wurde Finz sehr still und blass. Aber Elba ließ sich nicht entmutigen. Sie lief hinter einen Busch und zog dort den schwarzen langen Rock und die schwarze Bluse an, die sie mitgebracht hatte, dazu setzte sie eine alte graue Wichtelmütze auf, ihren Sack mit den bunten Kleidern warf sie sich über die Schulter.
"Du siehst scheußlich aus"; sagte Finz ehrlich und schüttelte wieder den Kopf angesichts der traurigen Erscheinung, die Elba mit ihren finsteren Kleidern abgab.

Da hörten sie von hinter der Tür ein leises Geräusch. Es war eine ganz zarte helle Stimme, nicht die dunkle böse Stimme eines Zauberers. Es hörte sich an, als ob jemand weinte.
"Da weint jemand!" sagte Knips und deutete mit seiner Zange aufgeregt auf die Tür.
"Ja, ich höre es auch."
"Ich weiß, wer da weint," meldete sich Finz, "das ist meine Schwester Hasel."

Elba hob entschlossen die Faust und hämmerte damit gegen die dicke Tür. Dumpf hallten die Klopfgeräusche im Innern der Höhle wieder. Allein dieses Geräusch konnte einem eine Gänsehaut über den Rücken jagen. Aber Elba machte ein freudiges Gesicht. Jetzt begann ihr Abenteuer. Das Weinen war urplötzlich verstummt und sie hörten wie Schritte sich der Tür näherten. Ein Riegel wurde aufgeschoben, dann noch einer, dann wurde ein Schlüssel im Schloss herumgedreht, was entsetzlich knirschte und dann öffnete sich die Tür einen winzigen Spalt und die Freund sahen ein kleines blasses Mädchen, das seinen Kopf heraus streckte.

Es hatte ein dünnes trauriges Gesicht und rote geränderte Augen, als ob es gerade geweint hätte. Aber als es sah, wer vor der Tür stand, huschte ein freudiges Lächeln über sein Gesicht.

"Finz! Bist du das wirklich?" Das Mädchen wollte aus der Tür kommen, aber es schien zu stolpern und fiel im Innern der Höhle hin. "Der Meister hat mich mit einem Fluch belegt. Immer wenn ich versuche die Höhle zu verlassen, falle ich hin und komme nicht mehr weiter, so kann ich ihm niemals weglaufen. Ganz schön gemein, was?"

Finz starrte das Mädchen an. "Hasel!" Dann drehte er sich zu seinen Freunden um und erklärte: "Das ist Hasel, meine Schwester, wir haben sie gefunden."

Elba drängte sich nach vorne und ging in die Höhle hinein. Sie gab dem Mädchen freundlich die Hand und sagte: "Guten Tag, mein Name ist Elba. Ich möchte dich von nun an hier vertreten. Da du ja nicht über die Türschwelle gehen kannst, weil du verzaubert worden bist, werden wir dich

einfach drüberheben. Finz, komm herein und hilf mir!"
Finz drängte sich voller Angst in die Höhle. Er nahm Hasels Arme und Elba fasste ihre Beine.
Zusammen hoben sie sie über die Türschwelle. Draußen stand Knips und nahm sie behutsam mit seinen starken Armen entgegen.
"Ich hoffe, ich habe dich nicht aus Versehen gezwickt," sagte er höflich zu dem fremden Mädchen. Hasel blickte die riesige Krabbe nur mit großen entsetzten Augen an.
"Du brauchst keine Angst vor Knips zu haben. Er ist unser Freund."
Hase sah sich verwundert um, sie war schon seit fünf Jahren nicht mehr draußen gewesen, denn sie war ja in der Höhle gefangen gehalten worden.
Langsam stiegen ihr die Tränen in die Augen und sie musste sich überwältigt auf den Boden setzen.
"Das ist doch nicht nur ein Traum? Ich werde bestimmt gleich aufwachen und bin im-

mer noch da drinnen." Sie zeigte auf die Höhle.

Da erscholl aus dem Innern der Höhle ein tiefe Stimme. Sie schien von weit unten zu kommen und hörte sich dumpf und grausam an.

"Wo ist denn dieses kleine faule Biest schon wieder? Ich will jetzt einen Gifttrunk mischen und sie soll mir doch die Kräuter schneiden! Diese nichtsnutzige kleine Miesmuschel! Hasakael und Ahasver, geht und sucht sie!"

"Hasakael und Ahasver!" schrie Hasel entsetzt auf. "Das sind zwei riesige alte Raben, die mich immer beobachten müssen. Sie sind gemein und hässlich!"

Elba grinste erwartungsfroh, sie selbst konnte auch gemein und hässlich sein.

"Also, Leute, kommt gut nach Hause, ich bin spätestens übermorgen wieder zurück." Elba winkte ihren Freunden und wollte die Tür schließen, aber Finz schrie:

"Elba, nein, komm da raus! Komm mit uns nach Hause, ich bitte dich!"

Aber Elba winkte nur ein letztes Mal, dann schlug sie krachend die Tür zu.

In der Höhle war es wirklich äußerst dunkel und Elbas Augen mussten sich erst an das Dämmerlicht gewöhnen. Die Wände sahen nass aus und von irgendwo kam ein stinkender gelblicher Rauch.
Alles war schwarz, die Wände, die Decke, der Fußboden, auf dem noch nicht einmal ein Teppich lag. Aber diese grauenvolle Umgebung machte Elba nichts aus, denn sie hatte überhaupt keine Angst.
Da näherten sich zwei schwarze Schatten und Elba erkannte die beiden Raben Ahasver und Hasakael, die sich näherten.
"Ach da, seid ihr ja, ihr zwei, puh, seid ihr hässlich, da hat Hasel wirklich nicht gelogen." Die zwei Raben setzten sich auf einen Felsvorsprung in der schwarzen Wand und blickten sie boshaft an, sie hatten kleine schwarze Augen, die zu bösen Schlitzen verengt waren.
"Na, daf ift doch nicht diefe kleine ängstliche blöde Haufmauf, die die ganze Zeit über da war, die hier fieht ganz anderf aus. Na, unf foll's recht sein," sagte der erste Rabe und Elba stellte fest, das die Raben wohl einen Sprachfehler hatten:

Sie lispelten, sie konnten kein s sprechen, sondern nur ein f. Das fand sie sehr lustig.
Der andere Rabe setzte sich auf einen Ast, der in die Höhle hing und krächzte: "N..N..Nein, d..d..das ist g...g...g..ganz be...b..bestimmt nicht die k..k...k...kleine Ha..Ha...Hasel." Auch der andere Rabe konnte nicht richtig sprechen, er stotterte. Elba musste lachen.
"Hallo, na, wie wär's denn, wenn ihr mich zu eurem Meister führt. Ich habe heute noch was anderes vor!"
Die Raben sahen sich erstaunt an. "Waf find daf denn für neue Töne?" fragte Hasakael. "Die andere Kleine war aber nicht fo frech!" Dann breitete er seine Schwingen los und meinte zu Elba gewandt: "Komm, du blödes Wichtelkind, folge mir!" Und die Raben flogen ihr krächzend voraus.
Elba folgte den Raben durch einen langen dunklen Gang, ihre Schritte klangen hohl in dem unterirdischen Haus und mit jedem Schritt, der sie tiefer in die Höhle führte, roch es schlechter. Schließlich bogen sie um eine Ecke und kamen in einem großen

runden Raum. An den Wänden hatte der Zauberer Regale aufgestellt, in denen seltsame Gefäße und Flaschen standen, die Etiketten trugen mit solchen Namen wie: Rattenblut, Fledermaushaut, Giftwurzelelixier, Liebestrank, Giftiges Wichtkraut, Spinnenkörper - pulverisiert, Spinnenkörper - ganz, und so weiter.

In der Mitte stand ein Tisch, auf dem ein heilloses Durcheinander von alten Büchern, Kerzen, angegessenen Broten und sogar einem Totenschädel zu sehen war. An einer Wand war eine riesiger Feuerstelle.

Über dem Feuer hing ein bauchiger Kessel, aus dem der widerliche Gestank aufstieg. Über den Kessel gebeugt stand ein dünner Mann mit einem langen grauen Bart und tatsächlich, das Gesicht und die Hände des Mannes hatten eine grüne Farbe, er war tatsächlich grün. Er trug einen langen weiten schwarzen Mantel und einen hohen, spitzen Zaubererhut. Diesen Hut nahm er jetzt ab und kratzte sich auf dem Kopf. Dann setzte er ihn wieder auf.

"Oh? Wen haben wir denn da? Du bist nicht die kleine Hasel, du bist ein anderes hässliches Wichtelkind, das wieder vor Angst zittert und meine Nerven raubt. Kannst du denn wenigstens ein bisschen zaubern? Ach, bestimmt nicht, na ja, geh' mal dahinten hinter das Regal und bring mir eine Dose Blutwurz und etwas Schlangenspeichel, steht ganz oben links, na, hopp, ein bisschen schneller, wenn's geht und nicht so trödelig."

"Was machst du denn da? Das stinkt entsetzlich!" sagte Elba.

"Nun, das verstehst du zwar nicht und du bist auch zu dumm dafür, aber ich braue ein Gift, das Wichtel ganz ganz langsam und schmerzhaft umbringt. Ein guter Einfall, nicht wahr?"

Elba sagte nichts, sondern sie verschwand hinter dem Regal und machte ihren Sack auf. Jetzt würde der Zauberer einen Tag erleben, wie er es noch nie geahnt hatte!

Sie knotete ihren Sack auf und zog die grellrote Bluse und en schreiendgelben Rock an, dann wechselte sie noch ihre grauen Mütze gegen eine giftgrüne aus.

Jetzt war es ihr gelungen, in die Höhle des Zauberers hineinzukommen, jetzt musste sie nicht mehr so aussehen, wie Parasitus es wollte, sondern jetzt würde sie ihn ärgern, bis er tot umfiel oder alle Wichtel in Ruhe ließ.
Fröhlich kam sie hinter dem Regal hervor und ging von hinten an den Zauberer heran, der konzentriert einen Zauberspruch murmelte.
Der Zauberer hatte sie nicht kommen gehört und darum schlich sie sich ganz dicht hinter ihn und schrie so laut sie konnte: "Fertig!"
Parasitus erschrak furchtbar.
Er kreischte laut auf und vor Schreck ließ er seinen Rührlöffel in den Kessel fallen, der blubbernd in der Flüssigkeit verschwand.
Er drehte sich böse um, und erhielt direkt den nächsten riesigen Schrecken, denn als er Elbas Kleider sah, riss er die Hand vor die Augen und taumelte einen Schritt zurück. Dabei kam er zu nah ans Feuer und sein Umhang fing Feuer.

Erschrocken zog er ihn aus und trampelte auf der Erde auf dem Umhang herum um die Flammen zu löschen.

Während dieser Aktion hatte er aus Versehen dem Kessel einen Schubs versetzt, der Kessel schwankte, fiel von seinem Gestell herunter und er ganze Gifttrunk ergoss sich über den Boden, er floss schnell über die Erde und verschmutzte die Schuhe des Zauberers, dann versicherte er langsam in der Erde.

Parasitus holte Luft und atmete wieder langsam aus. Zitternd vor Wut und vor Schreck gleichzeitig, zog er seinen Mantel wieder an, der nun verknittert und dreckig war und seltsam an ihm herabhing.

Das sah so dumm aus, dass Elba lachen musste. "Du...Du... du schreckliches, dummes Mädchen, ich werde dich verzaubern, ich werde dich....Du...entsetzliches ...böses Kind!" stammelte Parasitus. Er hatte sich abgewendet und rieb sich seine schmerzenden Augen.

"Wie willst du mich denn verzaubern, wenn du mich noch nicht mal ansehen kannst, du dummer Mann, und so was will ein Zauberer sein. Dass ich nicht lache. Du kannst ja noch nicht mal einen Gifttrank mischen. Und außerdem lässt du dich von einem Wichtelmädchen verspotten, das ist schon ganz schön dämlich", spottete Elba und fühlte sich großartig.

"Oh, ich habe noch einen Gifttrank im Schrank, den werde ich dir geben, du wirst schon sehen, wie schön du dann sterben wirst. Es ist ein Gifttrank, der Wichteln den Kopf platzen lässt."

"Tja," lachte Elba "Wichteln vielleicht, aber ganz sicher nicht mir, denn ich bin kein Wichtel, ich bin ein kleingezauberter Mensch. Siehst du?"

Sie tauchte einen Finger in einen Rest des Gifttrankes, der noch am Boden lag und steckte den Finger in den Mund.

"Bäh! Das schmeckt widerlich! Richtig eklig! Dieser Gifttrank macht mir überhaupt nichts aus! Aber du könntest ruhig mal was leckeres kochen. Aber wenn du kein Gift kochen kannst, ohne dich von einem kleinen Mädchen aus der Ruhe bringen zu lassen, dann kannst du natürlich auch nichts anderes kochen. Und ich weiß auch, wor-

an das liegt, mein guter Mann, du wirst alt, das ist es, stimmt's? Langsam wirst du vergesslich und nachts schläfst du auch nicht mehr so gut. Ach ja, du bist schon ein schwächlicher kleiner Zauberer."
Der Zauberer taumelte rückwärts zu einem Stuhl und ließ sich darauffallen.
"Ich brauche meine Beruhigungstabletten, schnell, ich brauche was für meine Nerven. Du dummes Ding, bring mir aus dem dritten Regal meine Tabletten, da steht Nervenstark drauf. Ganz in der Mitte....." Ein langer Seufzer folgte.
Elba ging zum dritten Regal. In der Mitte stand eine Dose mit der Aufschrift: Nervenstark. Aber als sie sich das Regal genauer ansah, bemerkte sie links daneben ein kleines Röhrchen mit dem Etikett: Für große Aufregung und Angst.
Sie nahm vier Tabletten aus diesem Röhrchen heraus und eilte damit zu Parasitus: "Hier! Am besten ist, du nimmst gleich vier davon, dann bist du gleich wieder ruhig!"
Und sie gab ihm die Tabletten für große Aufregung und Angst.

Parasitus schluckte mit gierig die Tabletten herunter und nahm einen Schluck aus dem Glas auf dem Tisch.

Dabei sah er Elba nicht dann, denn die Farben ihrer Kleidung taten ihm immer noch in den Augen weh.

Elba nahm sich einen Stuhl und setzte sich ruhig zu ihm an den Tisch. Sie biss in ein Brot, das herumlag und wartete, bis die Tabletten ihre Wirkung taten. Nach einigen Minuten begann Parasitus' grüne Hand, mit der sich am Tisch festhielt, zu zittern.

Elba bemerkte es mit einem leichten Lächeln.

"Mir...geht's gar nicht gut. Ich.. ich fühle ich so ... ach, ich weiß nicht." Parasitus blickte zitternd auf und sah genau auf Elbas rote Bluse.

Erschrocken fuhr er zurück und kippte mit dem Stuhl um. Elba wartete bis er sich wieder hingesetzt hatte, dann begann sie zu sprechen:

"Also, Parasitus, weißt du, was passiert, wenn du weiterhin so böse bist und solchen schlimmen Zauber machst und Giftränke mischst? Du wirst überhaupt keine

Freunde haben und mutterseelenallein in dieser dunklen Höhle sterben. Deine Raben werden dich allein lassen und sich einen Herrn suchen, der wirklich zaubern kann und sich nicht von kleinen Mädchen erschrecken lässt. Dann bist du hier ganz allein in deiner Höhle und niemand wird jemals wieder nach dir fragen. Ist das nicht schrecklich?"
Parasitus hatte sich auf seinem Stuhl hingekauert und die Arme um seinen dürren Leib geschlungen.
Er wagte nicht aufzublicken, aus Angst, wieder das grelle Rot sehen zu müssen.
"Aber das ist noch nicht alles. Wenn du hier allein stirbst, und ich weiß, dass das bald der Fall sein wird, dann wird niemand mehr sich an dich erinnern und deine Zauberkunst stirbt mit dir, denn niemand ist da, der sie andere Wichtel lehrt. Du wirst schrecklich einsam sein, du wirst jeden abend allein in deiner Höhle liegen und weinen, weil niemand mehr da ist und zum Schluss wirst du dich auch nicht mehr vor die Tür wagen."

Parasitus wimmerte jetzt leise vor sich hin. Er war unter den Tisch gekrochen und weinte leise. Aber Elba war noch nicht fertig.
"Willst du denn, dass es so kommt, Parasitus, dir steht ein schreckliches, grauenvolles, einsames, schmerzhaftes, trauriges, unheilvolles, unerträgliches, widerwärtiges, schlimmes, unmenschliches, böses, ekelhaftes, vernichtendes Ende bevor." Elba nahm noch ein Stück von dem Brot und streute den Raben einige Krümel auf den Tisch, die diese begeistert aufpickten.
"Na?" sagte sie zu den Raben "Wollt ihr nicht lieber mit mir kommen? Ich glaube euer Meister hat ein kleines Problem. Wir werden ihn einfach in seiner Höhle zurücklassen und ihr könnt mit zu den Wichteln kommen, die backen euch jeden Tag so ein Brot und ihr habt viele neue Freunde. Aber ihr müsst natürlich freundlich zu ihnen sein." Ahasver lispelte, das wollten sie gerne tun, denn sie wollten auch noch ein paar andere Raben kennen lernen.
Unter dem Tisch kam Parasitus' ängstliche Stimme hervor:

"Neiiiiiiin! Lasst mich nicht allein! Ich will nicht allein in meiner Höhle sterben. Verlasst mich nicht!" Elba tat, als habe sie das Wimmern nicht gehört. Sie sagte zu den Raben:
"Also, ihr könnt dann mitkommen, am besten wir gehen jetzt gleich. Wollt ihr noch was mitnehmen?" Hasakael meinte, er wolle noch ein paar Dinge zusammenpacken und kam kurz darauf mit einem Tuch zurück, das er zu einem Bündel schnürte.
Elba fragte sich, was die Raben in ihren Bündeln wohl aufbewahren mochten.
Aber die Zeit, in der die Raben umherflogen und Sachen zusammensuchten, nutzte auch sie, indem sie die Regale durchstöberte, die in der Höhle standen. Parasitus saß immer noch unter dem Tisch und weinte und Elba beschloss, ihn noch ein bisschen dort zu lassen.
In dem Regal, in dem die Beruhigungstabletten gestanden hatten, entdeckte sie auch ein Mittel gegen Schwerhörigkeit.
Sie steckte es in ihren Sack, denn vielleicht würde es dem Wichtelopa etwas nützen.

Dann sah sie eine große Flasche, die fast so groß war wie die Raben, auf der stand: "Groß- und kleingezaubert."
Sie hob die schwere Flasche vom Regal und verstaute sie auch im Sack. Jetzt war dort nur noch wenig Platz und sie konnte höchstens noch ein paar Dingte mitnehmen.
Im nächsten Regal standen einige Zauberbücher und auch davon steckte sie eines in den Sack. Dann kam sie an ein Regal mit der Aufschrift: Vorsicht! Veränderungen für immer!
Hier gab es einen Topf, auf dem "für immer blind" stand und eine Flasche mit einer grünen Brühe darin, auf der ein Etikett klebte mit der Aufschrift: "für immer böse". Direkt daneben stand eine Flasche mit: "für immer ein gutes Wesen".
Diese Flasche trug Elba zu Parasitus und hielt sie ihm hin, denn sie befürchtete, dass der Angst-Trunk bald seine Wirkung verlieren würde.
"Hier Parasitus, hier ist etwas gegen deine Angst!"

Parasitus trank verzweifelt die ganze Flasche auf einmal aus und Elba gratulierte sich selbst zu ihrer guten Idee.

"Parasitus, du kannst meinen Sack tragen, komm, ich führe dich aus der Höhle heraus."

Und sie nahm den immer noch zitternden Parasitus am Arm und führte ihn langsam zum Ausgang. Die zwei Raben flogen langsam hinterher und unterhielten sich flüsternd.

Als Elba die schwere Eisentür öffnete und ins helle Licht trat, tat die ungewohnte Helligkeit ihr in den Augen weh. Parasitus musste es noch viel schlimmer ergehen, doch er beschwerte sich nicht.

Auch die Raben blinzelten. Aber als sie die tiefe Schlucht durchquerten und an den Bäumen vorbeikamen, erblickten sie einige andere Raben in den Ästen.

Die fremden Raben riefen ihnen zu:

"Hallo, ihr zwei! Wer feid ihr denn? Wir haben euch nie gefesehen, wollt ihr nicht mitkommen, wir fliegen in den Norden, wo es schön kühl ift." Elba stellte belustigt fest,

dass auch die fremden Raben lispelten. Ob alle Raben Sprachfehler hatten?
Ahasver und Hasakael schauten sehnsüchtig zu den anderen Raben herüber. Besonders Ahasver blickte zu einem hübschen Rabenweibchen hin, das auf einem schaukelnden Ast saß und grinste.
"Auf Wiedersehen! Vielleicht kommt ihr mal zum Brotessen," sagte Elba zu den zwei Raben, die daraufhin fröhlich stotternd davonflogen.
Bald waren sie nicht mehr zu sehen. Elba und Parasitus setzten ihren Weg fort. Parasitus starrte blicklos vor sich hin und Elba überlegte, ob zwei Zaubertränke gleichzeitig wohl zu viel für ihn gewesen waren.
Gegen Abend kamen sie am Wichtelhaus an. Knips und Finz, sowie Zwick und der kleine Witz standen vor der Tür und hielten schon Ausschau nach ihr. Aber als sie Parasitus sahen, wichen sie erschrocken zurück. Da rief Elba ihnen zu:
"Er hat einen Zaubertrank getrunken, der für immer einen guten Menschen aus ihm macht!"

Da sprang Witz herbei und Elba nahm ihn auf den Arm. Knips zwickte sie freundlich in die Wange und schüttelte lächelnd den Kopf. Finz führte einen Freudentanz auf und schlug drei Purzelbäume.

An diesem Abend wurde im Wichtelhaus natürlich ein großes Fest gefeiert und am glücklichsten waren alle, als Hasel in ihre alte Hängematte stieg, die nun nicht mehr leer stand.

Parasitus schlief zweiundzwanzig Tage, aber als er aufwachte, schien er ein neuer Mensch zu sein. Er holte seine Zauberbücher aus seiner Höhle und zog in ein Zimmer in dem hohlen Baumstamm ein, in dem die Wichtel wohnten. Dort richtete er sich eine neue Zauberküche ein.

Er mixte ein Mittel, mit dem Blütenknosp ihre Kleider ganz grasgrün färben konnte, sodass sie kaum zu erkennen war, wenn sie damit durch das Gras ging.

Er stellte für den Wichtelopa immer neue Medizin gegen Schwerhörigkeit her, die der Opa aber nie zu sich nahm, weil der dem Zauberer immer noch zutiefst misstraute.

Er mischte aber auch ein Diätmittel für die dicke Strudel, die daraufhin ganz schlank wurde und wieder heiratete.

So lebte der Zauberer glücklich und zufrieden mit der Wichtelfamilie, die nun wieder vollständig war.

Weil alle so glücklich waren, fiel zunächst niemandem auf, dass Elba ganz still und blass geworden war. Aber Elba wusste selbst, was sie bedrückte:

Sie hatte schreckliches Heimweh. Sie wollte so gerne zurück zu ihren Großeltern und zu ihren Eltern.

Obwohl sie die Wichtel mochte, wollte sie doch wieder zurück zu den Menschen, wo sie sich nicht vor großen Spinnen oder Krabben, vor einer Heuschrecke oder einem Maulwurf fürchten musste.

Eines Tages suchte sie deshalb die Flasche mit der Aufschrift "Groß- und kleingezaubert" hervor und machte sich damit auf den Weg zu Parasitus.

"Parasitus, ich möchte so gerne wieder zurück zu den Menschen. Ich habe diese Flasche hier, aber ich weiß nicht, ob ich

groß oder klein werde, wenn ich sie trinke. Kannst du mir da helfen?"
Parasitus lächelte. "Natürlich kann ich das, wie groß willst du denn genau werden?"
Elba nannte ihm ihre menschliche Größe, aber dann fiel ihr ein, dass sie immer ein bisschen klein gewesen war für ihr Alter und sie nannte eine Größe, die fünf Zentimeter größer war.
Parasitus füllte eine kleine Menge von der Flüssigkeit in der Flasche in ein kleines Glas ab und sagte:
"Wenn du kleiner werden willst, dann musst du dreimal linksherum im Kreis gehen. Aber wenn du größer werden willst, dann musst du viermal rechtsherum gehen. Hast du das verstanden?"
Elba nickte.
Sie nahm die Flasche mit der restlichen Flüssigkeit und steckte sie in ihre Rocktasche. "Wenn ich darf, dann nehme ich die Flasche mit, dann sage ich nicht Lebe wohl, sonder Auf Wiedersehen bis zum nächsten Sommer. Wirst du das den anderen Wichteln von mir ausrichten? Dass ich wiederkomme?"

Parasitus versprach es ihr. Dann ging Elba viermal rechtsherum im Kreis und ihr wurde so schwindlig, dass ihr ganz schwarz vor Augen wurde und sie hinfiel.

Im Garten zwitscherten die Vögel und die Luft war mild und warm. Elba schlug die Augen auf und bemerkte, dass sie mal wieder auf der Erde lag und zwar im Garten ihrer Großeltern. Seid sie vor fünf Tagen von den Wichteln zurückgekehrt war, passierte ihr das öfter:
Sie schlief einfach irgendwo ein. Gestern war sie in der Badewanne eingeschlafen. Aber es wurde schon wieder besser. Anscheinend machte das Großgezaubertwerden etwas müde.
"Elba! Elba! Wo bist du denn? Komm schnell, ich glaube, deine Eltern kommen."
Die Stimme ihrer Großmutter drang zu ihr herüber. Elba setzte sich mühsam auf. Sie hatte gar nicht gewusst, dass sie so lange geschlafen hatte. Sie Sonne stand schon ganz tief.
Elba stand schnell auf und lief ins Wohnzimmer und dann durch den Gang vor die

Haustür. Tatsächlich, da kam das Auto der Eltern langsam die steile Straße herauf.

Die Mutter saß am Steuer und hupte. Dann hielt sie vor der Haustür auf dem Kiesweg und die Eltern stiegen aus. Sie waren sonnengebräunt und sahen erholt aus.

Elba stellte dies grinsend fest. Aber so aufregende Ferien wie sie selbst hatten die Eltern bestimmt nicht verbracht.

Darum war Elba auch überhaupt nicht mehr böse, dass die Eltern sie nicht mitgenommen hatten, denn dann hätte sie ja Finz nicht kennen gelernt und Knoll und die Krabbe Knips und Karamella und den kleinen Witz und natürlich den Zauberer Parasitus.

Sie lief zu ihren Eltern hin und umarmte fröhlich. "Schön, dass ihr wieder da seid," sagte sie und half dem Vater die Koffer aus dem Kofferraum zu heben.

Die Eltern sahen sich erstaunt an. Was war denn bloß mit ihrer Tochter Elba los?

"Kommt alle ins Haus, ich habe ein Abendessen vorbereitet," sagte der Großvater, der immer gerne kochte.

Alle gingen ins Haus. Die Eltern hatten allen ein Mitbringsel aus dem Urlaub mitgebracht. Die Großmutter hatte ein Paar Ohrringe bekommen, für den Großvater hatten die Eltern ein rotes Taschentuch gekauft und Elba bekam einen schönen Armreif.

Unter normalen Umständen hätte Elba den Armreif achtlos bei Seite gelegt und gesagt, sie brauche keinen Armreifen von Eltern, die ihre Kinder noch nicht mal mit in Urlaub nahmen und dass sie von Silber eine Allergie bekam.

Aber heute zog sie den Armreif einfach an ihr Handgelenk und lächelte.

Der Vater ließ vor Überraschung seine Gabel fallen und musste unter den Tisch tauchen, um sie auf dem Boden zu suchen.

Die Mutter starrte ihre Tochter mit offenem Mund an. Da brachte die Oma den Nachtisch und Elba, froh, dass es kein Honigpudding mit Fliegeneiern war, sagte:

"Oh, wie lecker, es gibt Vanilleeis mit heißen Kirschen!" Sie stand auf, um Dessertteller zu holen. Der Vater, der gerade einen Schluck Wein trinken wollte, kippte vor

Erstaunen sein Glas zu früh und der Wein lief über sein weißes T-Shirt.

Früher hätte Elba gesagt: *"Igitt, wollt ihr mich vergiften?"* Aber jetzt schien Elba gar nicht mehr daran zu denken, bösartig zu sein.

Sie aß eine Riesenportion Eis und genoss den Geschmack. Nach dem Essen sahen sie sich einen Film im Fernsehen an. Danach ging Elba zum Zähneputzen ins Bad. Als sie zurückkam, hörte sie, wie ihre Eltern sich leise mit den Großeltern über sie unterhielten.

"Wie ist das bloß möglich. Was habt ihr denn bloß mit ihr gemacht? Sie ist ja wie verwandelt. Ich wusste gar nicht, dass sie auch so sein kann."

"Wir haben nichts mit ihr gemacht. Eines Morgens ist sie aufgewacht und war so. Es ist praktisch über Nacht gekommen," meinte der Großvater. "Aber sie auch in manchen Dingen sehr seltsam geworden. Gestern Abend zum Beispiel hat sie hinter dem Haus eine Pfeife geraucht. Das verstehe ich nicht, woher hat sie das nur?"

Elba hatte genug gehört. Sie lächelte vor sich hin, als sie hinauf in ihr Zimmer ging. Die Eltern konnten ja nicht wissen, dass sie bei den Wichteln Pfeife rauchen gelernt hatte.

Von da an wollte Elba jedes Jahr in den Ferien zu ihren Großeltern, denn sie hatte vor, ihre Wichtelfreunde jedes Jahr zu besuchen und das tat sie auch so lange, bis die Flasche mit dem Zaubertrunk, der groß oder klein zauberte aufgebraucht war. Was Elba bei den Wichteln sonst noch alles erlebt haben mag, das hat sie nie erzählt.

Der faule Murks und der dumme Quarks

Murks und Quarks lagen im Nieselregen auf der Wiese vor ihrem Baumhaus.
Bekanntlich mögen Wichtel ja Regen und kaltes Wetter sehr gerne und genauso wie die Menschen sich bei schönem Wetter in den Garten in die Sonne legen, zieht es die Wichtel nach draußen, wenn das Wetter kalt und nass ist.
Murks und Quarks waren Brüder und sie wohnten ganz allein in einem Baumhaus, weil kein anderer Wichtel etwas mit ihnen zu tun haben wollte.
Das Baumhaus war geschickt angelegt auf dem höchsten Ast einer großen Linde, sodass wilde Tiere nicht ins Haus gelangen konnten. Für die zwei Brüder führten winzige Stufen, die Menschen mit ihren Augen wahrscheinlich gar nicht erkennen könnten, zum Haus auf dem Ast.
Der Ast war für die größeren Vögel, die vor einem Wichtel zum Abendessen nicht zurückschreckten, viel zu dünn; darum schwankte das Häuschen bei sehr windi-

gem Wetter auf und ab, was den beiden Wichteln besonders gut gefiel.

Eigentlich waren die zwei Brüder sehr zufrieden mit ihrem Leben.

Dass sie immer nur zu zweit waren, machte ihnen nichts aus, denn die anderen Wichtel fanden sie langweilig.

Sie lagen den ganzen Tag im Gras im Regen und wenn sie richtig nass waren, gingen sie zurück ins Haus und nahmen noch ein Bad.

Danach saßen sie vor dem Herd und rauchten Pfeifen.

So verging das Leben der beiden Wichtel mit Nichtstun und Streiten, mit Rauchen und Im-Regen-Liegen.

Auch heute, als sie den leichten Regen auf ihren Gesichtern genossen und entspannt die Augen schlossen, hatten sie den ganzen Tag noch nichts getan, als morgens aus dem Bett aufzustehen, sich anzuziehen und zu frühstücken.

Ganz in der Nähe, ein paar Halme weiter, war der Hamster, den die zwei Wichte sich hielten, damit er für sie Körner und Nüsse sammelte, gerade damit beschäftigt, einige Haselnüsse, die er von dem Haselnussstrauch hinter der Linde hatte, zu knacken und die Kerne zu waschen.

Murks drehte bedächtig einen Grashalm zwischen seinen Fingern. Quarks, der ansonsten ein bisschen dumm war, wusste, was das bedeutete: Wenn Murks mit einem Grashalm spielte, dann dachte er für gewöhnlich nach.

Quarks gähnte und wartete, was sein Bruder ihm wohl zu sagen hätte. Er selbst hatte selten etwas zu sagen, denn ihm fiel einfach nichts ein.

"Quarks, weißt du noch, wie wir gestern gestritten haben, wer die Körner ins Haus hochtragen muss?" fragte Murks.

Quarks wusste das natürlich nicht mehr, denn er vergaß sehr schnell. Aber er wusste, dass sein Bruder ziemlich böse sein würde, wenn er jetzt nicht antwortete.

Darum sagte er: "Natürlich weiß ich das noch!"

"Gut. Und weißt du auch, wie es in unserem Haus aussieht? Wenn wir nicht bald aufräumen, dann wird das Haus so schwer, dass der Ast, auf dem es steht, abbrechen

wird und dann haben wir kein Heim. Aber da gibt es noch ein Problem: Ich habe keine Lust, das Haus in Schuss zu halten? Und du?"
"Ich auch nicht."
"Genau, und deshalb ist mir dank meiner ständig wachen Intelligenz etwas eingefallen. Wir brauchen jemand, der für uns die Hausarbeit erledigt. Und zwar ohne Bezahlung und für eine längere Zeit."
Quarks nickte bedächtig. Das leuchtete ihm ein.
"Was wir machen müssen, ist, was böse Wichtel seit Urzeiten tun: Ein Kind rauben, es klein zaubern und es für uns arbeiten lassen! Na? Wie findest du das?"
Quarks war begeistert von dem Vorschlag.
"Ja, und kochen und backen und Bier brauen muss es für uns, und die Wohnung sauber machen, und die Kleider waschen und wenn wir es nicht mehr wollen, dann bringen wir's zurück."

Vor dem Wald in dem diese beiden bösen Wichtel wohnten, gab es ein kleines Dorf.

Auf einem Hügel über dem Dörfchen stand ein Schloss, in dem ein dicker König lebte, der über viel Land regierte und ein reicher Mann war. Der König hatte drei Töchter und drei Söhne, aber seine Frau war schon seit langer Zeit tot.
Darum war seine einzige Freude, seine Kinder aufwachsen zu sehen. Er erfüllte ihnen jeden Wunsch und schenkte ihnen alles, was sie sich nur wünschen konnten.
Die Söhne hatten eigene Reitpferde und sie hatten Diener, die alles für sie taten. Die Töchter hatten Gewänder aus Samt und Seide und taten den ganzen Tag nichts anderes, als sich die Haare zu kämmen und Sahnetörtchen zu essen.
Aus diesem Grund wurden die Kinder mit der Zeit hochnäsig und faul, denn für alles und jedes hatten sie Diener. Am schlimmsten war jedoch die mittlere Tochter, ihr Name war Rosine, aber alle sagten Rosi zu ihr.
Heute saßen die Kinder im Zimmer der ältesten Tochter und langweilten sich. Die älteste Tochter hieß Agathe, aber weil sie

von dem vielen guten Essen so dick geworden war, nannten alle sie nur Dickchen. Die Söhne machten sich einen Spaß daraus, mit Kirschen nach den Dienern zu werfen, die im Zimmer anwesend waren.

Die Diener mussten die Kirschen wieder aufheben und in die Obstschalen legen, dann warfen die Söhne wieder damit nach den Dienern und so ging das Spiel immer weiter.

Rosi lag auf einer goldenen Liege und schnipste mit den Fingern. Sofort kam ein Diener angelaufen.

"Reiche mir die Törtchen dort auf dem Tablett!" befahl Rosi und zeigte auf ein Tablett mit Marzipankuchen, das direkt vor ihrer Hand stand.

Rosi wäre sehr gut selber an das Tablett herangekommen, ohne dass sie dafür hätte aufstehen müssen. Aber es gefiel ihr immer sehr gut, den Dienern zu befehlen.

"Gib mir auch noch ein Marzipantörtchen!" sagte Agathe zu dem Diener.

Der Diener eilte mit dem Tablett zu der dicken Agathe und hielt es ihr unter die

Nase. Da traf ihn eine Kirsche am Kopf und er zuckte zusammen.

Eines der Törtchen fiel vom Tablett herunter und landete genau auf Agathes rosafarbenen Kleid, wo es einen hässlichen Fettfleck hinterließ.

"Ach, mein guter Gott, das schöne Kleid. Ich habe mich heute schon sechsundzwanzigmal umgezogen und jetzt muss ich es noch ein siebenundzwanzigstes Mal tun. So ein Stress, dabei wollte ich mich gerade mal ein bisschen hinlegen," jammerte die dicke Agathe und rieb an dem Fleck in ihrem Kleid.

"Ach, Dickchen, mach dir nichts daraus, ich werde Vater bitten, das er diesen ungeschickten dummen Diener entlässt. Dann wirft er dir nicht nochmal ein Törtchen auf dein Kleid," sagte Rosi.

"Ach bitte, entlassen Sie mich doch nicht, Fräulein," bat der arme Diener und hob schnell die Kirsche auf.

"Ich habe sieben Kinder und wir haben nichts zu essen zu Hause. Wenn Sie mich entlassen, dann müssen wir hungern."

"Das," sagte Rosi "interessiert mich überhaupt nicht. Ich finde es sogar äußerst langweilig, denn was hat das denn mit mir zu tun!"
Sie schickte den Diener nach draußen und schaute zu wie ihre Schwester genießerisch in ihr Marzipantörtchen biss.
Der älteste Sohn, der Augustin hieß, lief ans Fenster und blickte hinaus.
"Oh! Es hat aufgehört zu regnen. Wollen wir nicht mit den Pferden in den Wald reiten? Ich möchte unbedingt noch etwas an die frische Luft. Hier ist es so langweilig und ich habe jetzt keine Lust mehr, die dummen Diener zu ärgern. Die machen doch nur beleidigte Gesichter. Na? Kommt ihr mit?"
Agathe schüttelte den Kopf.
Sie hasste es, sich zu bewegen und es genügte ihr schon, dass sie ihr Kleid wechseln musste, Sie wollte vor dem Abendessen lieber noch etwas schlafen.
Aber Rosi stimmte fröhlich zu, denn sie liebte es, im Wald zu sein. Die anderen Kinder wollten ebenfalls mitkommen und so gingen sie hinunter zu den Ställen und ließen sich ihre Pferde satteln.

Dann ritten sie alle in wildem Galopp in den Wald hinein. "Wollen wir heute einmal ganz tief in den Wald reiten, dorthin, wo noch nie jemand gekommen ist?" fragte Augustin, der immer für ein Abenteuer zu haben war.

Die jüngste Schwester, die immer sofort Angst bekam, meinte, das sei ihr zu gefährlich und ritt mit dem jüngsten Sohn zurück zum Schloss. Rosi, Augustin und ihr Bruder Konstantin beschossen, das Abenteuer zu wagen und lenkten ihre Pferde tiefer in den Wald.

Sie folgten zuerst einem schmalen Weg, der sich in zahlreichen Kurven durch den Wald schlängelte.

"Habt ihr gesehen, wie unglaublich hoch die Bäume hier sind? Habt ihr schon mal so hohe und dicke Bäume gesehen?" fragte Konstantin staunend.

Und es stimmte. Die Stämme der riesigen Bäume waren so dick, dass Rosi sie nicht mit den Armen umfangen konnte.

Die Kronen der Bäume bildeten ein Dach über dem Wald, dass nur noch ganz wenig Sonnenlicht hindurchließ und darum war es

am Boden, wo die Kinder entlang ritten ziemlich dunkel.
Je tiefer sie in den Wald eindrangen, desto schmaler wurde der Weg.
Die braune Erde, die ihn noch zu Anfang bedeckt hatte, war nun nicht mehr zu sehen, der Weg bestand nur noch aus niedergetrampelten Pflanzen.
Die Stämme mancher Bäume waren mit dicken Moosflechten bewachsen oder das Moos hing in dicken Bärten von den Ästen der Bäume herab.
Der Weg war nun so eng, das sie hintereinander reiten mussten. Die Geräusche klangen seltsam gedämpft und in dem grünlichen Dämmerlicht war auch nicht mehr alles so genau zu erkennen.
"Der Weg!" schrie da Rosi entsetzt und zeigt auf den Boden. "Der Weg ist verschwunden." Sie drehte sich auf ihrem Pferd um und sah zurück, aber das Ende des Weges war nicht mehr zu erkennen. "Wo ist denn der Weg? Oh je, ich fürchte, wir haben uns verirrt."
Ihre Brüder hielten erschrocken ihre Pferde an und stellten fest, das Rosi Recht hatte.

Sie befanden sich nun irgendwo in der Wildnis.

Es fiel so wenig Licht durch die dichten Baumkronen, dass sie sich auch nicht an der Sonne orientieren konnten. Augustin sprach aus, was alle dachten. "Wir sind verloren."

"Was machen wir denn jetzt bloß?" fragte Rosi und schaute sich unbehaglich um.

In der Ferne schrie ein Vogel und sie hatte irgendwie das Gefühl, als werde sie beobachtet. "Dieser Wald" sagte sie langsam "ist irgendwie unheimlich."

Da raschelte plötzlich irgendetwas im Gras unter ihnen. Die Pferde wurden nervös, sie zerrten an den Zügeln und warfen die Köpfe zurück. Augustins Pferd wieherte leise.

"Irgendetwas sitzt im Gras und beobachtet uns," flüsterte Konstantin ängstlich und suchte mit den Augen den Boden ab.

Da erklang plötzlich ein unheimliches helles Lachen, es hörte sich an wie ein Kinderlachen und es durchschnitt so laut die Stille im Wald, dass Rosi erschrocken aufschrie.

Der Schreck hatte jedoch nicht nur Rosi erfasst. Die Pferde ihrer Brüder, zwei wilde Tie-

re aus Arabien, die die ganze Zeit schon nervös gewesen waren, wieherten laut und rannten mit ihren Brüdern auf den Rücken davon.
Sie stoben in verschiedene Richtungen mit rasender Geschwindigkeit durch den Wald.
Rosi hörte Äste und Zweige knacken und die ängstlichen Rufe ihrer Brüder, die versuchten, ihre Pferde zu beruhigen.
Aber die aufgeregten Tiere rannten immer weiter durch das Unterholz und bald waren die Brüder nicht mehr zu sehen und zu hören. Der Wald mit seinen geheimnisvollen Tiefen hatte sie verschluckt.

Rosi war nun allein im tiefen Wald, ihr Herz klopfte zum Zerspringen laut.
Wieder raschelte es im Gras und als sie sich tief über den Hals ihres Pferdes herabbeugte, sah sie in einem dicken Grasbüschel ein Vogelnest.
In dem Vogelnest saß jedoch zu ihrer grenzenlosen Überraschung kein Vogel, sondern eine winzige Person.

Rosi richtete sich wieder auf und schüttelte heftig den Kopf. Das hatte sie sich doch nur eingebildet, das konnte doch nicht war sein!

Sie stieg seufzend und unglücklich von ihrem Pferd herunter. Sie hatte sich allein im Wald verirrt und wurde jetzt langsam verrückt.

Das Pferd am Zügel haltend ging sie auf dem Boden in die Hocke, dann bog sie mit den Fingern vorsichtig die Grashalme zur Seite und blickte in das Vogelnest.

Da saß tatsächlich eine Person drin, die aussah, wie ein winziger Mensch, sie mochte ungefähr so groß sein wie Rosis Unterarm.

Die alte Frau, die in dem Nest saß, hatte sich im Schneidersitz darin niedergelassen, ihr langer weiter Rock verbarg allerdings ihre Beine. Sie häkelte an einem grauen Strumpf und blickte nun mit grauen freundlichen Augen zu Rosi hoch.

"Na, Kleine, hast dich wohl verirrt, hm? Verirrt? Ich habe nicht gelacht und eure Pferde vertrieben, das waren Quarks und Murks und wenn du schlau bist, dann rei-

test du schnell weiter, reitest du schnell weiter, denn diese beiden führen nichts Gutes im Schild, nichts Gutes im Schild." Und sie häkelte mit unglaublicher Geschwindigkeit eine neue Reihe an ihren Strumpf.
"Ich....ich weiß aber gar nicht, wohin ich reiten soll!"
"Irgendwohin, ist doch egal, ist doch egal!" sagte die alte Frau.
"Aber ich bin ganz allein und ich habe ein bisschen Angst und..." Rosi dachte nach. "Wer bist du denn überhaupt?"
Das alte Weibchen seufzte. "Ich bin ein Moosweibchen. Die Leute nennen mich Rosel, weil ich gerne in Rosenbüschen schlafe."
Rosi musste lächeln. "Ach, dann heißt du ja so ähnlich wie ich, ich heiße nämlich Rosine und die Leute nennen mich Rosi."
"Rosi, wenn du klug bist, dann läufst du jetzt schnell weg, läufst du jetzt schnell weg."
"Warum sagst du denn immer alles zweimal?" fragte Rosi das Moosweibchen neugierig. Das Moosweibchen häkelte mit sei-

nen knotigen Fingern weiter an dem Strumpf und seufzte über Rosis Neugier.

"Du sollst weglaufen, weil gleich Quarks und Murks kommen und dich holen wollen, ich höre sie schon näher kommen und lachen, und lachen." Rosi horchte angestrengt in den Wald, aber sie konnte nichts hören.

"Wir Moosweibchen hören meilenweit die kleinsten Geräusche, du kannst mir ruhig glauben, dass sie kommen und jetzt lauf endlich, lauf!"

"Ach nein, wer sollte mir schon was antun! Mein Vater ist doch der König, da traut sich niemand, mir auch nur ein Haar zu krümmen. Weißt du das denn nicht? Das sieht man doch direkt an meinen schönen Kleidern."

Rosi hielt dem alten Weibchen einen Zipfel ihres dunkelroten Kleides hin, das am Saum mit Pelz gefüttert war und mit Goldfäden bestickt war.

"Ui, das ist allerdings ein feines Kleidchen," stimmte Rosel Rosi zu.

"Aber das wird dir nicht viel nützen. Die zwei Wichtel werden dich nämlich klein

zaubern, so klein wie mich, so klein wie mich. Und dann werden sie dich mitholen, damit du für sie kochst und backst und putzt und sie werden dich erst in zweihundert Jahren oder so wieder gehen lassen."
"So ein Unsinn! Wie wollen sie mich denn kleinzaubern? Die haben doch viel zu viel Angst vor mir, weil ich die Prinzessin Rosine bin, da muss ich ja lachen!" spottete Rosi.
"Oh, das mit dem Kleinzaubern geht schneller als du denkst, schneller als du denkst.
"Sie murmeln ein Zauberspüchlein und schon bist du so groß wie ich, so groß wie ich. Sie sind deinen Brüdern hinterhergelaufen, weil sie lieber einen Jungen gehabt hätten, die sind kräftiger, sind kräftiger, aber jetzt kommen sie gleich hier an, denn so schnell wie die Pferde können sie natürlich nicht laufen, nein, so schnell nicht."
Rosi setzte sich auf den Boden um besser mit dem Weibchen sprechen zu können. Das Weibchen zog geräuschvoll die Nase hoch und wischte sich mit dem Handrücken darüber. Das veranlasste Rosi zu ei-

nem Naserümpfen, denn das waren nicht gerade die besten Manieren.
Da hörte sie plötzlich zwei helle Stimmen, es waren unverkennbar die Stimmen, die vorhin auch so laut gelacht hatten.

"Primelknollen und Tulpenstängel
aus groß mach klein, aus Mensch mach Wicht
Ringelrose Blumenschlängel
und wieder groß werden tut sie nicht!
Klabunter, klabinter, klawicht!"

Rosi spürte, wie irgendetwas mit ihrem Körper vor sich ging.
Sie bekam kein Luft mehr und in all ihren Körperteilen kribbelte es unangenehm.
Mit rasender Geschwindigkeit wuchs alles in die Höhe. Ihr Pferd wurde zu einem Riesenpferd, bis sie nur noch so groß war wie sein halbes Bein.
Das Nest, in dem das Moosweibchen gesessen hatte, wuchs und wuchs bis sie sich selber hätte hineinlegen können. Die Haselnüsse an den Haselstrauch neben ihr waren nun so groß wie ihr halber Kopf.

Da wurde Rosi mit einem Mal klar, dass sie kleingezaubert worden war, sie war nun genauso groß wie das Moosweibchen.
Die zwei Wichtel lachten und lachten, denn sie waren begeistert, dass ihr Trick gelungen war.
Jetzt hatten sie ihre Haushaltshilfe. Sie kamen grinsend auf Rosi zu, die immer noch verwundert um sich blickte.
Denn wenn man klein war, sah die Welt ganz anders aus: Die Grashalme waren riesige grüne Pflanzen, ein Pferdehuf war eine tödliche Gefahr, das Moos bestand aus winzigen kleinen Pflanzen, die zu Hunderten an einem Ort wuchsen und sie konnte sogar die einzelnen Maschen am Häkelzeug des Weibchens erkennen.
Das Moosweibchen beugte sich aus seinem Nest und blickte Rosi bedauernd an: "Jetzt hast du's verpasst."
Murks legte die Hand auf sein Herz und meinte freundlich: "Mein Name ist Murks, der Wicht. Und das hier," er zeigte auf den kleinen Mann neben ihm, der ein dümmliches Gesicht hatte, "ist mein Bruder Quarks. Wie heißt du denn?"

"Ich bin", sagte Rosi und reckte hochnäsig ihren Kopf "ich bin Prinzessin Rosine." Die beiden Wichtel verschlugen sich vor lachen. "Ha, ha, ha, Prinzessin Rosine! Hu, hu, hu, hu, hu! Ahi, hi, hi,hi! Oh, nein, was ein Name. Du heißt ja wie eine getrocknete Traube. Gott, ist das ein dummer Name!"
Die Wichtel mussten sich hinsetzen, so mussten sie lachen.
Rosi fand das ganz und gar nicht lustig. So sprach niemals jemand mit ihr.
"Mein Name ist auf jeden Fall schöner als Quarks und Murks. Außerdem dürft ihr mich Hoheit nennen," sagte sie mit großem Nachdruck. Aber das schien die zwei Wichtel überhaupt nicht zu beeindrucken. Sie bekamen nur den nächsten Lachanfall.
"Hoheit, so was dämliches, Hoheit, würdet Ihr bitte unsere Küche aufräumen? Und danach könnt Ihr den Boden fegen. Hi hi hi hi hi!" Und sie fingen wieder an zu lachen. Aber Rosi wurde langsam etwas wütend, denn es wurde langsam dunkel und sie hatte überhaupt keine Lust, kleingezaubert den Heimweg anzutreten. Es würde Mona-

te dauern, bis sie mit ihren kleinen Beinchen den Wald durchquert haben würde.
"Also, ihr zwei albernen Wichte, zaubert mich sofort wieder groß und erklärt mir den Heimweg. Ich habe jetzt keine Lust mehr auf dieses Spiel. Mir ist kalt, ich habe Hunger und ich möchte ein Bad nehmen." Sie schnippte gebieterisch mit den Fingern.
"Nein, wir können dich nicht mehr großzaubern, denn wir wissen gar nicht, wie das geht, wir wissen nur den Spruch fürs Kleinzaubern," informierte sie Quarks. "Ja, und außerdem wollen wir dich auch gar nicht wieder großzaubern, denn du musst uns jetzt den Haushalt führen. Wir haben nämlich niemanden, der das sonst für uns tut," fügte Murks hinzu.
Rosi lehnte sich müde gegen einen Grashalm.
"Ich werde euch aber nun mal nicht den Haushalt führen, denn ich bin eine Prinzessin und deshalb weiß ich auch gar nicht, wie man das macht. Ich habe noch nie etwas gearbeitet und ich habe auch gar keine Lust dazu. Ihr könnt mir jetzt den Weg

aus dem Wald heraus zeigen," verlangte Rosi.
Die Wichtel grinsten, dann fingen sie vor Freude an zu tanzen. "Wir zeigen dir aber nicht den Weg, ätsch bätsch rätsch! Wir wollen ja gar nicht, dass du gehst!" sangen sie schadenfroh.
"Nun gut, dann frage ich Rosel, die weiß es auch und ....!" Das Nest war leer und Rosis Hoffnung sank. "Wo ist denn das Moosweibchen, das hier drin gesessen hat?"
"Oh, die verwandelt sich nachts in eine Eule und sucht sich ein paar saftige Mäuse. Das tun sie alle, die Moosleute," teilte ihr Quarks mit und nickte zur Bestätigung mit dem Kopf. "Tagsüber sitzt sie immer hier rum und häkelt was oder singt ein paar Lieder oder sammelt sich Moos für ihr Nest. Die ist eigentlich ziemlich langweilig."
Rosi überlegte verzweifelt, was sie jetzt tun sollte. Sie würde wohl die Nacht im Wald verbringen müssen, aber bei diesem Gedanken starb sie jetzt schon beinahe vor Angst. Sie müsste irgendwo übernachten........

"Habt ihr hier Haus oder so etwas? Ich muss wohl im Wald übernachten und wenn ihr mich in eurem Haus übernachten lasst, dann gibt euch mein Vater viel Geld," versuchte sie die Wichtel zu locken.
"Ha! Geld interessiert uns aber gar nicht! Wir wollen kein Geld, wir wollen eine saubere Küche! Jawohl! Du darfst in unserem Haus schlafen, wenn du uns dafür morgen die Küche sauber machst."
Rosi überlegte angestrengt. "Sagt ihr mit dann den Weg, wenn ich es tue?"
Die Wichtel nickten ernst und Rosi lächelte heimlich. Sie würde die Nacht im Haus dieser beiden ekligen Kerle verbringen und morgen früh würde sie das Moosweibchen nach einem Zauberspruch zum Großwerden fragen.
Dann würde sie nach dem Weg aus dem Wald suchen und diese Küche würde sie ganz bestimmt nicht sauber machen.

Rosi erwachte durch ein quälendes Hungergefühl.
Gleich würde sie mit der kleinen goldenen Glocke neben ihrem Bett klingeln und

dann würde Hilde, ihre Dienerin herbeieilen und ihr heiße Mandelmilch und Marzipan bringen, dann würde sie mit ihren Geschwistern frühstücken und sich von der Schneiderin ein neues Kleid anfertigen lassen.
Sie schlug langsam die Augen auf. Das war ja gar nicht der Himmel ihres Himmelbettes mit den seidenen Vorhängen, es sah viel eher aus wie ein Spinnennetz. Sie hatte unter einem Spinnennetz geschlafen.
Müde rieb sich Rosi die Augen. Jetzt kam die Bewohnerin des Spinnennetzes herbei und Rosi erschrak, denn die Spinne war so groß wie Rosis Bein. Und jetzt erinnerte sich Rosi wieder: Sie war ja kleingezaubert worden!
Die Spinne nickte ihr kurz zu und begann einen neuen Faden nach der gegenüberliegenden Wand auszuwerfen.
Der Faden wollte und wollte aber nicht halten. Das war der Spinne anscheinend peinlich, denn sie blickte sich verlegen um, ob Rosi sie noch beobachtete. Dann sagte sie mit hoher fisteliger Stimme:

"Heute klappt's nicht so gut." Rosi lächelte. Dann nahm die den Faden und steckte ihn an der Wand in einem Astloch fest. Die Spinne sah sie dankbar an. Dann kratzte sie sich mit einem ihrer dicken haarigen Beine nachdenklich am Kopf.
"Musst du nicht heute hier sauber machen? Die Wichte haben gesagt, du wärst ihre neue Putzhilfe und du würdest heute die Küche sauber machen. Vielleicht sollte ich mein Netz lieber im Schlafzimmer aufspannen. Denn vielleicht willst du kein Netz in der Küche haben, oder?"
Rosi klopfte der Spinne beruhigend auf den Leib. "Ach, nein, ich werde heute hier ganz bestimmt nicht sauber machen, denn ich bin ja einen Prinzessin. Wegen mit kannst du ruhig hier bleiben. Ich werde heute wieder nach Hause gehen, bestimmt macht sich meine Familie schon Sorgen um mich."
Die Spinne schien erfreut zu sein. Sie hangelte sich geschickt an dem neu aufgespannten Faden in die Höhe und verschwand irgendwo in der Zimmerdecke. Jetzt hatte Rosi Zeit sich im Zimmer umzusehen und sie riss erstaunt die Augen auf.

Diese Unordnung war unbeschreiblich.
Der Boden war bedeckt mit einer dicken Schicht aus Staub und Schmutz und leeren Töpfen, in denen noch Essensreste klebten. Diese Essensreste sahen so aus, als seien sie noch vom vergangenen Jahr. Überall standen abgegessene Teller und lagen schmutzige Löffel und Gläser herum. Ein Glas war kaputtgegangen und die Scherben nie aufgekehrt worden. In der Luft hing ein ekliger Geruch und als Rosi in den großen Kessel sah, der über der schmuddeligen Feuerstelle hing, wusste sie auch woher der Geruch kam, denn der Eintopf in dem Kessel hatte schon eine dicke Schimmelschicht.
Aber das war noch nicht alles.
Überall an der Decke hingen alte verstaubte und nun verlassenen Spinnennetze von Spinnen, die wohl einmal hier gelebt hatten und hinter der Tür entdeckte Rosi sogar ein Hamsterhäufchen.
Angeekelt rümpfte sie die Nase, dann zog sie ihr Taschentuch, das immer nach Rosenwasser duftete aus ihrem Kleid und hielt es sich vor die Nase. Unglaublich, dass sie

die ganze Nacht in diesem Gestank verbracht hatte!

Am besten war es, so schnell, wie möglich von hier zu verschwinden. Rosi stand schnell auf und lief zur Haustür, wo sie erschrocken Halt machte.

Unter ihr gähnte ein riesiger Abgrund und sie erinnerte sich, dass das Haus der beiden unordentlichen Wichte ja auf einem Baum lag. Langsam und ängstlich begann Rosi den Abstieg. Ganz vorsichtig setzte sie einen Fuß vor den anderen.

Als sie endlich am Boden angekommen war, seufzte sie erleichtert auf. Dann lief sie schnell zu dem Vogelnest, in dem gestern das Weibchen gesessen hatte. Als sie ankam, biss Rosel gerade ihren Wollfaden ab, denn der Strumpf war fertig gestrickt,

"Ach, da ist sie schon! Ich habe gehört, wie du dich mit der dicken Spinne unterhalten hast, ja das habe ich. Na, willst du heute mit dem Aufräumen beginnen?" meinte das Weibchen freundlich und hob seinen Kopf mit den grauen Haaren.

"Oh, nein, ich möchte mein Kleid nicht schmutzig machen und ich habe auch gar keine Zeit und keine Lust aufzuräumen, ich möchte sofort großgezaubert werden und ich möchte etwas zu essen haben," beschwerte sich Rosi.

"Tja, aber wer soll dich denn großzaubern? Wer denn? Die Wichte würden' s nicht tun, selbst wenn sie' s könnten und ich kann überhaupt nicht richtig zaubern."

Rosi setzte sich hin und Tränen brannten in ihren Augen. Was sollte sie denn jetzt tun? Sie wollte nicht bei den Wichteln bleiben und sie wollte auch nicht klein sein, sie wollte zurück zu ihren Geschwistern und zu ihrem Vater.

Schließlich erinnerte sie sich, dass sie eine Prinzessin war. Prinzessinnen gaben nie die Hoffnung auf, sondern sie gaben Befehle und verbesserten ihre Lage. Entschlossen sprang sie auf und machte sich auf den Weg zurück ins Baumhaus, denn jetzt würde sie ein Wörtchen mit den Wichtelbrüdern reden.

Sie erklomm resolut die Stufen und marschierte ins Schlafzimmer der beiden Brüder. Hier bot sich ihr ein neuer Schreck. Die Betten der beiden Wichte stanken und wa-

ren unglaublich schmutzig. Das Bettzeug hatte jede Menge Flecken und Risse und die beiden Wichte lagen mit den Kleidern im Bett und schnarchten.
Da hatte Rosi eine Idee. Kraftvoll riss die den beiden Wichten die Decken weg. Dann lief sie in die Küche und füllte eine große Walnussschale mit Wasser. Das Wasser schüttete sie den zwei faulen Brüdern direkt ins Gesicht.
"Was denn gibt' schon Frühstück?" fragte Murks erstaunt und rieb sich fröhlich das Wasser ins Gesicht, denn Wichtel lieben es ja, wenn sie nass werden. Der Streich mit dem Wasser hatte überhaupt nicht den erwarteten Erfolg gehabt, erkannte Rosi. Da wachte auch der zweite Wichtelbruder auf.
"Ach, da ist ja Rosine!" Ein Lachanfall folgte. Das machte Rosine nur wütender. Sie stemmte die Fäuste in die Seiten und schrie: "Ihr seid zwei widerliche, faule Kerle und eure Späße sind überhaupt nicht lustig. Ich möchte jetzt sofort wieder groß sein und zuallererst möchte ich etwas zu essen. Macht mir sofort etwas zu essen, ich möch-

te ein Stück Kuchen und ein geröstetes Brot und eine Mandelmilch und ein weich gekochtes Ei, sofort!"
"Was will sie? Mandelmilch? Was ist denn das? Wir haben jedenfalls nichts zu essen. Du musst einen Kuchen backen und Eier sammeln gehen und ein Brot backen, wir können das nicht, aber wir haben auch Hunger. Hast du schon die Küche aufgeräumt?"
Rosi hielt es nicht länger aus, sie setzte sich auf den Boden und fing laut zu weinen an. Sie konnte auch einfach nicht mehr aufhören und sie wurde immer trauriger, je länger sie weinte. Die dicke Spinne steckte neugierig den Kopf herein, aber als sie sah, dass Rosi weinte, zog sie sich traurig wieder zurück und überlegte, was sie wohl haben könnte.
Die Wichte rollten mit den Augen.
"Oh je, hör bloß mit dem Geheule auf!" murrte Quarks. "Du lockst sonst noch die großen Vögel an!" ergänzte Murks. Aber Rosi war viel zu unglücklich, als dass sie an große Vögel hätte denken können. Im Moment wäre sie sehr gerne von einem

großen Vogel gegessen worden, weil sie dann endlich von den zwei Wichten weggekommen wäre.

Da spürte sie plötzlich eine Hand auf ihrem Arm und eine andere auf ihrer Schulter. Es waren Quarks und Murks, denen Rosi jetzt doch Leid tat. Rosi kümmerte sich um sie, sondern weinte und weinte und weinte.

"Weißt du..äh.. Rosine, wir würden dich ja auch wieder groß zaubern aber wir wissen leider auch nicht wie das geht. Wir wissen ganz ganz ehrlich nur den Spruch fürs Kleinzaubern. Darum können wir dir nicht helfen." Meinte Murks.

"Jetzt hör doch auf zu weinen," bat Quarks und musste selbst vor lauter Mitleid eine Träne wegwischen. "Wir werden uns heute Abend zusammen etwas überlegen, womit wir dir helfen können, aber es wäre schön, wenn du die Küche ein kleines bisschen sauber machen könntest, weil wir dann heute Abend vielleicht was kochen könnten. Wir haben so einen großen Hunger und du bestimmt auch."

Langsam beruhigte sich Rosi etwas. Sie würde für immer hier bei den Wichten blei-

ben müssen. Das war sehr schrecklich, aber sie hatte auch schrecklichen Hunger und sie hielt es bestimmt nicht mehr lange aus.
"Ich kann aber doch gar nicht sauber machen. Ich weiß gar nicht wie das geht," jammerte sie.
"Hast du denn vielleicht mal gesehen, wie es jemand gemacht hat?" wollte Murks wissen. "Dann könntest du es ja einfach genauso machen.
Rosi überlegte angestrengt. Sie hatte einmal zugesehen, wie die Dienerin den Küchenfußboden gewischt hatte. Zuerst hatte sie alles gekehrt, damit der schlimmste Schmutz weg war, dann hatte sie einen Eimer mit warmem Wasser und Seifenschaum geholt und den Boden mit einer Bürste gewaschen.
"Meint ihr, ich soll es vielleicht mal probieren?" fragte sie die Wichtel zögernd. Diese nickten begeistert. Diese Idee fanden sie ausgesprochen gut.
Und so ging Rosine in die Küche und suchte sich die größte Walnussschale, die zu finden war. Dann stieg sie die Baumhaustrep-

pe herab und holte an einer Quelle im Wald frisches Wasser. Wieder oben kehrte sie die Küche mit einem seltsamen kleinen Besen, wie ihn die Wichtel benutzten sauber. Der Besen bestand aus lauter zusammengebundenen kleinen Halmen.
Dann putzte sie den Boden mit einer Putzbürste und wischte ihn mit einem Tuch trocken. Als Nächstes füllte sie eine weitere Schale mit Wasser und wusch die Töpfe und Teller ab. Zum Schluss machte sie die Feuerstelle sauber und hängte den sauberen Kessel wieder an den Haken. Die alten Spinnweben fegte sie mit dem Besen von der Decke, aber das Netz der dicken Spinne ließ sie hängen. Kurze Zeit darauf erschien die Spinne und wollte ihr zum Dank eine fette tote Mücke anbieten, die sie selbst gefangen hatte. Aber Rosi lehnte dankend ab, denn auch wenn sie noch so großen Hunger hatte, wollte sie keine Mücke essen.
Mittlerweile machte Rosi die Arbeit richtig Spaß. Damit sie besser gehen konnte, hatte sie ihr Kleid am Gürtel höher gebunden, sodass es ihr nur noch bis zu den Knien

reichte. Ihre Haare hatte sie mit einem Stück Wolle von dem alten Wichtelweibchen zurückgebunden, damit es ihr nicht immer ins Gesicht fiel.
In der Küche sah es schon blitzblank aus und weil Rosi gut gelüftet hatte, roch es nur noch nach frischer Luft. Das schmutzige Wasser schüttete sie einfach vom Baum und hoffte, dass sie einen der beiden faulen Wichtel traf, denn das würde ihnen nur Recht geschehen. Aber als sie das erfreute Geschrei in der Tiefe hörte, wurde ihr klar, dass Quarks und Murks den Schmutz und die Nässe ja liebten.
Jetzt räumte sie die Vorratsschränke in der Küche aus. Auch sie waren voller alter Spinnweben und Schmutz. Rosi reinigte zuerst die Schränke und sah dann nach den Essensvorräten. Sie fand einen Sack, auf dem stand: "Feinstes Eichelmehl, für feinen Wichtelkuchen." Auch ein Töpfchen Honig und ein Sack mit Linsen war noch da.
Rosi stellte alles auf den Herd. Dann stieg sie wieder auf die Erde herunter und suchte sich im Gras in verlassenen Vogelnestern ein paar kleinere Vogeleier, die sie in einen

Sack füllte, den sie sich auf den Rücken band. Auch das Moosweibchen besuchte sie und berichtete, was sie alles aufgeräumt hatte. Rosel war beeindruckt und meinte, sie solle doch einen Kuchen backen.
Rosi stieg wieder ins Haus hinauf und rührte aus einem Ei, dem Honig und dem Mehl einen Kuchen, danach kochte sie aus den Linsen eine Linsensuppe. Als Murks und Quarks das sahen, klopften sie ihr begeistert auf die Schulter und aßen vergnügt ein riesiges Stück Kuchen. Als es Nacht wurde, legte sich Rosi unter das Spinnennetz. Über ihr schaukelte die dicke Spinne in ihren Spinnenfäden und sang ganz leise ein Schlaflied für Rosi.
Aber an diesem Abend wäre Rosi auch so sofort eingeschlafen, denn sie war so müde wie noch nie in ihrem ganzen Leben.

Am nächsten Tag räumte Rosi das Schlafzimmer der Wichtel auf.
Sie wusch die Betten ab und hängte das Bettzeug zum Lüften aus dem Fenster. Dann zerrte sie einen großen Bottich aus

Holz in die Küche und wusch die Decken der beiden Wichtel gründlich in heißem Wasser.

Das Moosweibchen, das nie sein Nest zu verlassen schien, gab Rosi ein Bündel Kräuter. Wenn man die Kräuter zwischen den Fingern zerrieb, bildete sich ein dicker duftiger Schaum, mit dem man alles Mögliche reinigen konnte.

Diese Blätter tat Rosi in den Waschbottich zu den Bettdecken und schließlich hängte sie die Decken zum Trocknen an einen Ast. Während all der Zeit, in der Rosi arbeitete, waren die zwei faulen Wichte im Wald, wo sie eine große Pfütze gefunden hatten, in der sie jetzt herumtollten. Das brachte Rosi auf eine Idee. An diesem Abend aßen sie die Reste des Kuchens und tranken Wacholderwein, den die Wichtel einem anderen umherziehenden Wichtel gestohlen hatten.

Langsam gewöhnte sich Rosi an die schwere Arbeit und am Abend des dritten Tages war sie noch nicht richtig müde. Sie legte sich unter das Spinnennetz und wartete, dass die dicke Spinne herauskäme.

Als es dämmerte erschien ihr dicker Leib im Netz und sie lächelte Rosi freundlich an.

"Morgen gibt es ein Gewitter", meinte sie und blickte prüfend durch die Küchentür, die Rosi immer aufließ, damit Insekten ins Haus flogen, die die dicke Spinne sich fangen konnte.

"Warum glaubst du das?" fragte Rosi nicht sonderlich interessiert.

"Diese kleinen leckeren Gewittermücken kamen heute hier herein. Ich habe mich so voll gegessen, dass ich kaum noch krabbeln kann. Die kommen nur, wenn es ein Gewitter gibt."

Rosi nickte. Sie unterhielt sich hier mit einer Spinne, das würde ihr zu Hause niemand glauben. Da fiel ihr etwas ein.

"Sag mal, dicke Spinne, wie heißt du denn eigentlich?"

Die dicke Spinne kreuzte zwei ihrer vielen Arme über der Brust und kratzte sich mit einem Dritten am Kopf. "Hm, keine Ahnung, muss man denn einen Namen haben?"

"Ja natürlich," sagte Rosi. "Hast du denn etwa keinen Namen?"

"Tja, weißt du, ich habe noch dreiundvierzig Schwestern und neununddreißg Brüder. Und wir sind alle gleichzeitig aus unseren Eiern geschlüpft und da hatte meine Mutter einfach keine Zeit, uns allen einen Namen zu geben." Das leuchtete Rosi ein.
"Bist du ein Mädchen oder ein Junge?"
"Keine Ahnung," sagte die Spinne und legte sich zurück. "Ich glaube, ich kann Eier legen, darum bin ich vielleicht eher ein Mädchen."
"Möchtest du, dass ich dir einen Namen gebe?" fragte Rosi und überlegte bereits einen passenden Namen.
"Vielleicht möchtest du Ingeborg heißen?" Die Spinne war begeistert. Ingeborg! Was ein schöner Name. An diesem Abend sang Ingeborg wieder ein Schlaflied für Rosi und während Rosi einschlief dachte sie noch: Ingeborg muss zaubern können, denn ich habe gar kein Heimweh.

Der dritte Tag brachte gleißendes Sonnenlicht und eine große Hitze. Rosi beschloss heute das Moosweibchen zu besuchen und nachzusehen, ob es auch bei diesem

Wetter in seinem Nest saß. Als sie an die Stelle kam, an der das Nest war, saß Rosel aber wie immer darin und häkelte eine große Schlafdecke. Die Decke war schon fast fertig.

"Guten Morgen", grüßte Rosi und setzte sich ins Gras in den Schatten. "Oh, das ist aber eine schöne Decke, die du da machst."

Rosi biss den letzten Faden ab und reichte die Decke an Rosi weiter: "Die habe ich für dich gemacht. Du musst ja sonst auf dem bloßen Boden schlafen."

Rosi war entzückt. Früher hätte sie sich nie über eine einfache graue Wolldecke gefreut, aber heute war sie sehr froh darüber.

"Ich habe vor, Quarks und Murks heute zu einem Bad zu zwingen. Weißt du, wo ein See oder eine Pfütze ist, in der wir baden könnten? Ich habe mich schon seit vier Tagen nicht mehr gewaschen. Und ich habe den Verdacht, Quarks und Murks waschen sich nie."

Das Moosweibchen nickte langsam und fing ein neues Häkelzeug an. "Hinter dem Wichtelhaus, wenn du an dem Haselnuss-

strauch vorbei geradeaus gehst, kommst du auf eine Lichtung, wo ein Tümpel ist, die Tiere trinken dort manchmal, denn das Wasser ist sehr klar. Es ist auch nicht sehr tief, also könnt ihr auch nicht ertrinken."
Das hörte sich gut an. "Dann werden auch gleich die Kleider gewaschen", beschloss Rosi und kehrte zurück zum Baumhaus. Bei dieser Hitze hatten sich die zwei Wichtel unter der Wurzel des Baums in die Erde gebuddelt und Rosi musste eine ganze Weile rufen, bis sie sie endlich fand.
Dann zerrte sie die zwei Brüder erbarmungslos aus der Erde hervor. Der Anblick, der sich ihr bot, war erschreckend: Beide Brüder waren über und über mit klebriger Erde beschmutzt.
"Sei ein liebes Mädchen und bring uns was kühles zu trinken!" bat Murks.
"Den Teufel werde ich tun. Schaut euch doch nur mal an!" schrie Rosi, die nun doch sehr wütend wurde. "Wir gehen jetzt sofort zu dem kleinen Tümpel und waschen uns und die Kleider auch!"
Rosi stapfte wütend davon und die zwei Wichtel folgten ihr kleinlaut. Dann mach-

ten sie sich auf den Weg zum Tümpel. Es war zwar nicht weit aber in der Hitze hatten die faulen Wichtel keine rechte Lust zu laufen.
Am Tümpel war es kühl und schattig und das Wasser war sehr grün und undurchsichtig. Es sah irgendwie seltsam aus. Am Ufer saß eine große Ratte und putzte sich. Sie sah sich neugierig nach den Badegästen um. Ihre Schnurrhaare putzend machte sie den Wichteln ein Petzauge.
"Na? Wollt ihr auch baden an diesem heißen Tag?" fragte sie leutselig, denn Ratten sind sehr gesellige Tiere, die gerne ein Schwätzchen halten.
Rosi näherte sich dem großen Tier vorsichtig, denn wenn die Ratte so wie jetzt auf ihren Hinterbeinen saß, war sie fast so groß wie Rosi selbst.
"Guten Tag!" sagte Rosi freundlich und streckte der Ratte ihre Hand hin.
Die Ratte schüttelte ihr erfreut die Hand und Rosi bemerkte, dass die Ratte sehr gepflegte rosafarbene Finger hatte.
Und während Quarks und Murks ins Wasser stürzten und herumplantschten und Rosi

ihre Kleider auswusch, erzählte sie der Ratte, dass sie eine Prinzessin sei und von den zwei Wichten kleingezaubert worden sei und ihnen nun die Hausarbeit erledigen müsse.

Die Ratte kämmte sich sorgfältig mit ihren Fingern durch ihr nasses Fell und hörte Rosi aufmerksam zu. Die Wichtel fanden es allerdings langweilig, dass Rosi so lange mit der Ratte sprach. Sie legten sich nass wie sie waren unter einen Busch in den Schatten und hielten noch ein kleines Schläfchen.

Sie fanden, sie hatten heute schon genug geleistet, denn das Bad und er lange Marsch zum Tümpel hatten sie sehr angestrengt.

Von weitem hörten sie Gesprächsfetzen von der Unterhaltung zwischen Rosi und der Ratte. "Zu Hause musste ich nie irgendetwas arbeiten, da hatte ich ein schönes Leben aber hier schufte ich von morgens bis abends für diese zwei unausstehlichen Kerle", beschwerte sich Rosi und seufzte laut.

"Ach, das ist aber wirklich schlimm," pflichtete ihr die Ratte bei "ich habe einmal von einem kleinen Bauernjungen gehört, dem das Gleiche passiert ist. Der kam von dem Bauernhof, wo meine Tante Arabelle lebt. Der ist von einem Kobold klein gezaubert worden."

"Und hat er es geschafft wieder groß zu werden?" fragte Rosi interessiert.

"Oh ja, allerdings, das hat er. Wenn ich mich recht erinnere, dann ließ er sich von dieser dicken Fee wieder groß zaubern, die da hinten wohnt." Und die Rate zeigt in die Richtung hinter ihr. Rosi wurde nun sehr aufgeregt.

"Wo lebt denn diese Fee genau? Vielleicht kann sie mich ja auch wieder groß zaubern?"

Die Ratte strich sich über den Schnurrbart. "Na, ja, die lebt da in dem hohlen Baum, wenn du um den Tümpel herum gehst und dann am Bienenstock rechts vorbei und dann immer gerade aus.

Rosi war so erfreut, dass es eine Möglichkeit gab, sie wieder groß zu zaubern, dass sie die Ratte umarmte. "Wie heißt du denn überhaupt? " wollte sie wissen.

"Mein Name ist Alonso, denn meine Mutter ist aus Italien hier eingewandert." Rosi war beeindruckt. Alonso strahlte stolz und entblößte blendend helle Rattenzähne. "Ich kann auch ein bisschen italienisch sprechen!" prahlte er. "Bella Rosina, bon jiorno!" sagte er und verbeugte sich dabei. "Das heißt: Schöne Rosine, guten Tag!" Rosine wunderte sich: "Woher weißt du denn, wie ich heiße?"

"Ich habe ziemlich lange in euerem Schloss gelebt, ein feines Plätzchen, bei meinen Zähnen. Dort gab's immer jede Menge Küchenabfälle und Körner in den Speichern. Aber schließlich musste ich doch weg, denn ich hatte Krach mit meiner Frau und da habe ich es nicht mehr ausgehalten."

"Du hast sie einfach verlassen?" fragte Rosine.

"Oh ja, alle Rattenmänner tun das, sonst ist es zu langweilig. Sie hat bestimmt einen neuen Ehemann gefunden, laufen ja genug herum."

Rosi fand es trotzdem nicht schön, dass er seine Frau verlassen hatte. Aber sie kannte sich mit den Sitten und Gebräuchen der Ratten nicht aus. Vielleicht war es für eine Ratte nicht so schlimm, ihre Ehefrau zu verlassen?
Rosi tauchte das letzte Kleidungsstück ins Wasser und rieb es gründlich mit Seifenkraut ein, denn es war ihr eigenes Kleid. Dann hängte sie es zum Trocknen über einen Ast in der Nähe und wickelte sich in ein großes Blatt, damit sie nicht fror.
Alonso hatte eine kleine Mundharmonika aus seinem Fell gezogen und meinte, er wolle ihr ein paar alte italienische Rattenlieder vorspielen, aber nach einiger Zeit wollte Rosi lieber wieder über die Fee in dem hohlen Stamm mit ihm sprechen.
"Tja, zur Fee gehen derzeit viele Leute, jeder scheint heutzutage etwas auf dem Herzen zu haben. Am besten gehst du ganz früh morgens hin, dann ist nicht so viel los," riet Alonso ihr.
Als die Wichtel und Rosi den Heimweg antraten, war Rosi sehr nachdenklich. Sollte sie tatsächlich einen Weg gefunden ha-

ben, wieder groß zu werden? Und wenn sie erst einmal groß war, dann stellte sich ihr immer noch das Problem, dass sie auch wieder aus dem Wald heraus finden musste. Wenn sie kein Wichtel mehr war, dann konnte sie sich auch nicht mehr mit den Tieren unterhalten und wen sollte sie denn dann nach dem Weg fragen?

"Rosinchen, was machst du uns denn heute zum Abendessen?" fragten die Wichtel hungrig.

"Wollt ihr ein paar Bucheckernpfannkuchen, vielleicht mit Honig?"

"Und einen Brunnenkressesalat!"

"Und ein Amselspiegelei"

So war es immer, jeden Abend kochte Rosi viele Gerichte und danach musste sie die Küche wieder aufräumen. Aber als sie an diesem Abend die schmutzigen Teller und Töpfe zu der Nussschale trug, in der sie immer spülte, kam Ingeborg aus ihrem Loch heraus und half ihr beim Abtrocknen, was mit acht Armen viel schneller ging als mit zwei.

Als es dunkelte setzten sich Rosi und Ingeborg vor die Haustür und ließen die Beine

über den Rand des Baumhauses baumeln. Ingeborg bot Rosi ein kandiertes Fliegenbein an und um ihre Freundin nicht zu enttäuschen, aß Rosi eines davon. Aber der Geschmack sagte ihr nicht zu.
Als es dunkel wurde, wickelte Rosi sich in ihre neue Schlafdecke und legte sich unter das Spinnennetz zum Schlafen, denn morgen wollte sie zu der Fee gehen, um sich großzaubern zu lassen.

Noch bevor am nächsten Morgen die Sonne aufging, stand Rosi auf und zog heimlich ihr frischgewaschenes Kleid an. Das würde bestimmt einen guten Eindruck auf die Fee machen. Sie kämmte ihre Haare mit dem kleinen Kamm aus Tannennadeln, den sie sich angefertigt hatte. Von den zwei faulen Übeltätern war noch nichts zu sehen. Das war gut, dachte sich Rosi. Heimlich und ganz leise, ließ sie sich die Stufen herab und sobald sie am Boden stand, rannte sie los.
Es war noch nicht richtig hell und sie hatte einige Schwierigkeiten, im Wald die Bäume und Büsche zu erkennen, an denen sie sich

orientieren musste. Das Nest, in dem sonst immer das Moosweibchen saß, war noch leer, wahrscheinlich flog seine Bewohnerin gerade als Eule durch die Luft.
Als sie schließlich vor dem hohlen Baum stand, in dem die Fee wohnte, ging die Sonne gerade über dem Horizont auf und schickte goldene Strahlen durch die Blätter der Bäume. Außer Atem setzte Rosi sich vor dem Baum ins Moos. Aus dem Innern des Baumes hörte sie eine wunderschöne Stimme. Sie sang ein Lied in einer Sprache, die Rosi noch nie gehört hatte.
Rosi näherte sich der Tür, die den Eingang zum Stamm verschloss. Eigentlich war es weniger eine Tür als ein großes dunkelgrünes Buchenblatt, das mit zwei Drähten an der einen Seite des Eingangs befestigt war. Daneben hing ein Schild, das aus einer hübsch funkelnden Perlmuttmuschel bestand. Mit zierlicher Handschrift hatte jemand daraufgeschrieben.

Fee Melusina
Verzauberungen, Wunscherfüllungen,
Tierverwandlungen

Rosi holte tief Luft und hob die Hand, um an die Buchenblatt-Tür zu klopfen. Da hörte sie hinter sich eine wütende Stimme.

"He! Ich war zuerst da, ich bin jetzt an der Reihe!" und auf kleinen krummen Beinen näherte sich schnell ein brauner Kobold. Er hatte eine rotbraune Haut, die dieselbe Farbe hatte, wie die Erde unter dem Wichtelhaus. Er trug eine dunkelbraune Hose und eine braune Jacke und er hatte unglaublich wirres, abstehendes Haar, das in alle Richtungen ragte.

Rosi schaute ihn verwundert an, denn einen Kobold hatte sie noch nie in ihrem Leben gesehen.

Aber die alte Großmutter, die immer die Gänse gehütet hatte, hatte ihr von Kobolden erzählt. Kobolde waren unerträgliche Störenfriede und machten allen Geschöpfen das Leben zur Hölle, denn sie taten nichts anderes, als zu ärgern, zu belästigen und zu stören.

Das alles rief sich Rosi ins Gedächtnis, bevor sie das Wort an den Kobold richtete, denn es war immer besser, vorbereitet zu sein.

"Entschuldige, ich wollte mich nicht vordrängen, ich habe dich gar nicht gesehen. Vielleicht ist es, weil du so braun bist."

Der Kobold lachte wiehernd und bei diesem Geräusch zog sich Rosis Magen zusammen, denn es hörte sich an, als ob jemand viel zu heftig in eine Trillerpfeife bläst. "Tja, da hat dir wohl ein Vogel auf die Augen geschissen!"

Rosi musste Luft schnappen, denn solche Reden war sie nicht gewöhnt. Zu Hause im Schloss sprachen die Leute viel feiner, Niemand benutzte ein Wort wie 'geschissen'.

"Ich kann mich nicht erinnern, dass das passiert wäre," sagte Rosi geziert. "Warum klopfst du denn nicht an, wenn du schon vorher hier warst?"

"Ich bin ein Erdkobold, wie du vielleicht schon bemerkt hast, du dummes Kind. Wir Erdkobolde sind sehr höflich und da wollte ich warten, bis die Dame da drinnen fertiggeträllert hat."

Rosi runzelte die Stirn. Von Höflichkeit hatte sie noch nichts gemerkt, der Kobold hatte bestimmt gelogen, weil er vor ihr an die

Reihe kommen wollte. Aber das sollte ihr Recht sein, dann sollte er eben vorgehen.
"Na, jetzt hat sie ja zu Ende gesungen und du kannst reingehen," forderte sie den Kobold auf. Dieser klopfte an die Tür und als diese sie öffnete schnitt er Rosi eine hässliche Grimasse. Rosi setzte sich wieder hin. Kobolde mochte sie nicht, da war sie sich jetzt sicher.
Bereits nach kurzer Zeit kam der dunkle Kobold aber wieder heraus. Er sagte kein Wort und rannte davon. Die Tür hatte er aufgelassen und Rosi näherte sich schüchtern dem Eingang.
"Komm doch nur herein, meine Liebe!" rief die schöne Stimme von innen und Rosi betrat den runden Raum und zog die Tür hinter sich zu.
Durch ein Loch weiter oben im Stamm fiel das Morgenlicht ins Innere des Baumes herein und tauchte den Raum in ein rotgoldenes Licht.
Die Wände schimmerten seltsam und auf einem großen goldenen Sessel in der Mitte saß die Fee. Sie hatte ihre weißen Gewänder um sich herum gebreitet und trank aus

einem Blütenkelch eine duftende Flüssigkeit.

Das Seltsamste waren aber nicht die silbernen Haare der Fee oder ihre goldene Haut, sondern ihre Figur, denn die Waldfee war nicht einfach ein bisschen dick, sondern sie war unbeschreiblich fett. Trotzdem sah sie irgendwie hübsch aus, fand Rosi.

"Ich bin die Fee Melusina und ich hoffe du hast mir etwas mitgebracht;" sagte die Fee freundlich und lächelte mit perlweißen winzigen Zähnen. Rosi erschrak, daran hatte sie nicht gedacht.

"N..nein," stotterte sie verlegen und wusste nicht, was sie nun tun sollte. "ich habe ganz vergessen, dass du vielleicht etwas haben möchtest."

"Ach, das macht nichts, ich habe ja genug Zeug, ich liebe nur einfach Geschenke. Ich freue mich jedesmal so unbeschreiblich, weißt du? Der Kobold, der hässliche kleine braune Mann der eben da war, hat mir auch nichts mitgebracht. Aber vor allem ist er sehr frech, darum habe ich ihn für heute stumm gezaubert. Was kann ich denn für dich tun? Möchtest du in ein Tier ver-

wandelt werden? Oder möchtest du eine Prinzessin sein? Vielleicht willst du in eine Sumpfschildkröte verzaubert werden?"
Melusina holte eine Schachtel mit Törtchen hinter ihrem Sessel hervor und hielt sie Rosi hin: "Möchtest du einen Nelkenkuchen?" Sie schob sich selbst gleich zwei auf einmal in den Mund. Rosi nahm auch einen Nelkenkuchen, denn bei den beiden Wichteln gab es solche Köstlichkeiten kaum. Irgendwie erinnerte diese Fee sie sehr an ihre Schwester Agathe, die ja auch sehr dick war. Rosi schüttelte den Kopf.
"Nein, ich möchte nicht zu einer Sumpfschildkröte werden, ich wollte dich um etwas anderes bitten und zwar möchte ich großgezaubert werden."
"Oh? Warum denn das? Groß ist doch langweilig!"
"Das kann schon sein, aber ich war immer groß und jetzt möchte ich zurück zu meiner Familie und wieder eine Prinzessin sein und Kuchen essen und schöne Kleider tragen und meine Geschwister wieder sehen..."
Rosi konnte nichts dafür aber als sie an ihre

Familie dachte, musste sie anfangen zu weinen.

"Ach, du bist eine Prinzessin?" fragte die Fee beeindruckt. "Mit Prinzessinnen habe ich gerne zu tun, denn die wissen sich gut zu benehmen. Ach, da bist du aber arm dran. Aber wie bist du denn klein geworden?"

Rosi erzählte der Fee von den beiden Wichteln, wie sie bei ihnen leben musste und wie sie kleingezaubert worden war. Sie ließ nichts aus, und, nachdem die Fee dreimal laut gerülpst hatte und noch drei Törtchen gegessen hatte, sah sie sie ehrlich mitfühlend an.

Wäre Rosi keine Prinzessin gewesen, dann hätte ihr die Fee ohne ein Geschenk gar nicht erst zugehört, aber wie die Dinge lagen, war die dicke Fee sehr freundlich zu ihr.

"Du bist wirklich ein armes Kindchen, aber das ist auch ein richtig schwieriges Problem, das du da hast. Also, ich wüsste schon einen Zauberspruch. Nur brauche ich vier Dinge dazu, die du selbst beschaffen musst, denn ich habe einfach zu viel zu tun, als das ich mich auf die Suche danach machen könnte. Hör mir jetzt gut zu und immer, wenn du eines dieser Dinge, die ich dir aufzähle gefunden hast, musst du es sofort zu mir bringen:

> Das Erste ist eine Zaubernuss,
> doch nicht von diesem Baume pflücken musst's,
> sondern von der Zaubereiche,
> die es gibt im Koboldreiche.
>
> Das Zweite, Viert und Dritte,
> sag ich dir, nur bitte,
> bring zuerst das Erste mir."

Rosi trat ernüchtert den Heimweg an und grübelte über die Worte der Fee nach. Sie wusste einfach nicht, was die Fee von ihr wollte. Missmutig kickte sie einen Stein vor sich her und stampfte zurück zu den Wichteln.

Als sie ankam waren die zwei Faulpelze schon wach und bewarfen sich in der Küche mit faulen Walderdbeeren. Der ganze Boden war damit bedeckt und an den Wänden klebten auch schon Reste der fauligen Früchte. Murks und Quarks jedoch hatten viel Spaß, sie jauchzten und jubelten. Gerade hatte Murks mit seinem Wurf mitten in das dümmliche Gesicht seines Bruders getroffen und jubelte über seinen Erfolg.

Rosi sah fassungslos auf die total verwüstete Küche. Dafür würde sie wieder Stunden brauchen! "Seid ihr denn verrückt geworden? Wer soll das denn wieder sauber machen?" schrie sie die Wichtel an und schlug mit dem Besen nach ihnen. Das fanden die Wichtel noch viel lustiger. Sie liefen lachend und kreischend vor dem Besen davon und sangen: "Rosine, Rosine, ist eine langsame Trine."

Rosi packte einen der Wichtel am Ärmel und drückte ihm einen nassen Putzlappen in die Hand: "Hier, du kannst mir helfen, die Erdbeeren von den Wänden und dem Boden zu waschen." Aber der Wichtel warf Rosi den nassen Lappen mitten ins Gesicht und Rosi musste vor Überraschung nach Luft schnappen.

Erschöpft setzte sie sich auf eine saubere Stelle am Küchenboden und fing an zu weinen. Sie würde bestimmt niemals groß werden, sie würde für immer bei diesen abscheulichen Wichten bleiben müssen und sich ihre Streichen gefallen lassen müssen. Sie würde nie wieder in ihrem goldenen Bett schlafen und feine Gewänder tragen.
"Warum heult sie denn schon wieder? Ist doch lustig gewesen!" murrte Quarks und blickte seinen Bruder besorgt an. "Vielleicht will sie nicht aufräumen?" meinte der.
"Aber wir müssen doch was frühstücken und da muss sie uns Milch heiß machen und Pfannkuchen backen!" beschwerte sich nun wieder Murks.
"Ich werde euch kein Frühstück machen, ich mache gar nichts mehr für euch. Von mir aus können wir alle verhungern. Ich will nur noch sterben. Ist mir doch egal, ob ihr was zum Frühstücken habt," weinte Rosi.
Quarks hob den Lappen auf und drehte ihn unschlüssig in der Hand. Er sah seinen Bruder hilflos an, dann sah er wieder zurück auf den Lappen. Er hatte in seinem ganzen

Leben noch nie geputzt oder aufgeräumt, darum war er sich nicht sicher, wie das ging. Er wischte mit dem Lappen über einen Erdbeerfleck, dann über einen anderen und dann wusch er den Lappen mit Wasser aus und suchte den nächsten Fleck.

Murks nahm auch einen Lappen und wischte die Wände ab. Das tat er sehr verwundert, denn er hatte immer gedacht, wischen, putzen und waschen wäre noch viel schlimmer. Angelockt durch den Lärm war Ingeborg hervorgekommen und nahm sich schweigend ebenfalls einen Lappen. Als die beiden Wichte und die Spinne fast fertig waren, hörte Rosi plötzlich auf zu weinen und starrte ihre beiden Freunde überrascht an.

"Habt ihr...habt ihr...habt ihr etwa...?" Sie erkannte, dass alles um sie herum wieder sauber war und konnte es einfach nicht glauben. "Ihr habt...ihr habt...." Sie konnte nicht weiter sprechen, so sehr musste sie lachen, sie lachte, bis ihr schon wieder die Tränen kamen: Diese beiden dummen

Wichtel hatten tatsächlich die Küche geputzt!
Quarks und Murks sahen sich an.
"Jetzt ist sie endgültig verrückt geworden."
Als Rosi sich von ihrer Überraschung etwas erholt hatte, grinste sie die Wichtel wissend an: "Na? War doch gar nicht so schlimm, ein bisschen zu putzen, oder? Ich schlage vor, ich mache jetzt einen Teig für die Pfannkuchen und ihr holt uns ein paar frische Erdbeeren herauf."
Quarks und Murks waren so erleichtert, dass Rosi wieder normal zu sein schien, dass sie schnell die Treppen herunter kletterten und in den Büschen nach frischen Walderdbeeren suchten. Als sie mit den Erdbeeren zurückkamen, hatten Rosi und die Spinne schon den Tisch gedeckt und die ersten Pfannkuchen gebraten.
Sie setzten sich an den Tisch und frühstückten und Ingeborg hängte sich an einen Faden über den Tisch um auch dabei zu sein.
Dann erzählte Rosi ihren Freunden von dem Besuch bei der Wichtelfee. Sie war erstaunt, dass die Wichtel gar nicht wütend

auf sie waren, weil sie sich wieder groß zaubern lassen wollte.
"Weißt du, wir finden es gar nicht lustig, wenn wir baden müssen und alles immer so aufgeräumt ist..."
"Ja, und wenn wir Erdbeeren aufwischen müssen und uns nicht mehr in die Erde einwühlen dürfen. Du bist immer so böse zu uns und wenn du wieder groß bist, dann können wir wieder faulenzen. Darum wollen wir dir helfen, wieder zurückzufinden und wieder Prinzessin zu werden."
Das leuchtete Rosi ein. "Aber ich weiß nicht, was ich für eine Zaubernuss holen soll, ich verstehe das Gerede von der Fee nicht. Ich weiß einfach nicht, was ich tun muss."
"Das ist doch ganz einfach!" lachte Murks, der ja um einiges schlauer war als sein Bruder. "Du sollst eine Zaubernuss pflücken, die an einer Eiche wächst. Das heißt, du musst eine Eichel pflücken. Denn die Nüsse, die an Eichen wachsen, heißen Eicheln."
"Und die Eiche von der du die Eichel pflücken musst, steht im Koboldreich. Das ist nicht weit von hier. Die wohnen ja unter

der Erde, da können wir sogar im selben Stück des Waldes wohnen." Fügte Ingeborg hinzu und schaukelte auf und nieder. "Ach so", sagte Rosi, darauf wäre sie niemals allein gekommen. "Kommt ihr mit in dieses Koboldreich? Vielleicht können wir die Eichel heute noch holen?"

Nach dem Frühstück machten sich die Wichtel und Rosi auf den Weg ins Koboldreich, auch Ingeborg krabbelte neben ihnen her, denn sie wollte sich unterwegs ein paar frische Mücken oder Raupen fangen. Rosi dachte mit gemischten Gefühlen an die Kobolde, die gerne mit Fremden ihre Scherze trieben. Aber die Wichtel beruhigten sie. "Wir haben einen guten Ruf bei den Kobolden, weil wir mit den anderen Wichteln zerstritten sind und nie was tun außer im Regen liegen. Wir werden dort sozusagen bewundert!"
Rosi fand, es war eine seltsame Welt, in die man gelangte, wenn man klein war und sie freute sich schon jetzt darauf, wenn sie wieder mit normalen großen Menschen zu tun hatten, die die Sonne mochten und

nicht den Regen und die jemand nicht für seine Faulenzerei bewunderten. Allerdings, fragte sie sich selbst im Stillen: Was hatte sie denn jemals getan außer auf goldenen Liegen schlafen, Süßigkeiten essen und hübsch auszusehen? Wenn sie jemals wieder groß werden würde, so schwor sie sich, würde sie das alles ändern.
Aber jetzt war nicht die Zeit für große Versprechen. Sie hatten die Grenze zum Koboldreich überschritten, worauf sie ein Schild aufmerksam machte, das die Kobolde an einer Tanne aufgehängt hatten. Mit krakeliger Koboldschrift und unglaublich vielen Rechtschreibfehlern stand darauf zu lesen:

Fremder,
du betrittst hir das Raich der Kobolde,
benimm dich un sei nett zu inen,
sonst essen sie dich auf!

Rosine verzog das Gesicht, als sie dieses Schild sah, doch die Wichtel fanden es lustig, als Rosine es ihnen vorlas. Murks und Quarks hatten natürlich niemals lesen gelernt, denn Murks war zu faul dafür gewesen und Quarks zu dumm.

Das Gebiet, in dem die Kobolde lebten, bestand aus einem dunklen, dunstigen Nadelwald, in dem es durchdringend nach Harz und Fichtennadeln und Kobolden roch. Einmal sah Rosi im Vorbeigehen einen Kobold hinter einem Stamm einer Fichte umherhüpfen. Er war nicht so braun im Gesicht wie der Erdkobold, den Rosi bei Melusina kennen gelernt hatte, aber auch er hatte die abstehenden Haare, die das Erkennungszeichen der Kobolde waren.

"Wie sollen wir denn hier eine Eiche finden? Hier stehen doch weit und breit nur Nadelbäume!" jammerte Rosi und schüttelte verzweifelt den Kopf.

"Vielleicht sollten wir jemanden fragen, bevor wir sinnlos suchen," schlug Murks vor, der schon wieder keine Lust mehr hatte, zu gehen, sondern sich lieber etwas hinlegen wollte.

"Na gut, ich klopfe mal irgendwo an," stimmte Rosi ihm zögernd zu. Eigentlich fürchtete sie sich davor, mit den Kobolden zu sprechen, vor allem wenn sie sie um etwas bitten musste. Diese dummen Kobolde würden sich wahrscheinlich einen Spaß mit ihr erlauben. Nach einigen Minuten gehen kamen sie an einer Koboldwohnung vorüber. Die kleine braune Tür unterschied sich kaum von den Türen von Wichtelhäusern. Vor der Tür hing jedoch ein Schild, auf dem stand:

    Koboldarzt
    Heinz Wurzel

und daneben:

    Bin gleich zurück

Enttäuscht setzten die vier Freunde ihren Weg fort. Sie gingen eine Kurve und bogen nach rechts ab. Hier war ein dichtes Brombeergebüsch und am Fuße des Busches befand sich eine kleine Luke die in den Boden zu führen schien.
Murks klopfte laut an die Falltür und rief: "Haallooo, ihr Kobolde, ist jemand zu Hause?"

Rosi hörte, wie sich von unten langsam Schritte näherten. Oh, nein, Erdkobolde! Hier wohnten Erdkobolde!

Da wurde die Luke zuückgeworfen und ein uraltes Koboldweibchen streckte den Kopf heraus. Als es sah, wer da angeklopft hatte, schlug es lachend mit der Faust auf die Erde, aus der es gerade gekrochen war: "Ach, nein! Wichtel! Na wenn das keine Wichtel sind! Na, ihr Mützenträger habt ihr euch verirrt, oder wollt ihr meine Höhle sauber machen?" Das Koboldweibchen lachte ausgelassen über seinen eigenen Scherz.

Es war ja bekannt, dass Wichtel sich immer und überall nützlich machen wollten und immer eine Menge Hausarbeit bei den Leuten verrichteten, bei denen sie sich gerade aufhielten. Quarks und Murks waren hier natürlich eine Ausnahme, aber die schien das Koboldweibchen nicht zu kennen.

"Wir suchen die Zaubereiche!" informierte Murks sie. "Kannst du uns sagen, wohin wir da gehen müssen?"

"Tja, vielleicht kann ich das, vielleicht aber auch nicht." Antwortete die Kobolddame spitz. "Wir haben eigentlich nicht so viel Zeit und möchten deshalb keine Scherze mit dir machen, wir wollen einfach nur wissen, wo die Zaubereiche ist."
"Ja, das wollt ihr wohl gerne wissen, das glaube ich euch."
"Bitte sag's uns doch einfach." Bettelte Quarks.
"Vielleicht sag ich's euch, vielleicht auch nicht."
"Ist es noch weit?"
"Vielleicht ist's noch weit, vielleicht auch nicht."
"Ist es ein großer Baum, sieht man ihn von Weitem?"
"Vielleicht schon, vielleicht aber...."
"Also, mir eicht das jetzt!" schrie Rosi entnervt. "Entweder du sagst uns jetzt, wo dieser dumme Baum steht, oder du sagst es uns nicht, dann gehen wir eben weiter."
"Vielleicht sag ich's euch, vielleicht sag ich' s auch nicht."
Rosi drehte sich um und ging weg. "Ich hasse Kobolde, die sind so unhöflich!"

schimpfte Rosi und hörte wie hinter ihr das Koboldweibchen rief:
"Vielleicht sind wir unhöflich, vielleicht aber auch nicht. Aber wenn ich euch sagen soll, wo die Zaubereiche liegt, dann müsst ihr euch auch schon ein bisschen von mir auf den Arm nehmen lassen."
Rosi drehte sich verwundert wieder zu den anderen um: "Ach, redest du jetzt wieder anständig mit uns?"
Das Koboldweibchen hob an, um zu sprechen, aber Rosi rief schnell: "Nein, sag's nicht."
"Was denn?"
"Sag nicht: Vielleicht will ich jetzt mit euch sprechen, vielleicht aber auch nicht."
Das Koboldweibchen grinste belustigt. Es überlegte, ob es genug Spaß mit den Fremden getrieben hatte und ihnen nun den Weg zeigen sollte. Da hüpfte es blitzschnell in sein Loch zurück und zog die Luke zu und weg war es. Die Wichtel und die Spinne starrten auf die geschlossene Luke. Hier würden sie wohl keine Informationen mehr bekommen.

Aufgebracht setzten sie ihren Weg fort. Nach einiger Zeit kam ihnen auf dem Weg, dem sie folgten ein Koboldkind entgegen. Es mochte ungefähr in Rosis Alter sein und sang mit schriller Trillerpfeifen-Stimme ein schreckliches Lied von einem Kobold, der einen Menschen so langen auf den Arm nahm, bis dieser sich vor Ungeduld umbrachte. Kobolde hatten eine seltsame Art von Humor, fand Rosi.

Diesmal würde sie anders vorgehen. Sie suchte aus ihrer Taschen den Pfannkuchen hervor, den sie vom Frühstück mitgenommen hatte und hielt ihn dem Kind unter die Nase.

"Guten Tag, Koboldkind, wenn du uns sagst, wo die Zaubereiche steht, bekommst du diesen feinen Pfannkuchen. Siehst du, er ist aus frischem Bucheckernmehl und schmeckt wundervoll. Du isst doch gerne Pfannkuchen, nicht wahr?"

Das Kind nickte. Sein Augen unter den wirren braunen Haaren hingen hungrig an dem Pfannkuchen. Rosi stellte mit Genugtuung fest, dass es auch nicht die dunkle

Hautfarbe der Erdkobolde hatte, sondern ein weißes spitzes Gesichtchen.

"Du weißt doch, wo die Zaubereiche steht, oder?"

Das Kind nickte wieder.

"Da müsst ihr nicht mehr weit gehen. Ihr müsst einfach in dieser Richtung weitergehen und an dem Amselnest rechts abbiegen." Rosi hätte das Kind, wenn es nicht so schmutzig gewesen wäre, am liebsten umarmt, aber sie konnte sich noch zurückhalten. Sie drückte ihm den Pfannkuchen in die Hand und das Kind biss hungrig hinein. Als sie schon einige Schritte gegangen waren, holte das Kind sie jedoch wieder ein und zerrte Murks und Rosi an den Kleidern.

"Ich habe nur Spaß gemacht vorhin, ich habe euch in die falsche Richtung geschickt!" und es lachte ausgelassen über seinen Scherz. Die Wichtel und die Spinne blickten es jedoch nur schweigend und böse an und das Koboldkind beeilte sich, ihnen den Weg neu zu beschreiben:

"Es ist wirklich nicht mehr weit, aber ihr müsst ein kleines Stück zurückgehen, bis dahin, wo der Koboldarzt wohnt. Dort geht

ihr rechts und folgt dem Pfad den Hügel rauf. Dort steht die Zaubereiche."
Murks und Quarks waren nicht entzückt zu hören, dass sie noch einmal zurückgehen mussten. Sie machten sich murrend und klagend auf den Rückweg. Am Haus des Kobolddoktors bogen sie nach rechts ab, dann erreichten sie eine Hügel und hier stand tatsächlich die Zaubereiche. Ingeborg kletterte geschickt herauf und biss eine besonders schöne dicke Eichel für Rosi ab. Rosi schloss glücklich die Hand um die kostbare Frucht und zum ersten Mal seit Tagen fühlte sie wieder etwas Hoffnung in sich aufsteigen.
Die Wichtel beobachteten Rosis glückliches Gesicht und stießen sich gegenseitig in die Seite und kicherten. Als sie sich schließlich auf den Heimweg machten, waren alle bester Laune. Doch der Weg zog sich scheinbar endlos dahin und als sie endlich wieder am Wichtelhaus ankamen, sagte Murks, die nächsten zehn Tage würde er keinen Schritt mehr tun.
Die nächsten beiden Tage verbrachten die beiden Wichte komplett im Bett. Sie hatten

ihre Füße hochgelegt und ließen sich von Rosi gekühltes Rosenwasser ans Bett bringen. Rosi hingegen war vergnügt und sang den ganzen Tag vor sich hin. Sie backte zwei Erdbeerkuchen. Einen davon nahm sie am nächsten Morgen mit, als sie sich auf den Weg zur Fee machte.

Sie war zwar wieder sehr früh aufgestanden, aber trotzdem warteten bereits zwei Gestalten vor dem hohlen Baum, wie sie schon von weitem erkennen konnte. Als sie näher kam und behutsam das Päckchen mit dem Kuchen vor sich auf die Erde stellte, sprach sie die eine Gestalt an. Es war eine sehr vornehm gekleidete, ältere Wichteldame, die ordentlich ihre grauen Haare zu einem Knoten geschlungen hatte und darüber eine zartgelbe Wichtelmütze trug.

"Guten Tag! Du kannst dich neben mich setzen." Und sie zeigte auf den Platz neben sich. Die Wichteldame hatte sich hier nämlich eine eigene Holzbank aufstellen lassen, die die Wichtel-Zimmerleute für sie angefertigt hatten.

"Nun, schließlich kann ich mich ja nicht einfach auf die Erde setzen, da würde ja mein

Kleid ganz schmutzig und außerdem setzen sich Damen nicht auf die Erde," sagte die Dame mit einem herablassenden Seitenblick auf die zweite Wartende und fächelte sich erschöpft mit ihrem bemalten Birkenblatt Luft zu.

Die andere Gestalt, die vor dem hohlen Baum wartete, war eine majestätische Kröte mit einer hervorstehenden Warze am Kinn. Sie saß auf der Erde und rührte sich überhaupt nicht, außer dass sie von Zeit zu Zeit geräuschvoll schluckte. Wäre das Schlucken nicht gewesen, hätte man sie für eine Statue halten können.

Nach einiger Zeit ging die Buchenblatt-Tür auf und ein winziger heller Kobold hüpfte heraus. Er grüßte die Wartenden mit den Worten: "Wer wartet, rostet nicht" und sprang davon. Die Wichteldame schüttelte den Kopf und schnaubte. "So ein unverschämter Kerl! Hach, Kobolde mag ich einfach nicht."

Rosi stimmte der Dame aus vollstem Herzen zu und erzählte, wie es ihr im Koboldwald ergangen war. Die Kröte hatte sich langsam und ohne ein Wort zu sagen durch die

Tür ins Innere des Baumes gequetscht und sie waren nun allein auf ihrer Bank. Die Kröte brauchte nicht lange, aber als die Tür aufging, kam keine Kröte heraus, sondern ein wunderhübsches Elfenmädchen, das seine Flügel spreizte und das Sonnenlicht darin einfing.

"Ich bin zurückgezaubert worden," teilte es den erstaunten Wartenden mit. "Es ist schön, wieder Flügel zu haben." Dann flatterte es lächelnd davon. Rosi war erstaunt. Elfen ließen sich anscheinend einfacher wieder zurückzaubern als Menschen. Die alte Dame stand auf und winkte zwei Wichtel herbei, die die Bank hochhoben und davontrugen, dann verabschiedete sie sich von Rosi und betrat den Raum der Fee.

Die Wichteldame verbrachte lange Zeit in dem Hohlen Baum und während Rosi wartete gesellte sich ein mürrische Schnecke mit ihrem Haus zu ihr, die mit Rosi kein Wort sprechen wollte. Darum war Rosi froh, als endlich die Tür sich öffnete und die Wichteldame herausstolzierte und ihr zum Abschied huldvoll winkte.

Rosi wollte sich von der Schnecke verabschieden, aber die blickte hochnäsig in eine andere Richtung. Verwundert ging Rosi hinein zu der fetten Fee und stellte den Erdbeerkuchen auf den Tisch.
"Ich habe dir etwas mitgebracht, Melusine." Die Fee klatschte begeistert in die Hände, als sie das hörte. "Oh, ich mach's sofort auf. Ach, wie herrlich, das ist ja ein Erdbeerkuchen. Also, ich muss auf der Stelle ein Stück kosten, möchtest du auch eins haben?"
Rosi schüttelte den Kopf. Die Fee biss genießerisch in den Kuchen und begann mit vollem Munde zu sprechen.
"Mh, also, mjam...hast du die Zaubereichel? Schlurps?"
Rosi erzählte, sie habe sie zu Hause in einem Geheimversteck. Das fand die Fee sehr gut. "Das hast du fein gemacht, Kindchen, ich meine jetzt die Eichel, nicht den Kuchen, obwohl der Kuchen auch sehr verlockend schmeckt, ich glaube, ich nehme noch ein Stück davon. So..mjam... schmatz...ich werde dir den nächsten Gegenstand nennen, pass gut auf:

Ein Tröpfchen Tau, das sollst du bringen,
von den Blumen, die am teuersten,
sich im Wichtelgarten kringeln.

Kannst du dir das merken? Das ist eine wichtige Zutat. Am besten bringst du nicht nur ein Tröpfchen, sondern eine ganze Nussschale davon. So, wenn du das hast, dann musst du wiederkommen und denk an mein Geschenk!"
Rosi ging an der hochnäsigen Schnecke vorbei und machte sich auf den Heimweg. Wieder wusste sie nichts mit dem Rätselspruch der Wichtelfee anzufangen. Von der Hochstimmung war nichts mehr zu spüren und sie kam ziemlich niedergeschlagen am Baumhaus an. Die zwei Wichtel erwarteten sie schon, denn sie wollten ein Frühstück.
"Rosine! Rosine! Komm schnell herauf!" hörte sie sich schon von unten rufen. Auch Ingeborg hatte sich eingefunden, obwohl sie am frühen Morgen meistens ihre Bein zusammenklappte und in einer Ecke schlief.

"Na, wie war's? Was musst du diesmal beschaffen?" fragte die Spinne neugierig und rieb sich schläfrig die vielen Augen.
"Diesmal," antwortete Rosine und stellte einen Tropf mit Wasser aus Feuer "diesmal weiß ich wirklich nicht weiter. Vielleicht bin ich auch einfach zu dumm und verdiene es nicht, wieder groß zu werden.
"Vielleicht können wir den Spruch lösen", sagte ausgerechnet der dumme Quarks. Rosine musste lächeln. Sie schnitt ein paar Scheiben Bucheckernbrot und bestrich sie mit der Erdbeermarmelade, die sie gestern gekocht hatte.
"Ich glaube, ihr könnt mir auch nicht helfen, aber der Spruch ging so:" Und sie wiederholte den Spruch, den die Fee ihr aufgesagte hatte. Die Wichtel schauten sich ratlos an und Ingeborg verzog verlegen das Gesicht. Sie hatten einfach überhaupt keine Ahnung, was das für eine Pflanze sein sollte.
Da schnipste Murks mit den Fingern und alle Köpfe flogen erwartungsvoll zu ihm herum. "Ich hab's! Wir können dir natürlich nicht helfen, weil wir nichts von Blumen und

Kräutern verstehen, aber das Moosweibchen kann es. Die kennt jede Pflanze."
"Ja, ich glaube, die ist schon fast selber eine, eine Pflanze, die häkelt und strickt," fügte Quarks hinzu. Rosi fand die Idee ganz ausgezeichnet. Sie hielt es nicht länger aus. Sie sprang vom Frühstückstisch auf und stolperte die Treppen auf den Waldboden hinunter. Dann rannte sie zu der Stelle, an der das Nest des Moosweibchens stand. Zu ihrem großen Schreck war das Nest leer, nur ein angefangenes Häkelzeug lag im Nest. Da erspähte Rosi das Moosweibchen hinter einer dicken Moosflechte, an der es kräftig riss, um sie aus dem Boden zu ziehen.
Rosi lief zu ihm hinüber und half, die Flechten aus dem Boden zu lösen. Als die Pflanze sich aus dem Erdreich löste, fielen sie gemeinsam nach hinten um. Das Moosweibchen kämpfte sich unbeholfen wieder hoch. Aber dann trug es die neue Moospflanze stolz in sein Nest.
"Ach, so eine Anstrengung, ich bin ganz außer Atem. Hier, ich schenke dir einen Topflappen, den kannst du als Geschenk

der Fee mitnehmen, wenn du hingehst." Das Moosweibchen hielt Rosi einen viereckigen Topflappen mit einem Rosenmuster hin.
"Danke sehr, aber ich wollte dich noch um einen Rat bitten, es geht um einen Spruch, den ich lösen muss. Der heißt so:

> Ein Tröpfchen Tau,
> Das sollst du bringen,
> Von den Blumen, die
> Am teuersten sich
> Im Wichtelgarten kringeln."

"Ach, ist das einfach! Es scheint nicht sehr schwer zu sein, wieder groß zu werden. Weißt du denn etwa nicht, was das für ein Kräutchen ist?"
Rosi schüttelte ungeduldig den Kopf.
"Aber das ist doch völlig klar: Du sollst im Morgengrauen, dann wenn der Tau auf den Blumen liegt, runter in den Wichtelgarten gehen und eine Nussschale voll Tau von einer Blume nehmen. Die Blume ist am teuersten von allen Blumen, na, welche ist das wohl?"

Rosi hob die Schultern, denn sie hatte keine Ahnung: "Vielleicht ist es Pfeffer, mein Vater sagt, der kommt von weit her."
Das Moosweibchen lachte gackernd. Es hörte sich an wie bei einem Huhn. "So ein Unsinn, darauf können auch nur Menschen kommen. Sie meint natürlich das Tausendgüldenkraut, das ist doch wirklich völlig klar."
"Tausendgüldenkraut?" Von dieser Pflanze hatte Rosi noch nie etwas gehört.
"Ja, natürlich, tausend, das sind sehr viele und gülden bedeutet golden, das heißt das Kraut ist so viel wert, wie tausend Goldmünzen. Weißt du, dieses Kraut braucht man fast für jeden Zaubertrunk und darum glauben die Feen, es sei sehr wertvoll und nennen es so. Ich selbst nenne es Stinkwurz, denn es riecht nicht so fein."
"Darauf wäre ich nie gekommen," sagte Rosi erstaunt. "Aber wie sieht das Kraut denn aus? Ich muss es ja schließlich erst einmal finden."
"Oh, nein, das brauchst du nicht, du musst einfach zu den Holzwürmern gehen. ..."
"Ich muss mit einem Holzwurm reden?"

"Nein, zur Familie Holzwurm, die haben eine kleine Gärtnerei und verkaufen Kräuter an die Feen und Hexen hier in der Umgebung, ich nehme an, das meint die Wichtelfee mit Wichtelgarten. Da gehst du einfach frühmorgens hin und fragst, ob du dir ein bisschen Tau von ihrem Tausendgüldenkraut nehmen darfst."

Rosi bedankte sich bei dem Moosweibchen und war entzückt, dass sie wieder ein Rätsel hatte auflösen können. Sie lief ins Baumhaus zurück und fragte die zwei Wichtel nach dem Weg zur Gärtnerei der Holzwurms.

"Ach, die ist direkt hinter dem Tümpel, da musst du nur drumherumgehen und dann links und dann bist du da. Aber wir gehen nicht mit, da müssen wir ja viel zu früh aufstehen!" Murks machte ein entschlossenes Gesicht.

In der Nacht stand Rosi auf und zog sich leise an, um niemand im Haus zu wecken. Sie musste ja im Morgengrauen schon bei der Familie Holzwurm sein. Sie nahm eine Nussschale mit einem schönen großen

Henkel, die sie bequem würde tragen können und machte sich auf den Weg.
Es war nicht schwer, die Wohnung der Holzwurms zu finden, denn ein großes Schild hing an der Tür zu ihrem Haus und machte für die Gärtnerei Reklame:

Familie Holzwurm
Kräuter - Samen - Zauberzutaten
Bitte dreimal klingeln

Rosi klingelte kräftig mit der Glocke, die die Familie neben das Schild gestellt hatte. Lange rührte sich nichts und Rosi klingelte noch einmal, diesmal noch lauter. Dann hielt sie erschrocken inne. Es war immer noch dunkel und so früh stand die Familie Holzwurm bestimmt nicht auf. Wahrscheinlich hatte sie sie jetzt geweckt und das war Rosi sehr peinlich.
Sie überlegte schon, ob sie nicht wieder weglaufen sollte, da hörte sie, wie sich schwerfällige Schritte der Tür näherten, dann wurde die Tür einen kleinen Spalt weit aufgestoßen und ein Wichtelmann mit

einer bösartigen Miene steckte den Kopf heraus.
"Wer zum gelben Donnerrübchen läutet denn mitten in der Nacht an meiner Tür? Bei allen Trollen, da werde ich doch noch verrückt!" fluchte der Wichtelmann vor sich hin. Er trug noch seine Schlafmütze mit dem langen Zipfel, Hausschuhe und ein kurzes Nachthemd.
"Ja? Was gibt's?" schnauzte er Rosi schlecht gelaunt an.
"E...es tut m...mir ...L..Leid, dass ich Sie geweckt habe." stotterte Rosi verlegen.
"Kannst du nicht anständig sprechen? Was willst du denn so früh? Kinder in deinem Alter sollten um diese Zeit in ihrem Bett liegen. Wie alt bist du denn? Du bist doch höchsten einhundert - einhundertzehn Jahre alt, was? Hm?"
"Ich bin einhundertelf," log Rosi den Wichtel an und versuchte ein gewinnendes Lächeln. "Und ich möchte etwas Tau von eurem Tausendgüldenkraut abschöpfen, wenn ich darf. Ich werde mich auch beeilen und sofort wieder verschwinden."

Darauf drehte sich der Wichtel um und schrie in den Hausflur: "Gänseblümchen, hier ist eine Verrückte an der Tür, die meint, sie wolle Tauwasser von unseren Pflanzen haben. Am besten ist, du rufst den Wichteldoktor oder wir lassen sie hier einfach eine Weile stehen, bis sie irgendjemand abholt und sie zurück in ihr Krankenzimmer bringt."
Rosi erschrak, dieser brummige Wichtel hielt sie anscheinend für geistesgestört! Im Gang näherten sich eilige Schritte und eine Wichtelfrau in den besten Jahren steckte den Kopf durch die Tür und lächelte freundlich.
"Das ist die Verrückte, Gänseblümchen," sagte der Wichtel und wies mit dem Daumen auf Rosi. Gänseblümchen, die offensichtlich die Ehefrau des Wichtels war, hatte eine große Schlafhaube auf dem Kopf, die kaum durch die Hautür passte.
"Ach, du willst bestimmt etwas Tau vom Tausendgüldenkraut haben, stimmt's? Da kommen die letzte Zeit viele. So eine Kröte war vor kurzem hier. Die meinte, sie sei eine Elfe. Komm nur herein, ich zeige dir, wo es

steht, dann kannst du dir eine große Nussschale voll mitnehmen."
Die Frau führte Rosi an ihrem verdutzten Ehemann vorbei durch den Gang in eine Küche und durch die Küche in einen ausgedehnten Garten, in dem alle möglichen Gewächse standen. Ganz am Ende, am Zaun, wuchs das Tausendgüldenkraut, eine nicht besonders auffällige Pflanze mit zartgrünen Blättern und rosa Blüten. Dicke Tautropfen schimmerten im Mondlicht auf der Pflanze.
Rosi bog einen Stängel nach unten und ließ den Tau in ihre Nussschale laufen. Das tat sie so lange, bis die Schale ganz voller Wasser war. Sie gab der Wichtelfrau als Bezahlung einen Leib von dem Bucheckernbrot und ein Töpfchen von der Erdbeermarmelade, dann verabschiedete sie sich eilig und trug ganz vorsichtig den Tau ins Baumhaus hinauf.

"Das Dritte ist, und hör gut zu,
Der Saft, den Kinder trinken,
Bei Menschen ist's die Kuh,
Bei Wichteln musst du es erst finden."

Die Fee lehnte sich zurück und biss herzhaft in eine Kuchenschnitte. "Vielen Dank übrigens für den Topflappen. Der sieht aus, als habe ihn ein Moosweibchen gestrickt. Es ist immer gut, wenn man ein Moosweibchen im Haus hat. Halte dich gut mit ihm! Möchtest du auch ein Stück Kuchen?"
Rosi lehnte dankend ab. Der neue Rätselspruch, den sie eben gehört hatte, stürzte sie wieder einmal in tiefes Nachdenken. Sie wollte lieber nach Hause gehen und über den Sinn des Spruches nachdenken. Sie verließ das Haus der Fee, vor dem sich bereits eine lange Schlange mit Wartenden gebildet hatte. Unter den Anstehenden sah sie auch einen Kobold. Es war besser, sie beeilte sich von hier fort zu kommen.
Sie dachte über die ersten beiden Zeilen nach: Der Saft, den Kinder tranken, der von der Kuh kam, das konnte eigentlich nur Milch sein. Aber tranken denn Wichtel keine Milch? Eigentlich konnte sie sich nicht vorstellen, dass Wichtel Milch tranken, denn wie sollte ein so kleiner Wichtel denn eine schon für Menschen riesige Kuh melken? Aber was tranken denn dann Wichtel?

Sie beobachtete die Anstehenden in der Schlange: Ein Kobold (brr!), ein Regenwurm, wo man nicht wusste, wo vorne und wo hinten war, ein Zwergenehepaar, eine Ratte mit einem roten Kopftuch, ein Wichteljunge ungefähr in ihrem Alter.
Langsam ging sie auf den Wichteljungen zu und räusperte sich schüchtern. Der Wichteljunge drehte sich zu ihr herum und grinste sie freundlich an. Er hatte eine große Zahnlücke ganz vorne im Mund und er schien erfreut, sich die langweilige Wartezeit mit einem Gespräch verkürzen zu können.
"Guten Tag, mein Name ist Rosine, darf ich dich etwas fragen?" fing Rosi höflich an.
"Aber klar," sagte der Wichtel, "mein Name ist Großfüßel." Rosi biss sich auf die Lippe, um nicht loszulachen. Wichtel gaben ihren Kindern wirklich die seltsamsten Namen. Aber wenn sie den Wichtel wegen seines Namens auslachte, würde er sich vielleicht gar nicht so gerne mit ihr unterhalten wollen.
"Also, ich bin eigentlich ein Mensch," teilte sie Großfüßel mit. Großfüßel pfiff durch sei-

ne Zahnlücke. "Dann musst du ja ganz schön geschrumpft sein."
"Oh, ja, und jetzt möchte ich gerne wieder groß sein, damit ich zu meiner Familie zurück kann. Und da habe ich einen Rätselspruch bekommen. Der geht so:" Und sie sagte ihn Großfüßel auf.
"Mäuse!" sagte der und strahlte Rosi an, weil er das Rätsel gelöst hatte.
"Mäuse?"
"In allen Wichtelfamilien gibt es ein paar davon, die werden gemolken und reiten kannst du auch auf ihnen, wenn du sie gezähmt hast und du kannst auch ihr Fleisch essen. Das ist wie bei den Menschen die Kuh, aber da kann man nicht drauf reiten, oder? Habt ihr denn keine Maus, du und die Wichtel, bei denen du wohnst?"
"Nein, eine Maus haben wir nicht." sagte Rosi und wurde plötzlich sehr nachdenklich. Eine Maus wäre doch das perfekte Haustier für ihre zwei Wichtel.
"Macht so eine Maus denn viel Arbeit?"
"Nein, du musst sie nur anbinden und füttern, das war's, manchen Mäuse haben auch einen Stall. Aber das muss man nicht

haben, wenn es ihnen kalt ist, graben sie sich ein Loch."
Rosi war entzückt. Sie brauchten eine Maus zu Hause, das stand fest. Sie bedankte sich bei Großfüßel.
"Warum gehst du denn zur Fee?" wollte sie von ihm wissen.
"Ach, ich arbeite manchmal für sie, ich bringe ihr Kräuter aus der Gärtnerei und so und dafür bekomme ich ein bisschen Geld."
Rosi nickte verstehend. Dann verabschiedete sie sich von ihrem neuen Freund und begann den Heimweg. Vor dem Wichtelhaus lagen die beiden Wichtel, denn es hatte begonnen, leicht zu regnen.
"Kommt mit ins Haus, ich muss mal mit euch reden!" rief Rosi ihnen schon von Weitem zu. Die Wichtel murrten unzufrieden. Seit Tagen hatte es nicht mehr geregnet und sie hatten sich schon darauf gefreut, sich für ein Stündchen in den Nieselregen zu legen. Außerdem war es ihnen viel zu viel Arbeit die Stufen zum Haus hinaufzusteigen.

"Nein, aber was sollen wir denn manchen. Was ist, wenn sie wieder anfängt zu heulen?"

"Och Mann, na ja, aber geh du zuerst, vielleicht hält sich der Regen ja noch eine Weile."

Die Wichtel dachten wohl, Rosi hätte nicht gehört, was sie miteinander flüsterten, aber sie hatte alles verstanden. Was die Wichtel jedoch von ihr hielten, war ihr im Moment ziemlich gleichgültig. Sie wartete im Wichtelhaus, bis die beiden tropfnass in die Küche kamen. Große Pfützen bildeten sich unter ihren Füßen, aber auch das interessierte sie im Moment nicht besonders.

"Was wir noch in diesem Haus brauchen, ist eine Maus!" begann sie und versuchte ein ganz entschlossenes Gesicht zu machen.

"Wieso brauchen wir denn eine Maus?"

"Eine Maus gibt Milch, ihr könnt auf ihr reiten, wenn ihr zu faul seid zu Fuß zu gehen. Sie trägt euch überall hin, ihr habt immer etwas gesundes zu trinken im Haus und das Beste ist: Ihr braucht euch nicht besonders viel um sie zu kümmern, ein paar Nüsse, eine Hand voll Körner und schon ist sie zu-

frieden." Rosi war immer begeisterter von ihrem Plan geworden und ihr Gesicht glühte vor Aufregung.
Die Wichtel sahen sich gequält an. "Hast du gehört Murks, sie will eine Maus anschaffen, eine Hausmaus, die den ganzen Tag nur faul rumliegt und ein Menge Essen braucht, das wir erst finden müssen."
"Und in der Nacht macht die Maus bestimmt Krach."
"Und vielleicht stinkt sie."
Rosi verlor langsam die Geduld mit den beiden Wichteln. "Wenn ich weg gehe, weil ich wieder groß bin, und ich hoffe, das ist bald, dann habt ihr niemand, der euch Essen kocht. Dann seid ihr froh, wenn eine Maus im Haus ist, die immer etwas Milch liefert."
Quarks nickte langsam. "Da hat Rosine aber wirklich Recht." Meldete sich nun Murks. Die Wichtel dachten nach und kratzten sich unter ihren Mützen. Sie machten zweifelnde Gesichter. Aber dann meinte Quarks traurig:
"Wenn Rosine weggeht, sind wir ganz allein, na ja, die dicke Spinne ist ja noch da,

aber die liegt den ganzen Tag nur in ihrer Ecke und rollt sich zu einer Kugel zusammen. Vielleicht sind wir ja ganz froh, wenn wir dann noch einen Hausbewohner haben. Im Winter kann die Maus ja in der Küche schlafen, falls sie es die Treppen herauf ins Haus schafft."

"Na gut, dann nehmen wir uns eben diese Hausmaus, wann willst du sie kaufen gehen?" fragte Quarks. Auf diese Frage war Rosine schon vorbereitet:

"Morgen ist Wichtelmarkt auf der Lichtung am Tümpel. Wenn ihr Geld habt, können wir da eine Maus kaufen. Wir brauchen auch Mehl und Honig." Diese Information hatte sie von Großfüßel, der auf dem Markt einen Stand mit Kräutern hatte.

"Natürlich haben wir Geld!" schrie Murks erbost.

"Was denkst du denn!" ereiferte sich sein Bruder.

"Wir haben immer Geld so viel wir wollen. Wir haben nämlich eine ganze Truhe voll davon. Es ist eine Zaubertruhe, das Geld geht nie zu Ende."

Murks führte die staunende Rosine zu einer großen verzierten Kiste in der Ecke des Wichtelschlafzimmers. Rosi hatte immer gedacht, die Wichtel hätten den Schlüssel dazu verloren, weil sie ja auch nie auf ihre Sachen Acht gaben, aber Murks fingerte an den Brettern im Boden herum. Eines davon ließ sich leicht anheben und darunter verbarg sich ein großer goldner Schlüssel.
Reichtümer waren für Rosine, die ja selbst ein reiche Prinzessin war, keine Besonderheit. Aber als sie in die Kiste blickte und einen ganzen Berg voll glänzender goldener Münzen sah, da musste auch sie staunen. Aber die Brüder winkten nur ab, als sie ihre Reaktion sahen.
"Ach, so eine Schatztruhe haben fast alle Wichtel in ihrem Haus. Das ist nichts besonderes." Murks gab Rosine eine Hand voll Münzen und meinte: "Da! Das wird für die Maus reichen und für eine Menge Essen, das du kaufen musst."
Rosine zog die Augenbrauen zusammen.
"Moment mal, soll das heißen, ihr wollt gar nicht mitkommen zum Wichtelmarkt? Ich

kann doch nicht allein da hingehen, ich bin doch noch nicht einmal ein Wichtel!"
"Ich kann ganz sicher nicht mitgehen, ich habe ganz schlimme Fußschmerzen in ...äh....diesem Fuß." Murks zeigte auf seinen rechten Fuß, mit dem er eben noch behände die Treppe zum Haus heraufgehüpft war. "Ich kann unmöglich den ganzen Tag auf dem Markt umhertraben. Da sterbe ich bestimmt, das fühle ich ganz sicher." Er ging ein paar Schritte vor Rosine auf und ab und tat so als würde er hinken. Rosine musste lächeln, denn der Wicht hinkte auf dem falschen Bein.
"Ich kann aber auch nicht mitgehen, denn ich kann ja Murks nicht allein hier im Haus lassen, wenn er so krank ist. Du musst ohne uns auf den Markt gehen. Du bist ja auch schon ein großes Mädchen, das schaffst du schon."
Rosine setzte sich erschöpft auf die Geldtruhe. "Dann gehe ich eben alleine, aber ihr seid zwei unbeschreibliche Faulpelze. So was habe ich noch nicht erlebt. Ich gehen auf den Markt und ich gebe das ganze Geld aus, darauf könnt ihr euch verlassen."

Und sie hielt die Goldmünzen hoch. Aber diese Drohung schien den Wichteln nichts auszumachen. Sie hinkten laut jammernd und leise flüsternd aus dem Zimmer und stiefelten die Leiter nach unten, um die letzten Regentropfen auszunutzen.
"War das nicht eine klasse Ausrede?" hörte sie Murks leise zischeln, als sie sich davonmachten.
"Das habe ich gehört!" rief sie ihnen hinterher, aber sie waren schon im Regen verschwunden. Die Tropfen prasselten leise auf das Hausdach und da Rosi im Haus nichts mehr zu tun hatte, legte sie sich auf ihre Decke unter das Spinnennetz und wartete auf Ingeborg, um ihr von dem neuen Haustier zu erzählen.

Am Morgen schien bereit s wieder die Sonne und die Wichtel gruben sich in die aufgeweichte Erde unter dem Baumhaus ein. Als Rosi das Haus verließ, um den Wichtelmarkt zu besuchen, war schon nichts mehr von ihnen zu sehen.
Schon von weitem konnte man den Lärm des Marktes hören.

Viele Stimmen riefen durcheinander, Mäuse und Haushamster schrien und eine Kapelle spielte Wichtellieder. Rosi genoss es, endlich mal wieder andere Wesen zu sehen, als immer nur die zwei faulen Wichtel. Hier auf dem Wichtelmarkt gab es viel zu sehen:
Wichtelfrauen in blauen Schürzen hatten Stände aufgeschlagen und boten mit lauter Stimme ihre Waren feil. Wichtelmänner jeden Alters gingen mit wichtiger Miene an den Ställen mit den zum Verkauf angebotenen Mäusen und Hamstern vorbei und kniffen die Mäuse fachmännisch in die Ohren, um daran ihre Gesundheit zu erkennen.
Auch ein paar Kobolde, Moosweibchen und Moosväterchen hatten sich eingefunden. Die Moosleute stellten ihre selbst gestrickten Kleidungsstücke zum Verkauf aus und Rosi sah auch Rosel, die einen Stand mit Schlafdecken aufgebaut hatte und winkte ihr zu. Rosel winkte ihr freundlich zurück.
Auch viele Zwerge waren angereist. Eine jungen Zwergin bot Kämme, Haarbürsten

und Lippenrot an und Rosi warf einen sehnsüchtigen Blick auf eine besonders schöne Haarspange aus Buchenholz. Die Kobolde betrieben eine Bude, an der man Dinge gewinnen konnte, indem man Lose kaufte, aber Rosi hütete sich davor, mit Kobolden Geschäfte zu machen.

An einem Stand, an dem ein altes freundliches Wichtelmännchen bediente, kaufte sie einen Sack Bucheckernmehl und ein paar Ameiseneier. Zwei Stände weiter bot ein Moosweibchen, das fast genauso aussah wie Rosel Honig und Honiggebäck an. Rosi kaufte einen großen Topf Honig und ein Honigkuchenstück, das sie sofort aufaß. Für die Wichtel kaufte sie ein große Brezel aus Honigteig. Das würde sie ihnen mitbringen, denn Süßes aßen die beiden Wichtel für ihr Leben gerne.

An einem Stand mit Kräutern stand ein Schild:

      Feine Zauberkräuter
Inhaber: Familie Holzwurm

Hinter dem Verkaufstisch stand Großfüßel und Rosi lief schnell zu ihm hin.
"Guten Tag, Großfüßel, erinnerst du dich noch an mich? Könntest du mit mir kommen und eine Hausmaus kaufen?" fragte sie ihn.
Großfüßel, der immer freundlich zu sein schien, lächelte: "Oh, guten Tag, Rosine, ja, ich komme gerne mit, einen Moment."
Er griff unter den Tisch und zog einen sich heftig wehrenden kleinen Wichteljungen hervor.
"Du bist jetzt dran mit Verkaufen, aber ich bin bald wieder da. Verkauf diese hier," und er zeigt auf eine seltsame Pflanze mit gelben Blüten " nicht für unter einem Drillich das Stück!" Damit gab er dem mürrischen Jungen einen aufmunternden Stoß und kam hinter dem Stand hervor.
Zusammen schlenderten sie zu den Ställen und sahen sich die Mäuse an. Manche Mäuse waren schon sehr alt und gaben ganz bestimmt keine Milch mehr, andere hatten böse Augen und ließen sich wahrscheinlich nicht gut zähmen. Der Mäusekauf war eine heikle Sache, denn die Ver-

käufer konnten einen ganz schön über den Tisch ziehen.
Rosi wäre beinahe von seiner sehr aggressiven Maus gebissen worden, an deren Stall sie zu dicht vorüber gegangen war, aber der Verkäufer zog sie schnell zurück. Da beschloss Rosi, nur eine ganz freundliche Maus zu erstehen, selbst wenn das bedeuten sollte, dass sie weniger Milch gab. Eine besonders schöne braun-weiße Maus schleckte ihr freundlich über den Kopf, als sie sie streichelte, aber Großfüßel meinte, diese Maus sei noch zu jung, um gute Milch zu geben. Langsam war Rosi froh, dass er dabei war, denn sie kannte sich mit dem Mauskauf wirklich nicht aus.
Großfüßel zeigt auf eine gutmütig blickende Maus, die ruhig in ihrem Stall stand und eine Nuss aß. "Die könntest du nehmen. Die ist alt genug und macht einen guten Eindruck. Er kniff die Maus leicht ins Ohr und nickte. Rosi winkte dem Verkäufer, einem dicken Wichtelmann mit einem roten Gesicht. "Ich möchte eine Maus kaufen." sagte Rosi selbstbewusst und wies auf die gutmütige Hausmaus.

"Soso! Kleinchen, hast du denn auch Geld?" fragte der dicke Wichtel misstrauisch. Rosi zeigt ihm eine Goldmünze und der dicke Mann pfiff durch die Zähne. Dann öffnete er die Stalltür der gutmütigen Maus und führte sie heraus.
"Das ist unsere Hulla. Die gibt gute Milch und als Reittier kannst du sie auch benutzen. Für diese Goldmünze, die du da hast, gebe ich dir einen Sattel und eine Leine gleich mit dazu. Na? Sind wir im Geschäft?"
Großfüßel nickte und Rosi meinte: "In Ordnung." Dann nahm sie Hulla an der Leine und streichelte ihr sanft über die Schnauze. Neben dem Mäusestall, bot ein Wichtelopa Mäusefutter an und Rosi kaufte einen großen Sack davon, den Großfüßel ihr auf dem Rücken der Maus befestigte.
Jetzt hatte Rosi alles erledigt und beschloss, noch bei dem Moosweibchen vorbeizusehen. Sie verabschiedete sich von Großfüßel und lud ihn zum Dank zum Kuchenessen ins Wichtelhaus ein, wenn er einmal Zeit hätte zu kommen. Das Moosweibchen hatte an diesem Tag ein gutes

Geschäft gemacht, erzählte es und es zeigte Rosi stolz die Münzen, die es sich verdient hatte.

Rosi stellte dem alten Weibchen die neue Hausmaus Hulla vor und fragte, ob das Weibchen mit ihr nach Hause gehen und auf der Maus reiten wolle.

"Oh, nein danke, ich warte lieber bis es dunkel ist und dann fliege ich heim," lehnte Rosel freundlich ihren Vorschlag ab.

Und so ging Rosi neben der Maus, die die schweren Säcke mit den Lebensmitteln trug, allein nach Hause zurück. Unterwegs hielten sie am Weiher, damit die Maus trinken konnte, dann kam schon das Baumhaus in Sicht, vor dem die Wichtel standen und sich um irgendetwas stritten. Aber als sie Rosi sahen war der Streit vergessen, sie kamen angerannt und bewunderten die neue Maus.

Sie streichelten sie und gaben ihre einige Nüsse aus dem Sack mit dem Mäusefutter zu essen, aber daran, die Säcke abzuladen, dachten sie nicht, denn diese Arbeit war ihnen auch viel zu schwer. Da nahm Rosi die Brezel aus dem Sack hervor und zeigte sie den zwei Wichteln, denen sofort das Wasser im Mund zusammenlief.

"Eigentlich habe ich sie ja für mich gekauft, aber wenn ihr schnell die Säcke ins Haus tragt, schenke ich sie euch," versprach Rosi. Da luden sich die Wichtel murrend die Säcke auf den Rücken und schleppten sie hinauf ins Haus. Rosi rieb sich die Hände. Das war ein guter Tag gewesen.

Am Abend ging sie hinunter zur Maus, die sich unter dem Baum zusammengerollt hatte. Sie hatte eine Nussschale dabei und fing an die Maus zu melken. Rosi hatte natürlich noch nie ein Tier gemolken, denn auch als sie noch eine Prinzessin war, hatte sie höchstes der Magd dabei zugesehen. Nie wäre sie damals selbst auf die Idee gekommen, eine Kuh zu melken, denn sie wollte nicht dass ihre schönen Kleider schmutzig würden und außerdem molken Prinzessinnen keine Kühe. Und nun saß sie hier und molk eine Maus!

"Das Leben kann schon manchmal seltsam sein," sagte Rosi zu der Spinne, die oben auf dem Balkon des Baumhauses hockte und ihr beim Melken zusah.

"Aber du hast in der Zeit bei den Wichteln auch viel gelernt," antwortete Ingeborg und blickte lauernd einer kleinen Mücke nach, die gerade am Haus vorbeiflog.

"Morgen gehe ich zur Fee und höre mir das letzte Rätsel an. Ich habe schon eine Zaubereichel, etwas magischen Tau und Mäusemilch. Ich bin mal gespannt, was sie morgen von mir will."

"Ach," sagte Ingeborg träge, denn sie hatte heute den ganzen Tag ihr Netz ausgebessert und war nun müde, "du hast doch bis jetzt noch jedes Rätsel gelöst und die Zutat beschafft. Da würde ich mir um morgen keine Sorgen machen. Ohne dich ist's hier bestimmt ganz schön langweilig." Sie seufzte.

"Vielleicht verstehst du dich ja mit der neuen Maus," schlug Rosi vor. Sie wollte die Maus gerade mit Ingeborg bekannt machen, da bemerkte sie, dass die Maus eingeschlafen war. Leise hob sie ihre Schale mit der Milch auf und stieg zurück ins Baumhaus.

Als Rosi am nächsten Morgen an dem hohlen Baum ankam, in dem die Fee wohnte, glitschte gerade die eingebildete Schnecke aus der Buchenblatt-Tür und schnaubte Rosi kurz zu, bevor sie langsam in Richtung Wald weiterkroch. Vor ihr war, zu ihrem Entsetzen, ein Kobold, der jedoch gerade in den Baumstamm eintrat.
Rosi seufzte erleichtert auf.
Sie hatte wirklich keine Lust, sich schon wieder von einem Kobold auf den Arm nehmen zu lassen. Sie stellte ihre Tasche auf dem Boden ab und lehnte sich an den Stamm um zu warten. Nach einiger Zeit raschelte es im Gebüsch und eine Stimme pfiff ein Wichtellied, das Rosi vom Wichtelmarkt kannte.
Dann kam ein riesiges Kräuterbündel aus dem Wald. Was? Ein Kräuterbündel konnte doch nicht gehen?! Aber unter den Stilen der Kräuter ragten unverkennbar zwei Beine mit riesigen Füßen daran hervor.
"Großfüßel!" rief Rosi erfreut. "Hallo, ich bin's, Rosi!" Das Kräuterbündel ging in Richtung ihrer Stimme. Dann fiel es zu Boden

und gab den Blick auf einen äußerst erschöpften Großfüßel frei.
"Ich möchte wissen, wofür diese fette Fee alle diese Kräuter braucht. So viel kann die doch in zehn Jahren nicht zaubern. Guten Morgen, Rosi, bist du auf der Suche nach deiner letzten Zutat?"
"Ja, ich hoffe, ich bin bald wieder groß," sagte Rosi sehnsüchtig.
Da flog die Tür auf und der Kobold hüpfte aufgeregt aus dem Baum hervor und rannte an ihnen vorbei, dabei stieß er Großfüßel an der Schulter an, der erschrocken zur Seite stolperte und über sei Kräuterbündel fiel. Kopfschüttelnd stand er auf und klopfte die Erde von seiner Hose.
"Kobolde sind einfach schrecklich, nicht wahr?" fragte Rosi und schlenderte zur Tür. "Bis gleich."
Die dicke Fee trug heute ein zartgelbes Gewand aus einem fließenden Stoff und eine dazu passende spitze Mütze. Ihr fettes Doppelkinn ruhte auf ihrer dicken Brust. Gerade war sie dabei, mit dicken kleinen Patschhändchen ein Glas mit einer goldenen Flüssigkeit zu füllen.

"Hallo, Rosi, möchtest du auch ein Schlückchen Sonnenstrahlwein?"
Rosi lehnte ab, obschon sie nicht genau wusste, was das für ein Wein war. Sie überreichte der Fee die Apfelpastete, die sie noch in der Nacht gebacken hatte.
"Oh, Fee sei dank, endlich schenkt mir jemand was zu essen. Ich habe heute noch gar nichts zu essen geschenkt bekommen und ich habe doch solch einen Hunger. Gut, dass du etwas dabei hast. Sie aß direkt drei Stücke Pastete auf einmal und verschmutzte dabei ihr Kleid. Aber wie immer kümmerte sie sich nicht darum, sondern sprach einfach weiter.
"Du brauchst nur noch eine letzte Zutat für deinen kleinen Trunk und die will ich dir jetzt nennen:
    Tief unter der Erde, doch nicht vergraben,
    Nicht zu sehen, und doch zu finden,
    Nicht weit entfernt und leicht zu tragen,
    Dort wo die Wasser tiefer münden,
    wächst es nur im Dunkeln,
    dort wo die Flussgnome munkeln,
    Musst finden nur den unteren Teil,
    Dann ist dein Großwerd-Trank bereit."

Damit scheuchte die Fee Rosi aus ihrem Haus, denn sie habe heute noch eine große Entzauberung vorzunehmen. Als Rosi die Tür hinter sich schloss, sah sie auch, was die Fee gemeint hatte, denn neben Großfüßel stand eine beklagenswerte Kreatur, die halb Frosch, halb Hase war und sehr unzufrieden mit diesem Zustand zu sein schien.

Der Kopf der Kreatur war eindeutig der eines Frosches, allerdings hingen lange Hasenzähne an der Oberlippe vor und der Körper war zwar mit Hasenfell bedeckt, hatte aber lange geschmeidige Froschbeine. Rosi zwinkerte verwirrt mit den Augen. Die Kreatur sagte gerade zu Großfüßel: "Ja, ich weiß ja, dass ich furchtbar aussehe, aber ich kann doch nichts dafür. Eigentlich bin ich ein Zwerg, aber die Koboldhexe wollte einen neuen Zauberspruch ausprobieren und hat mich verhext und als sie mich dann gesehen hat, da fand sie, ich sähe so lustig aus, dass sie mich nicht mehr zurückhexen wollte. Ich gebe dir einen guten Rat: lass dich nie mit einer Kobolddame ein!"

Großfüßel nickte verständnisvoll. Jetzt war ihm auch klar, warum die Fee so viele Zauberkräuter brauchte! Er wuchtete sein Kräuterbündel hoch und trug es schwankend ins Baumhaus.

"Auf Wiedersehen, Rosi und viel Glück!" rief er Rosi nach und schon schlug die Tür hinter ihm zu.

Rosi ging wieder einmal sehr nachdenklich zurück zum Haus. Der Zauberspruch war wieder einmal mehr als rätselhaft. Während sie ging, sagte sie sich den Reim immer wieder auf, damit sie ihn nicht vergaß.

Aus irgendeinem Grunde hatte sie das Gefühl, dass sie diesmal eine Pflanze finden musste, denn die Fee hatte Ja gesagt, es wüchse irgendwo. Außerdem sollte sie den unteren Teil beschaffen, das bedeutete, dass sie vielleicht eine Wurzel ausgraben sollte. Vielleicht würde sie wieder das Moosweibchen fragen müssen, aber sie war schon zufrieden, dass sie nicht wieder ins Koboldgebiet gehen musste.

Als sie an dem Nest des Moosweibchens vorbeikam und gewohnheitsmäßig einen

Blick hineinwarf, blieb sie erstaunt stehen. Neben dem Moosweibchen im Nest saß noch ein anderes altes Mütterchen, das ebenfalls häkelte. Es fertigte eine Mütze mit zwei langen Bändern an.

"Na? Rosi, das hier ist meine Tante, die mir das Stricken beigebracht hat. Sie heißt Gustel und sie macht gerade eine Mütze für dich."

"Für mich?" fragte Rosi erstaunt.

"Ja, meinst du denn du kannst ohne Mütze herumlaufen? Bleib doch ein bisschen hier, sie ist gleich fertig," brummte Gustel und zeigte auf ein sonniges Fleckchen im Gras. Rosi ließ sich gehorsam darauf nieder und sah den beiden Weibchen beim Häkeln zu.

"Warst du wieder bei der Wichtelfee?" wollte Rosel wissen.

"Ja, und sie hat mir wieder einen Spruch gegeben, den ich nicht verstehe." Und Rosi sprach den beiden Strickenden den Spruch vor.

"Ach, du armes Kindchen, da musst du wohl zu den Gnomen wandern. Die leben in einem tiefen Brunnen." Gustel begann mit dem zweiten Band der Mütze.

"Hm, tja, was sind denn die Gnome so für Leute?" fragte Rosi ratlos. "Sind die so wie die Kobolde?"

"Oh ha!" rief Rosel und die beiden Moosweibchen begannen gackernd zu lachen. Von dem Geräusch aufgeschreckt, flatterten ein paar kleine Vögel aus dem Gebüsch empor. Es hörte sich wirklich seltsam an, wenn Moosweibchen lachten, dachte Rosi.

"Gnome sind mit uns Moosleuten verwandt, allerdings verstehen wir uns die letzte Zeit nicht so gut, denn sie sind immer schrecklich mürrisch und schlecht gelaunt und außerdem waschen sie sich nicht. Manchmal denke ich, ich gehe sie gar nicht mehr besuchen, aber dann beschweren sie sich, weil sie keine Strickkleider mehr von uns bekommen. Gnome sind schon seltsame Gesellen."

"Wie komme ich denn ins Gnomengebiet?" fragte Rosi, die schon ahnte, dass ein neuer langer Marsch bevorstand.

"Du gehst einfach wie zum Wichtelmarkt, aber dann links und um eine Birkengruppe herum und dann bist du schon im Gno-

mengebiet. Der Brunnen steht dort irgendwo. In früheren Zeiten haben die Menschen dort Wasser geholt, als sie noch im Wald lebten. Aber seit ein paar hundert Jahren geht da niemand mehr hin, außer uns Moosweibchen, denn die haben da ein ganz wunderschönes Moos."
"Wenn du da bist, kannst du uns gerade ein bisschen von dem Moos dort mitbringen," fügte Rosel hinzu.
Dann bekam Rosi die neue Mütze, die sie sofort aufsetzen und zubinden musste. Außerdem musste sie versprechen, dass sie die Mütze immer schön auf dem Kopf ließ. Rosi schwitzte jetzt schon unter der Mütze, aber sie wollte die beiden freundlichen alten Weibchen nicht erzürnen und so ging sie tapfer mit der Mütze auf dem Kopf nach Hause.
"Schaut mal, wie die Rosine aussieht!" kreischte Murks begeistert.
"Oh je! Sieht das so doof aus!" ergänzte Quarks und die zwei Wichtel schlugen sich auf die Schenkel vor Lachen. Auch die neue Maus Hulla blickte neugierig auf und schlug ihre schönen langen Augenwim-

pern nieder, als wolle sie nicht, dass Rosi das Lachen in ihren Augen sah.

"Oh, Rosine, du siehst aus wie ein Haubentaucher-Vogel mit dieser dämlichen Mütze!"

"Noch dümmer!"

Rosi ging das Gelächter der zwei Wichtel unerträglich auf die Nerven, vor allem weil sie auch wusste, dass sie nicht gerade sehr elegant mit ihrer Kopfbedeckung aussah. Aber sie war gerührt von dem Geschenk, dass sie erhalten hatte und Geschenke musste man immer in Ehren halten.

Sie hob den Kopf und entgegnete in ihrer hochnäsigsten Stimme:

"Es ist mir ganz egal, was ihr zu meiner Mütze sagt. Ich habe sie eben von den zwei Moosweibchen bekommen und euch haben sie keine Mützen geschenkt, weil ihr immer so frech seid. Ich aber habe eine schöne Mütze bekommen, die mich im Winter gut warm hält. Ihr seid ja nur neidisch."

Die Wichtel schauten sich an und brachen wieder in schallendes Gelächter aus, sie konnten sich kaum beruhigen.

"Hach! Wenn ich doch nur auch so saudumm aussehen würde!" Murks tat als müsse er gleich weinen vor Neid und es folgte ein neuer Lachanfall.

Rosi wurde es zu dumm, sie drehte sich um und schnappte sich die Leine von Hulla.

"Los! Wir gehen jetzt zu den Gnomen, ich muss dort in einem Brunnen eine Pflanze finden. Ich möchte, dass ihr mitkommt, denn allein will ich nicht so weit gehen."

"Weit?"

"Gehen?"

Die Wichte waren entsetzt bei der Aussicht schon wieder einen langen Marsch machen zu müssen. Aber Rosine achtete nicht darauf. Sie drehte sich zum Baumhaus herum und rief Ingeborg heraus, die verlassen vor der Tür erschien und zu ihnen herunterschaute.

"Was ist denn los?" kam ihre dünne Stimme von oben.

"Kannst du uns den großen Apfelkuchen herunterlassen, den ich gestern Nacht gebacken habe?"

Ingeborg fertigte blitzschnell einen festen Spinnenfaden an und ließ einen herrlich

duftenden Apfelkuchen herunter. Die Wichtel bekamen Hunger und wollten sich auf den Kuchen stürzen, aber Rosi steckte den Kuchen schnell in ihren Sack.
"Davon bekommt ihr nur etwas, wenn ihr mit zu den Gnomen geht. Unterwegs können wir ja ein Picknick machen."
"Rosine! Wie kannst du nur denken, wir würden dich alleine eine so weite Strecke machen lassen! Wir gehen selbstverständlich mit dir. Kommt nicht in Frage, dass du allein zu den Gnomen gehst." Beeilte sich Murks zu sagen.
"Oh ja, wir werden natürlich auf dich aufpassen. Hast du wirklich gedacht, wir würden nicht mitkommen, du bist doch unserer Freundin," sagte Quarks treuherzig.
Rosi lächelte grimmig. "Ich wusste doch, dass ihr mitkommt," sagte sie und schnitt den Wichteln eine Grimasse.

Zuerst durfte Murks auf der Maus reiten, dann stieg er ab und ließ Quarks weiterreiten und zum Schluss ritt Rosi auf der freundlichen Hulla. Der Platz, auf dem der Wichtelmarkt stattgefunden hatte, lag jetzt ver-

lassen da und die Reisegefährten setzen sich auf die Wiese und aßen den Apfelkuchen. Auch Hulla aß ein Stück davon.
Dann bogen sie links ab und erreichten die Birkengruppe. Unter einer Birke stand eine kleine, rundliche Gestalt. Sie hatte vor allem einen dicken Bauch und war nicht sehr hübsch anzusehen. Wie Rosi bereits von Weitem feststellen konnte, hatte es auch kaum Haare, dafür war sein gesamter Körper von einem tiefen, hässlichen Olivgrün.
"Siehst du, Rosi, das ein Gnom. Die sind hässlich, was?" meinte Murks, der gerade auch der Maus reiten durfte und wies mit dem Kinn auf die dicke Person. Auch als sie näher kamen, bewegte sich der Gnom nicht von der Stelle, sondern blickte ihnen ausdruckslos entgegen. Er trug eine kurze karierte Hose, die viel zu eng für den beleibten Körper war und kein Oberteil. Obwohl der Gnom kaum Haare hatte, schien er noch relativ jung zu sein.
"Guten Tag," grüßten die Wichtel ihn freundlich.
Der Gnom machte ein Gesicht, als wäre gerade ein Schwarm Steckmücken auf ihn

zugeflogen. Zur Begrüßung gab er einen unverständlichen Grunzlaut ab. Rosi ging vorsichtig an das kleine Männchen heran. Es reicht ihr gerade bis zur Schulter.
"Wir suchen den Gnomenbrunnen, kannst du uns da helfen?"
Der Gnom musterte Rosi von oben bis unten. Rosi wusste, dass sie ein sehr hübsches Mädchen war, aber der Gnom sah aus, als habe man ihm gerade einen schimmligen Käse hingestellt.
"Hhmmm;" sagte er schließlich. Er musste sich wohl erst überlegen, ob er ihnen eine Auskunft geben wollte. Dann antwortete er mit nasaler Stimme:
"Warum ...äh...sollte ich euch denn helfen wollen. So wie ihr aussieht, seid ihr wohl Wichtel und ich finde Wichtel ziemlich nervig, weil sie immer gut gelaunt sind und dazu sind sie ziemlich hässlich mit den ganzen Haaren auf dem Kopf und diesem dünnen Körper." Er blickte missbilligend an den zwei Wichtelbrüdern herunter. "Aber du hast eine schöne Mütze auf dem Kopf, darf ich sie mal anprobieren?"

Rosi zog sich zögernd die Mütze vom Kopf, denn sie war sich nicht so sicher, ob sie dem Gnom gerne ihre Mütze überlassen würde, selbst wenn es nur für kurze Zeit war. Der Gnom strömte einen sonderbaren Geruch aus, wie von brackigem Wasser.
Vor den staunenden Augen der Wichtel nahm der Gnom die Mütze und zog sie sich über den Kopf. Eigentlich war die Mütze ja eine Mädchenmütze, aber bei Gnomen wusste man ja nie: Vielleicht trugen hier auch Jungen solche Mützen. Aber der Gnom zog die Mütze wieder aus und reichte sie Rosi, die sie widerstrebend wieder aufsetzte. Dann zog der Gnom aus seiner Hosentasche eine ähnliche Mütze und setzte sie auf seinen dicken Kopf.
"Ich habe auch so eine Mütze, hat mir mal ein Moosweibchen gemacht."
"Ach, das war bestimmt Rosel oder Gustel, die kenne ich, sie wohnt bei uns um die Ecke."
Der Gnom blickte Rosi starr an, sagte aber nichts.
Dann zeigte er zögernd in eine Richtung.

"Zum Gnomenbrunnen müsst ihr da lang, bisschen geradeaus, dann müsst ihr noch mal fragen. Eigentlich gebe ich Wichteln keine Auskünfte. Habe mal eine Ausnahme gemacht." Damit drehte er sich ohne Gruß herum und watschelte auf hässlichen plumpen Füßen in den Wald zurück, ohne sich zu verabschieden.

"Ohne meine Mütze hätte er uns nie den Weg gezeigt," sagte Rosi in Richtung ihrer zwei Begleiter. Aber die kicherten nur und rissen Witze über das Aussehen der Gnome. "Könnt ihr euch vielleicht ein bisschen leiser unterhalten?" fuhr Rosi sie erzürnt an. "Wie ihr vielleicht wisst, sind wir hier im Reich der Gnome und wenn die hören, was ihr über sie sagt, kommen wir nie zum Brunnen."

"Och, Rosine, was bist du denn wieder so schlecht gelaunt?" fragte Murks. "Das war bestimmt der Einfluss von diesem motzigen grünen Kerl. Ich möchte bloß wissen, wie die es miteinander aushalten, so mieselprimelig, wie die immer sind. Das sind richtige schlecht gelaunte alte Miesmuscheln....."

"Bist du jetzt bald still! Da vorne gehen zwei Gnome, die dich hören könnten!" Rosi zeigte auf zwei kleine dicke Gestalten, die einige Meter vor ihnen den Weg entlang trampelten und dabei auf ihren dicken Füßen kaum das Gleichgewicht halten konnten.

"Puh, was fette,..." begann Murks, doch Rosine hielt ihm einfach den Mund zu. Dann zog sie ihn hinter einen Baum und wartete bis die zwei Gnome davongewatschelt waren. Erst als die Luft wieder ein war, ließ sie den zappelnden Wichtel los. Der fing prompt an zu schreien.

"Du bist gemein, du verstehst überhaupt keinen Spaß, außerdem hast du kein Recht, mir einfach den Mund zu zuhalten. Wenn du das nochmal machst....."

"Ich bin gemein? DU bist gemein, du willst die Gnome beschimpfen und dann finden wir den Gnomenbrunnen nicht und ich kann nie mehr...."

"Ach, dieser dumme Brunnen. Man muss im Leben auch mal ein bisschen Spaß haben, aber du, die Frau Prinzessin Rosine-Terrine kannst über NICHTS lachen, du bist richtig langweilig..."

"Ich bin nicht langweilig, ich bin gut erzogen, und du, du bist ein frecher,...."

"Gut erzogen, ha ha ha ha, na und? Was hast du davon? Wann lachst du mal? Hast du einmal gelacht, seit du uns kennst? Hm?"

"RRRUHE!" Der Schrei kam von irgendwoher aus dem Wald und Murks und Rosine, die vor lauter Streiten ganz rote Gesichter bekommen hatten, holten tief Luft. Aus dem Birkenwäldchen, das sie gerade verlassen hatten, schritt eine kleine fette Gnomendame und kam schnell auf sie zugewatschelt.

"So ein Geschrei, das darf ja wohl nicht wahr sein! Wie kann man sich denn nur so streiten. Was seid ihr nur für komische Gesellen! Ich dachte, Wichtel wären so freundlich und so gut gelaunt und was muss ich da hören? Ihr seid doch Wichtel oder nicht?"

"Ja."

"Nein." Sagten Rosi und Murks gleichzeitig und Quarks, der es immer sehr genau

nahm, zeigte auf Hulla und sagte: "Sie ist auch kein Wichtel, sie ist eine Maus."
Das Gnomenfräulein sah Quarks nachsichtig an.
"Natürlich ist das eine Maus! Was wollt ihr denn bei uns?"
Rosi fasste sich als Erste wieder. Sie zwang sich zu einem freundlichen Lächeln und erklärte der Gnomin:
"Ich bin kein Wichtel, ich wurde nur kleingezaubert und wenn ich mir diese beiden Wichtel so anschaue, dann weiß ich auch, warum ich keiner sein möchte." Bei diesen Worten holte Murks schon Luft, um etwas zu sagen, aber Rosi sprach schnell weiter.
"Aber um wieder ein großer Mensch zu werden, muss ich eine Pflanze aus dem Gnomenbrunnen zur Fee Melusina bringen und außerdem muss ich auch den Moosweibchen ein bisschen Moos mitbringen...." Rosi wusste nicht mehr weiter.
"Aha", sagte die Gnomenfrau. "Ich weiß, welche Pflanze du da brauchst, ich bin nämlich eine Kräutergnomin."
"Was?!" fragte der dumme Quarks.

"Ich sammle Kräuter und heile damit die kranken Gnome. Ich gehe fast jeden Tag zum Brunnen, denn da wachsen die besten Kräuter. Aber manchmal gehe ich auch zu den Holzwurms in die Gärtnerei oder lasse sie mir von diesem Jungen mit den großen Füßen bringen."
"Von Großfüßel?"
"Ja, so heißt der, glaube ich, seltsame Namen habt ihr Wichtel, das muss ich schon sagen."
"Wie heißt du denn?" fragte Murks und Rosine schwante Böses, darum kniff sie Murks beschwörend in den Arm.
"Rülps," machte die Gnomenfrau.
"Willst du uns nicht sagen, wie du heißt? Ich heiße Murks und das ist mein Bruder Quarks und dieses Menschenkind hier heißt dooferweise Rosine." Stellte Murks sie vor.
"Ich habe euch doch gerade gesagt, wie ich heiße," erwiderte das Gnomenfräulein. "Mein Name ist Rülps."
Rosines Kniff hatte nichts genutzt, denn Murks ließ sich nicht davon abhalten, seine Meinung zu diesem Namen abzugeben.

"Du meinst, du heißt wirklich Rülps, so wie das ...äh....Geräusch, wenn man mal ....na ja...rülpsen muss? Wenn es einem im Magen zwickt und man ein paar stinkige Gase aus dem Mund blasen muss?"
Rosi rollte die Augen gen Himmel. Gleich würde man sie aus dem Birkenwald herausjagen und dann würde sie allein und verkleidet wiederkommen und sich für ihre Freunde schämen müssen. Aber die Gnomin schien überhaupt nicht beleidigt zu sein.
"Ja, so heiße ich, ist das nicht hübsch?"
Murks schaute die Gnomendame Rülps seltsam an, sagte aber nichts.
Rülps hatte breite Hüften und einen dicken Bauch, der über ihre Schürze hing. Sie trug ausgetretene Schuhe aus braunem Stoff und in der Hand hielt sie einen Korb mit Kräutern. Ihre Haut war hellgrünlich-gelblich und wenn sie lachte, konnte man kleine, verfaulte Zähne in ihrem Mund sehen.
Rülps war so hübsch wie ihr Name, aber den Wichteln war klar, dass Rülps sie zu dem Brunnen bringen konnte.

Sie setzten ihren Weg fort und Murks und Rosi warfen sich giftige Blicke zu. Das Gnomenfräulein sprach überhaupt nichts mehr, denn sie war ja eine Gnomin und immer schlecht gelaunt. Gegen die Mittagszeit erreichten sie den Gnomenbrunnen ohne bisher weitere Gnome gesehen zu haben.
"Da ist der Brunnen," sagte Rülps unwillig und deutete auf einen runden Steinkreis im Boden, auf dessen Rand zwei Gnomenkinder saßen und sich gegenseitig boxten. Über dem Brunnen wölbte sich die Kröne eines riesigen Baumes, sodass es hier immer schattig war und auch kühler. Aus der Tiefe des Brunnens kamen gurgelnde Geräusche von dem Wasser, das hier floss und die Stimmen einiger Brunnengnome, die die schlammigen Tiefen am Grund des Brunnens bewohnten.
Rosi lief zum Brunnen und beugte sich über den Rand um hinunter zu blicken. Ganz unten nahm sie eine Bewegung wahr aber viel konnte sie nicht erkennen, denn der Brunnenschacht war sehr tief und je tiefer man kam, desto dunkler wurde es.

"Haaaalllooooo!" rief sie in den Brunnen hinein und horchte auf eine Antwort. Zunächst hörte sie nur das Echo ihres Rufes aus der Tiefe heraufwehen. "Haalloooo! und dann noch einmal leiser "Halllooooo!" Dann rief eine gurgelnde Stimme:
"Hau ab und lass uns in Ruhe!"
"Ruuheee!"
"Ruuheee!"
"Ich möchte doch nur eine Pflanzenwurzel aus euerem Brunnen haben!" schrie Rosi hinunter. An Rülps gewandt, die sich an den Brunnenrand gelehnt ausruhte, fragte sie: "Wie heißt die Pflanze eigentlich?"
"Wenn du sie für einen Zaubertrank brauchst wird es wohl Furzwurzel sein," meinte Rülps mürrisch.
"Ich brauche ein Stück Furzwurzel!" schrie Rosi hinunter.
"Furzwurzel!"
"Furzwurzel!" kam es leise zurück. Sie wartete auf Antwort.
"Schieb's dir ins Knie!"
"Knie!"
"Knie!"

Rosi drehte sich fassungslos zu Rülps um.
"Hast du das gehört?"
Bevor sie ihn daran hindern konnte, hatte Murks sich ebenfalls über den Rand gebeugt und rief in die Tiefe:
"Hallo, ihr blöden Brunnengnome, ihr seid wahrscheinlich viel zu fett und blöd um die Furzwurzel heraufzubringen. Ihr habt so dicke Bäuche, dass ihr eure Knie ja schon gar nicht mehr darunter sehen könnt!"
"Sehen könnt!"
"Sehen könnt!"
Rosi gab es auf. Jetzt würde sie ihre Furzwurzel nie mehr bekommen. Sie hatte auch überhaupt keine Kraft mehr, sich mit Murks zu streiten. Da sah sie, wie Rülps ein dickes Bein über den Brunnenrand schwang.
"Was machst du denn da?" fragte Rosi.
Rülps stellte ihren Fuß auf die erste Sprosse einer kleinen Leiter, die in die Tiefe zu führen schien.
"Was mache ich wohl, hm?" sie kletterte einige Stufen herab. "Ich spiele jetzt ein bisschen Schach mit den Gnomen da unten!"

Rosi wurde rot. Ganz augenscheinlich war Rülps dabei, in den Brunnen hinabzusteigen, um ihre Kräuter zu suchen.
"Haben die da unten ein Schachbrett?" fragte der dumme Quarks.
Rülps rollte die Augen gen Himmel, dann verschwand ihr Kopf hinter der Brunnenwand.
"Rülps hat nur einen Spaß gemacht," erklärte Rosi dem verwirrten Quarks, dann schwang sie entschlossen auch ein Bein über den Rand und kletterte Rülps hinterher.
"Kommt ihr nicht mit?" rief sie zu den beiden Wichteln hinauf, aber die schüttelten energisch die Köpfe. Sie hatten überhaupt keine Lust, in einen tiefen, dunklen Brunnen voller mürrischer Gnome hinabzuklettern. Sie gaben Hulla ein paar Körner und warteten oben auf ihre Freundin.

Rosi hielt sich zitternd am Rand der Leiter fest und versuchte, nicht nach unten zu blicken, denn dann würde sie sich nur wegen der großen Höhe ängstigen. Nach oben wollte sie auch lieber nicht blicken, denn dann sah sie, wie weit sie schon vom Sonnenlicht entfernt und in dem stinkigen Brunnen vorangekommen war.

Unter sich hörte sie Rülps vor Anstrengung keuchen. Vor ihr befand sich die braune schmuddelige Wand des Brunnenschachtes. Wasser lief daran herab und Baumwurzeln schauten an manchen Stellen daraus hervor. Rosi kletterte immer tiefer in den dunklen engen Schacht, doch plötzlich berührten ihre Füße festen Boden und Rosi staunte. Sie hatte gedacht, sie würde im Wasser landen. Aber dann sah sie, dass direkt neben ihr das Wasser war, nur ein breiter Rand war frei. Hier saßen einige Gnome und unterhielten sich oder schliefen.

Auf der anderen Seite des Wassers stand Rülps und zupfte ein paar Pflanzen aus, die hier aus der Wand wuchsen und steckte sie in ihren Korb. Rosi ging um den See in der Mitte des Brunnenbodens herum und drückte sich vorsichtig an den Gnomen vorbei aber die Gnome beachteten sie gar nicht sondern taten als sei sie gar nicht da. Rosi erreichte Rülps und fragte schüchtern.

"Rülps, würdest du mir die Furzwurzelpflanze zeigen? Dann kann ich mir ein Stück mit hinaufnehmen."

Rülps zeigte auf eine kleine Pflanze mit kleinen dunklen Blättern ohne Blüten, die sich vor Rosi in die Wand gegraben hatte. Rosi riss daran und zog die Pflanze mitsamt der Wurzel aus der feuchten Erde. Die Wurzel war grauweiß und ziemlich lang und Rosi steckte sie beglückt in ihre Rocktasche.

"Rülps, darf ich dich noch was fragen?"

"Das tust du doch gerade!"

"Warum sitzen hier unten so viele Gnome? Wohnen die hier?"

Rülps lachte. "Du weißt doch, dass Gnome sich nach Sonnenuntergang in dicke Steine verwandeln. Tagsüber lieben sie die Dunkelheit und die Stille. Darum ziehen sie sich gerne an dunkle unzugängliche Orte zurück, wie diesen Brunnen. Hier schlafen sie etwas oder unterhalten sich und wenn es Abend wird, dann kommen sie aus ihren Löchern hervor und werden zu Steinen."

Rosi fand das sehr seltsam. Sie hatte gedacht, Gnome würden wie die Wichtel in geheimen, versteckten Häusern wohnen.

Rülps hatte unterdessen ihren Korb fast gefüllt und lief um den See herum, um wieder hoch zu klettern.
"Rülps?"
"Was ist denn jetzt schon wieder?"
"Warum kommst du denn hierher, um deine Kräuter zu sammeln?"
"Man sammelt die Kräuter dort, wo sie wachsen."
"Ist hier der einzige Platz, wo Furzwurzel wächst?"
"Vielleicht nicht."
"Und die anderen Kräuter?"
Rülps war an der Leiter, die nach oben führte angelangt und wartete bis sich ein besonders dickes Gnomenmännchen herabgelassen hatte und drehte sich zu Rosi um, in ihrem Gesicht stand äußerste Ungeduld.
"Ich mag keine Kinder, die einen ständig irgendwelche dumme Dinge fragen."
Damit ergriff sie die Leiter und begann daran heraufzuklettern. Rosi folgte ihr langsamer. Langsam kam es ihr so vor, dass sie Glück gehabt hatte, an zwei Wichtel gera-

ten zu sein, als sie sich im Wald verirrte und nicht an übellaunige Gnome oder Kobolde.

Das Erste, was sie sah, als sie über den Rand des Brunnens blickte, war Hullas nasse Schnauze, dann sah sie die zwei Wichtel, die sich gemeinsam über die Reste des Apfelkuchens hermachten.
"Na? Hast du deine Wurzel? Wie war's denn da unten in dem Brunnen?" wollten sie wissen.
"Schön," sagte Rosi kurzangebunden, denn sie war immer noch etwas böse auf Murks. "ich bin müde, lasst uns nach Hause gehen!"
"Aber....aber..." die Wichtel sprangen verdutzt auf "freust du dich denn nicht? Du hast doch jetzt alle Dinge zusammen, die du für einen Zaubertrank brauchst, mit dem du wieder groß werden kannst, ist das nicht schön?"
Da wurde Rosi klar, dass sie tatsächlich wieder groß werden konnte, wenn sie das gerne wollte.
"Wenn du willst, kannst du schon morgen Abend wieder in deinem Prinzessinnenbett

liegen und musst uns nie nie nie wieder Frühstück machen."
"Oder die Betten ausschütteln!"
"Oder die Küche putzen!"
"Oder die Böden fegen!"
"Oder die Wäsche machen!"
"Oder Essen kochen!"
"Könnt ihr jetzt nicht mal Ruhe geben?" fragte Rülps genervt. "Ich muss jetzt weiter. Ich bin auf dem Weg zu einer Gnomenfamilie, die erkältet ist. Haben wieder nachts zu lange im Freien gestanden!"
Rülps drehte sich um und watschelte mit ihren ungeschickten Füßen den Weg zurück, den sie gekommen waren.
"Warte, Rülps! Wir begleiten dich noch ein Stück!" schrien die Wichtel, die sich einen Spaß daraus machten, Rülps zu nerven.
"Bloß nicht!" rief Rülps abweisend. Aber jeder konnte sehen, dass sie sich in Wirklichkeit über die Gesellschaft freute. Rosi sammelte einige besonders dichte Moose für das Moosweibchen und steckte sie in ihre Tasche. Erst an dem Birkenwäldchen trennten sich die Wichtel, die Maus und Rosi von der Gnomendame. Die Dämmerung war

schon hereingebrochen und Rülps machte vor einem dicken unförmigen Stein unter einer der Birken Halt.
"Na? Wo tut's denn weh?" hörten sie ihre Stimme aus dem Dunkeln, als sie mit dem Stein sprach.
Aber die Freunde beeilten sich nun, nach Hause zu kommen, denn im Dunkeln wollten sie nicht gerne durch den Wald gehen. Außerdem machte sich Ingeborg zu Hause bestimmt schon Sorgen. Sie nahmen die Maus an der Leine und marschierten in Richtung Baumhaus.

Der folgende Morgen brachte den Nieselregen, den die Wichtel so sehr liebten. Früher als sonst verlangten sie ihr Frühstück und hüpften hinaus, um sich etwas in den Schlamm zu legen. Rosi dagegen wusch das schmutzige Essgeschirr ab und räumte die Küche auf.
Denn vielleicht war dies das letzte Mal, dass sie dies tat, dachte sie sich.
Plötzlich war sie sehr traurig, dass sie ihre neuen Freunde verlassen musste. Sie weckte Ingeborg, die ihr dabei half, alle Zutaten

für den Zaubertrank, den die Fee heute brauen würde, zusammen zu tragen:
Die Furzwurzel wurde in einen Sack gesteckt, der Tau vom Tausendgüldenkraut und die Mausemilch wurden in Nussschalen transportiert und auch die Zaubereichel kam in einen Sack.
Ingeborg und Rosi banden alle Säcke und Schüsseln auf der Maus fest, dann machten sich der faule Murks, der dumme Quarks, Ingeborg und Rosi auf den Weg zu der Fee Melusine.
Murks und Quarks waren vollkommen mit brauner Erde beschmiert und bewarfen sich gegenseitig mit Schlamm. Aber heute schimpfte Rosi nicht mit ihnen, denn sie würde die schmutzigen Kleider ja nicht mehr waschen müssen.
Sie würde heute Abend in ihrem goldenen Himmelbett liegen und ihre Dienerin brächte ihr noch eine heiße Schokolade. Vielleicht würde sie allerdings auch nicht so schnell aus dem Wald herausfinden und im Wald übernachten...

Vor dem Haus der Fee herrschte heute überhaupt kein Betrieb, denn die Fee hatte alle Wartenden nach Hause geschickt, weil sie Zeit für die Zubereitung des Trankes brauchte, der Rosi wieder groß machen sollte.
Rosi schenkte der Fee heute einen Pudding, den sie mit der Mäusemilch gekocht hatte. Dann führte die Fee sie hinter den hohlen Baumstamm, in dem sie sonst wohnte. Hier brannte ein knisterndes Feuer, über dem sie einen großen Kesse aufgehängt hatte.
In dem Kessel blubberte geheimnisvoll eine grüne Flüssigkeit, aus der große Blasen aufstiegen und an der Oberfläche platzten.
"Das kommt in jeden Zaubertrank," erklärte Melusina und wies mit dem Daumen auf den Kessel. Dann biss sie herzhaft in ein Butterbrot, das sie dabei hatte.
"Das ist...mampf....sozusagen...mein.....hmm ....altes Geheimrezept, rlps. Das kann ich euch nicht verraten, ich sage nur, es sind keine giftigen Dinge darin."

Rosi war das egal, sie hätte wahrscheinlich auch Gnomenschweiß getrunken, wenn sie das wieder groß gemacht hätte.
"Zuerst muss ich die Eichel hineingeben."
Rosi überreichte der Fee die Eichel, während die anderen gespannt zuschauten. Die Fee warf die Eichel in den Topf und tanzte dreimal um das Feuer herum. Dabei schwabbelte ihr dicker Körper auf und ab und sie sang:

> "Zaubernuss macht großen Fuß,
> Mach, dass sie zur Riesin wird,
> Und ihr Wichtelmaß verliert."

Dann schüttete sie die Milch und den Tau in den großen Kessel und murmelte:

> "Mausemilch und Zaubertau,
> Tirilirilarilau."

Und sie ließ die Zauberwurzel in den Sud fallen.

> "Wurzel groß den Körper macht,
> Und die Prinzessin wieder lacht."

Sie stampfte dreimal mit dem Fuß auf und die Brühe in dem Kessel begann seltsam zu zischen.

"So jetzt ist er fertig, jetzt kannst du ein Schlückchen nehmen."

Rosi näherte sich unbehaglich dem Kessel, sie nahm einen Schöpflöffel und beugte sich über den grünen Trunk, in dem allerlei seltsame Dinge zu schwimmen schienen. Sie sah eine kleine Vogelkralle, ein paar Knochen und etwas, das aussah wie Spinat. Ängstlich tauchte sie den Löffel ein. Der Kessel gab wieder ein zischendes Geräusch von sich.

"Hm....vielleicht ist es noch ein bisschen heiß"; sagte sie zu der Fee, denn sie war sich nicht sicher, ob sie DAS trinken wollte.

"Och, nein, das kannst du ruhig schon trinken," antwortete diese.

Rosi zögerte.

"Na, willst du jetzt wieder groß werden oder nicht?" schrie Murks ungeduldig, der sehen wollte, wie aus Rosi ein richtiger, großer, hässlicher Mensch wurde.

"Ja, was ist denn jetzt?" fiel Quarks ein.

"Denk an dein Bett!" rief Ingeborg.

"An die heiße Schokolade!" kreischte Murks.

"Und an die Diener!" schrie Quarks.

"Und an all die schönen Kleider!" sagte die Fee zwischen zwei Bissen Butterbrot.

Da merkte Rosi, dass ihr alle diese Sachen überhaupt nichts bedeuteten. Sie machte sich einfach nichts mehr daraus. Freunde waren viel wichtiger als solche Dinge. Freunde und Geschwister.

Sie nahm einen großen Löffel voll Trunk in den Mund und dann noch einen. Den Geschmack bemerkte sie gar nicht, denn jetzt begann das Großwerden. Ihre Hand wurde vor ihren Augen größer und größer. Jetzt war sie schon dicker als der Kessel und jetzt dicker als die Spinne. Rosi wuchs und wuchs, sie wurde größer als Murks und als Quarks, sie wurde wieder so riesig wie ein Mensch. Sie umfasste den Kessel, der in ihrer Hand nun winzig aussah und trank ihn mit einem Schluck leer.

Von Weitem hörte sie die Fee singen:

"Wachse, wachse, werde riesig,
Wird so groß, wie du warst immer,
Und wenn's erreicht ist, dann schließ' ich,
den Zauber und wiederhol' ihn nimmer."

Dann sank das Gras vor ihren Augen immer tiefer, bis es ihr schließlich nur noch bis zu den Fußknöcheln reichte. SIE WAR WIEDER GROSS! Sie war wieder ein Mensch! Murks, Quarks und Ingeborg reichten ihr nur noch bis an die Waden. Darum ging sie in die Hocke, um sie besser zu sehen und winkte ihnen zu.
"Auf Wiedersehen!" rief die treue Ingeborg, die hoffte, dass sie Rosi irgendwann einmal wieder sehen würde.
"Komm gut nach Hause!" schrie die fette Fee zu ihr hinauf und Murks und Quarks mussten sogar weinen. Murks reichte seinem Bruder ein schnuddeliges Taschentuch und schnäuzte sich selbst in seinen Hemdärmel.
"Vergiss uns nicht!" krakelte Quarks mit weinerlicher Stimme. Die Wichtel, die Fee

und die Spinne stellten sich zu einer Gruppe zusammen und winkten ihr zurück.

"Da fängt der Weg wieder an," rief Melusina ihr nach und zeigte mit dem Butterbrot in eine Richtung. "Besser du gehst jetzt los, sonst wird es dunkel."

Rosi drehte sich um und lief in die Richtung, die die Fee ihr gezeigt hatte. Sie staunte, wie schnell man vorankam, wenn man groß war.

Nach einiger Zeit fand sie den Weg zurück wieder, den sie mit ihren Brüdern gekommen war. Sie folgte dem Weg und lief und lief und achtete nicht darauf, dass sie müde wurde und ihre Lungen von dem schnellen Rennen schmerzten. Ihr Atem ging ganz stoßweise und sie musste sich an einem Baum abstützen.

Langsam wurde es dunkel. Über sich konnte sie schon die ersten Sterne funkeln sehen. Da sah sie, dass sich vor ihr die Bäume etwas lichteten und den Blick auf ein großes Gebäude freigaben. Im ersten Mondschein erkannte sie das Schloss ihrer Familie. Zu Hause, dachte Rosi glücklich und lief auf die erleuchteten Fenster zu.

Auf der Suche nach dem Wichtelschatz

Fibius und Delfine blickten sich vorsichtig um. Delfine spitzte um die Ecke der Tür zum Gang: Niemand war zu sehen. Jetzt in der Nacht war alles im Wichtelhaus dunkel und verlassen.
Aus dem Kinderschlafzimmer drang der gleichmäßige Atem der schlafenden Wichtelkinder an ihr Ohr. Sie mussten wirklich ganz leise sein.
"Im Gang ist niemand zu sehen," flüsterte Delfine.
"Gut, hast du deine Kleider?" fragte Fibius ebenso leise.
"Ja, und unseren Proviantsack."
"Dann lass uns gehen!"
Ganz vorsichtig tappten sie auf bloßen Füßen über den Gang. Delfine hatte nur ihr Nachthemd an. Sie war gerade elf Jahre alt geworden und sie trug wie alle Wichtelmädchen ihr hellbraunes Haar zu drei Zöpfen geflochten. Ihre Kleider und den Sack mit dem Essen drückte sie fest an ihr pochendes Herz.

Hinter ihr folgte Fibius, ein schlauer blonder Wichteljunge von zwölf Jahren. Auch er hatte seine Kleider und einen dicken Sack mit Essen dabei.

Sie schlichen ohne einen Laut an der Küche vorbei und an den Schlafzimmern, in denen die erwachsenen Wichtel schliefen. Es war sehr wichtig, dass sie heute Nacht ganz leise war, denn sie wollten aus dem Wichtelhaus ausreißen.

Jetzt hatten sie die Haustür erreicht. Delfine musste ihren Proviantsack unter den Arm klemmen, um eine Hand frei zu haben, mit der sie die Tür entriegeln konnte. Sie mühte sich mit dem schweren rostigen Riegel ab. Hinter ihr beobachtete Fibius den leeren Gang, um sie warnen zu können, falls ein Wichtel vorbeikäme.

Aber es ließ sich niemand blicken, alle Wichtel schienen fest zu schlafen. Da zerriss ein lautes, dumpfes Geräusch die Stille: Delfine war der Sack mit dem Proviant aus dem Arm gerutscht und hinuntergefallen. RRRumps! Das Geräusch schien viel lauter zu sein, als es tatsächlich war.

Delfine hielt den Atem an. Oh je, jetzt würde man sie gleich erwischen. Sie und Fibius wollten so gerne ausreißen und jetzt konnte alles schief gehen.

"Du Nieswurz, du Waldschwein!" schimpfte Fibius.

Sie warteten. Irgendein Wichtel schimpfte im Traum vor sich hin, dann war wieder alles still.

"Sie haben's nicht gehört," stellte Delfine fest.

"Wurzel sei dank!" Fibius atmete geräuschvoll aus.

Delfine schob den Riegel zurück und sie schoben sich durch die Tür hinaus ins Freie. Draußen war es ziemlich kalt und die beiden Wichtelkinder begannen in ihren dünnen Kleidern zu frieren. Schnell zogen sie die Kleider darüber, die sie mitgebracht hatten.

Fibius' Atem bildete eine kleine Wolke in der kalten Nachtluft. Er keuchte vor Anstrengung, denn nun galt es keine Zeit mehr zu verlieren.

"Ganz schön kalt für Oktober!" jammerte er.

"komm schon, nichts wie weg!" Delfine packte ihren Sack und schubste ihn in die Seite. Sie rannten los so schnell sie konnten. Sie liefen und liefen und sie machten erst Halt, als die Sonne schon rot am Horizont aufging.

Der Gedanke einfach auszureißen war Fibius schon vor zehn Tagen gekommen. Er fand seine Idee richtig gut und darum hatte er seiner besten Freundin Delfine davon erzählt.
Delfine fand es genau wie er im Wichtelhaus unglaublich langweilig. Delfines Mutter, Frau Schwarzwurzel, war im vergangenen Jahr bei einem Unfall mit einer Eule ums Leben gekommen.
Eulen fraßen Wichtel für ihr Leben gerne und Delfine war nicht das einzige Kind, das seine Eltern auf diese Weise verloren hatte. Auch ihr Vater war schon seit langen tot, aber da war er auch schon fünfhunderteinundvierzig Jahre alt gewesen.
Nach dem Tod ihrer Mutter hatte sich Fibius' Mutter um sie gekümmert. Fibius' Mutter, Frau Löwenzahn, war aber eine sehr

strenge Frau, die Fibius und Delfine alles und jedes verbot.

Wenn die anderen Kinder im Winter zum Schneeessen oder zur Schneeballschlacht nach draußen gingen, mussten Fibius und Delfine drinnen bleiben und für die Wichtelschule zaubern und reimen lernen, damit sie bessere Noten bekamen.

Im Sommer, wenn alle Wichtel auf ihren Mäusen ausritten oder sich etwas in den Regen legten, denn das mögen alle Wichtel sehr gerne, mussten Fibius und Delfine Geschirr spülen, Strümpfe stopfen und natürlich reimen und zaubern lernen.

Das fanden die zwei Wichtelkinder natürlich ungerecht und sie waren ziemlich böse auf Frau Löwenzahn. Aber immer wenn sie ihr das sagten, zuckte sie nur die Schultern und antwortete:

"Ach, ihr Kinder wisst ja noch gar nicht, was für euch gut ist."

Vor zehn Tagen waren alle Wichtelkinder hinaus in den strömenden Regen gerannt um eine Schneeballschlacht zu machen. Fibius und Delfine aber mussten mit Frau

Löwenzahn im Haus bleiben und die Speisekammer aufräumen. Das war furchtbar langweilig gewesen.

Am Abend waren alle Kinder mit glänzenden Augen, nass und schmutzig nach Hause gekommen. Da hatten sich Fibius und Delfine geschworen, dass sie nie nie nie mehr wieder auf Frau Löwenzahn hören wollten. Damals hatten sie den Plan gefasst, von zu Hause wegzulaufen.

Darum stahlen sie Essen, wo immer sie konnten. Sie nahmen Brote und Würste und versteckten sie unter ihren Mützen. Sie klauten Kirschen, Johannisbeeren, Pilze und Bucheckern in der Speisekammer und versteckten alles in zwei Säcken, die sie in ihren Betten verbargen.

Delfine hatte ihren Sack in ihren Kopfkissenbezug gesteckt, Fibius verstaute seinen Sack mit Essen unter seinem Bett. In dieser Nacht waren sie nun davongerannt. Die Flucht aus dem Wichtelhaus war gelungen.

"Fibius, die Wichtel suchen doch bestimmt nach uns!" jammerte Delfine und ließ ihren Sack fallen. Sie waren die ganze Nacht hindurch gerannt und befanden sich nun in einem Waldstück, in dem sie nie zuvor gewesen waren.

"Na klar suchen die uns. Aber sie werden uns nicht finden," versprach Fibius. Fibius war sehr schlau und wusste immer eine Lösung, aber Delfine hatte trotzdem Angst, man würde sie entdecken und zurückbringen.

"Und wenn sie uns doch finden?"

"Sie werden uns nicht finden."

"Woher weißt du das?"

"Ich weiß das, weil wir uns verstecken werden," sagte Fibius selbstsicher.

Delfine war sehr müde, denn sie hatte ja in der Nacht nicht geschlafen und war bis zum Sonnenaufgang durch den Wald gerannt.

"Ja, aber, wo sollen wir uns denn verstecken?" fragte sie zweifelnd und sah sich um: Sie befanden sich in einem ziemlich dichten Laubwald mit vielen Bäumen. Wo konnten sie sich hier verstecken?

"Wir verstecken uns in einem leeren Kaninchenbau," antwortete Fibius.

"Und woher wissen wir, dass der Kaninchenbau auch wirklich leer ist?"
"Wir werfen einfach einen Stein hinein." Fibius hatte wie immer auf alles eine Antwort. Aber Delfine war nicht so ganz von diesem Plan überzeugt. Aber da sie selber auch nichts Besseres wusste, stimmte sie schließlich zögernd zu.

So wanderten sie langsam weiter und hielten die Augen nach Kaninchenlöchern auf.
Die Sonne war nun ganz aufgegangen und die anderen Wichtel im Wichtelhaus würden jetzt aufstehen und ihr Fehlen bestimmt bemerken. Sie mussten sich wirklich beeilen.
Da blieb Delfine plötzlich stehen.
"Hast du einen gefunden?" fragte Fibius sie drängend.
Delfine nickte. Sie schob ein paar Blätter zur Seite und legte den Eingang zu einem Kaninchenblau frei.
Fibius suchte einen Stein, dann warf er ihn in das Loch. Sie warteten. Plötzlich hörte man von unter der Erde ein scharrendes

Geräusch und ein Kaninchenkopf tauchte aus dem Eingang auf.

"Was soll denn das bitte?" fragte das Kaninchen. Es war ein hübsches Tier mit einem weißen Fell, aber seine Augen blitzten sie zwei Wichtel ziemlich böse an.

"W...W...wir....äh...ich...wir wollten nur...," stotterte Fibius und bekam einen roten Kopf.

"Wir haben Steinball gespielt und da ist uns der Ball in Ihr Loch gefallen. Bitte entschuldigen Sie!" sagte Delfine schnell und lächelte das böse Kaninchen entschuldigend an.

"Komm, Fibius!" Sie packte Fibius am Ärmel und zog ihn entschlossen fort von dem Kaninchen. Dieses starrte ihnen mit zusammengekniffenen Augen feindlich nach. Aber da Kaninchen im Allgemeinen sehr freundliche und friedfertige Tiere sind, beruhigte es sich sehr schnell wieder und schüttelte nur den Kopf, dass seine Ohren hin und her flogen.

In einiger Entfernung des Kaninchenbaus setzten die zwei Wichtelkinder ihren Weg fort. Delfine war ziemlich aufgebracht.

"Du hast wirklich schon bessere Ideen gehabt, Fibi. Ich werfe nicht noch mal einen Stein in einen Kaninchenbau. Außerdem können die anderen Wichtel, wenn sie uns folgen, das Kaninchen nach uns fragen und dann wissen sie schon, dass wir hier gewesen waren."

Fibius war sehr verlegen.

"Ja, du hast ja Recht. Aber es ist schon ganz hell! Wir müssen uns doch irgendwo verstecken!"

"Dann müssen wir eben ein anderes Versteck finden. Huch...Ah! Was ist denn das?" Delfine, die immer etwas ungeschickt war, steckte mit einem Bein im Boden fest.

"Oh je, du steckst in einem Maulwurfshügel fest!" schrie Fibius. Er legte sich auf den Boden und begutachtete, wie weit Delfine in der Erde steckte.

"Wir sind aus dem Wichtelhaus ausgerissen, die anderen Wichtel suchen uns schon, wir sollten schleunigst weiterrennen und was passiert meiner Freundin Delfine? Sie bleibt

mit einem Bein in einem Erdloch stecken, na, herzlichen Glückwunsch!" schrie Fibius.
"Hör schon auf zu schimpfen. Wegen dir haben wir ein Kaninchen verärgert. Hilf mir lieber aus diesem Loch raus!" schrie Delfine verärgert zurück.
Fibius lief um sie herum und zog und zerrte an dem Bein, aber Delfine schien wirklich festzustecken.
"Nichts zu machen!" kommentierte Fibius und er ließ sich erschöpft auf den Boden fallen.
"Neeeiiiiiiii!" jammerte Delfine, "wir müssen doch hier weg!" Vor Verzweiflung fing sie an zu weinen. Fibius würgte seine Tränen hinunter. Er wollte nicht zurück zu seiner Mutter. Aber er konnte Delfine auch nicht hier ganz allein im Wald zurücklassen.
Da hörten die beiden Kinder plötzlich hinter sich ein leises Räuspern. Erschrocken drehten sich die zwei Wichtelkinder um. Hatte man sie schon gefunden? Kamen die anderen Wichtel um sie zurückzuschleppen?
Aber alles, was sie sahen, war nur ein sehr gebeugter, kleiner Wicht, der sich schwer-

fällig auf einen knotigen Wanderstab stützte. Und dieser Wicht sah nicht sehr gefährlich aus.
Er war ungefähr im selben Alter wie Delfine und Fibius, aber er hatte schmutzige zerrissene Kleider an, die dazu noch viel zu dünn waren. In der kalten Morgenluft zitterte er vor Kälte. Über das eine Auge und einen Teil der Stirn hatte er ein Taschentuch geknotet.
Das Auge schien verletzt zu sein. Und Schuhe hatte er auch keine. Dieser kranke, schlecht gekleidete Wicht war ganz offensichtlich ein Bettelwicht.
Frau Löwenzahn hätte ihren Kindern auf jeden Fall verboten, mit diesem alten Bettelwicht zu sprechen. Aber Fibius beschloss, in Zukunft immer das Gegenteil von dem zu tun, was Frau Löwenzahn für das Beste hielt.
Darum sprach er den Bettelwicht freundlich an:
"Guten Morgen, kannst du uns vielleicht helfen? Meine Freundin, die etwas dumm ist, steckt in einem Maulwurfsloch fest."

"Ich bin nicht dumm, ich habe dem Kaninchen keinen Stein an den Kopf geworfen," stellte Delfine klar.
"Doch, du bist dumm!"
"Bin ich nicht! DU bist dumm!"
"Nein, du!"
"Du!"
Der Bettelwicht hatte verwirrt den Streit verfolgt. Jetzt unterbrach er die zwei Streitenden.
"Soll ich euch jetzt vielleicht helfen?" fragte er freundlich.
Delfine und Fibius sahen erstaunt auf, denn den Bettelwicht hatten sie bei ihrem Streit ganz vergessen.
"Wir werden sie einfach ausgraben!" verkündete dieser. Fibius schlug sich an die Stirn. Dass ihm das nicht selber eingefallen war! Er schaufelte mit den Händen die Erde um Delfines Bein weg.
Der Bettelwicht kam dazu und stocherte mit seinem Stock in der Erde um Delfines Bein, um sie zu lockern. So konnte sie Fibius einfacher wegschaufeln. Nach kurzer Zeit konnte Delfine ihr Bein wieder herausziehen.

"Das ist aber sehr nett von dir gewesen. Vielen Dank!" Sie strahlte den Bettelwicht freundlich an. "Ich heiße Delfine Schwarzwurzel und das ist..."
"Fibius Löwenzahn!" stellte Fibius sich vor.
"Sehr erfreut!" sagte der Bettelwicht höflich. "Mein Name ist Theo, den Rest habe ich leider vergessen."
Delfine starrte ihn ungläubig an. Man vergaß doch nicht so einfach seinen Namen! War Theo vielleicht ein bisschen verwirrt oder verrückt?
Sie schüttelte die Erde von ihrem Bein. Dann musterte sie den Wicht von oben bis unten und griff in ihren Proviantsack. Sie nahm eine Wurst und ein Brot heraus und gab sie dem Bettelwicht.
Theos Augen wurden groß.
"Ist das etwa für mich?" fragte er fassungslos. "So viel zu essen?"
Delfine staunte. Ein Brot sollte viel zu essen sein? Der Bettelwicht musste wirklich Hunger haben!
"Wollt ihr mit in meine Wohnung kommen und mit mir frühstücken?" fragte Theo und sah erfreut auf das duftige, frische Brot in

seiner Hand. "Ich wohne da drüben unter dem Haselnussbusch." Und er wies mit seinem Stock auf einen Haselnussstrauch in der Nähe. Unter der Wurzel des Strauchs befand sich ein kleiner Eingang, den man nur sah, wenn man ganz genau hinschaute.

"Ja, gerne," sagte Fibius und flüsterte Delfine zu: "Dort finden sie uns nie!"

Das glaubte Delfine auch, denn die kleine Tür war wirklich kaum zu sehen, weil so viel Gras davor wuchs und dazu noch ein paar hohe Bodenpflanzen.

Theo ging voran und öffnete die Tür.

Im Innern war es ziemlich dunkel und die Wohnung war sehr ärmlich eingerichtet. Ein Bett gab es nicht, nur ein bisschen Moos, das vor einem kleinen Kamin lag. Auch einen Tischs schien Theo nicht zu besitzen, darum setzten sich die Kinder auf den Boden.

Theo hinkte zum Kamin und machte etwas Wasser heiß und warf ein paar Brennnesselblätter hinein.

Jetzt verstanden Delfine und Fibius auch, warum Theo immer den Stock dabei hatte:

er hinkte und musste sich beim Gehen darauf stützen. Delfine warf einen mitleidigen Blick zu Theo hinüber. Dann räumte ihren Sack aus und förderte Honig, Mäusemilchbutter und Wacholdermarmelade zu Tage. Theos gesundes Auge wurde groß vor Überraschung, als er all die Lebensmittel sah.

Wahrscheinlich hat er schon lange nichts mehr gegessen, dachte Delfine. Sie schmierte ein dickes Brot mit Honig und gab es Theo, der hungrig hineinbiss.

Doch gerade, als sie alle am Essen waren und Delfine und Fibius keine Angst mehr hatten, man würde sie entdecken, klopfte es an der Tür.

Theo erhob sich schwerfällig um zu öffnen. "Halt!" schrien Delfine und Fibius gleichzeitig und der Wicht drehte sich erstaunt um. "Wenn das Wichtel sind, die uns suchen, würdest du dann bitte sagen, dass wir nicht hier sind?" bat ihn Delfine schließlich. Der Wicht sah ziemlich zweifelnd aus. Er blickte zwischen dem Frühstück und den beiden Gästen hin und her. Schließlich nickte er und ging zur Tür.

Aber dort standen keine Wichtel, sondern nur ein ziemlich kleiner, hässlicher Kobold.
"Guten Tag!" rief er fröhlich in das kleine Haus hinein. "Darf ich mal reinkommen?"
Er schlug einen gekonnten Purzelbaum und kullerte in die Wohnung hinein.
"Du bist ja schon drin," antwortete Theo.
"Bist du ein Kobold?" fragte Fibius, der immer neugierig war.
"Oh ja, aber selbstverständlich. Ich bin elf Jahre alt und ich bin ein Feldkobold, darum habe ich auch so abstehende Haare."
Er fuhr mit der Hand durch seine kreuz und quer vom Kopf abstehenden grüngelblichen Haare.
Delfine betrachtete den Kobold argwöhnisch. "Du siehst aus wie eine Klobürste", bemerkte sie dann.
"Ja, stimmt," sagte der Kobold und lachte versöhnlich. Er war anscheinend überhaupt nicht böse über diese Bemerkung. Er ließ sich auf dem Moos nieder und schnappte sich eine Wurst. Mit seinen kleinen spitzen Koboldzähnen biss er herzhaft hinein.

"Und ihr zwei seid also ausgerissen? Sehr gut! Bei euch Wichteln ist es auch verdammt langweilig. Immer nur arbeiten, die Wohnung sauber machen und zaubern lernen, wie langweilig! Wir Kobolde machen das alles nicht."
Delfine und Fibius sahen sich erschrocken an.
"Woher weißt du das denn?" fragte Delfine vorsichtig.
"Woher weißt du das denn?" äffte der Kobold sie mit hoher Stimme nach und Fibius musste lachen. "Ich weiß es eben. Kobolde können hellsehen."
"Davon habe ich ja noch nie gehört!" sagte Delfine misstrauisch.
"Ich auch nicht," stimmte der Kobold zu und biss wieder in seine Wurst. "Aber ich kann das schon. Hab's von meiner Mutter geerbt. Die war die Koboldhexe."
"War deine Mutter die Hexe Klughilda?" fragte Theo und reichte dem Kobold eine Nussschale mit Brennnesseltee. "Von der habe ich schon gehört."
Der Kobold nickte und nahm schlürfend einen Schluck Tee.

"Uuuuuuh, ist das heiß! Tja, ich lief so im Wald rum und da sah ich dieses Mädchen," er zeigte auf Delfine, "in einem Loch feststecken und da dachte ich mir, die sind von zu Hause ausgerissen. Das ist natürlich sehr lustig und darum bin ich euch mal nachgegangen zu diesem gebückten Hinkewicht." Er wies mit dem Kopf auf Theo.

"Seid ihr wirklich von zu Hause ausgerückt?" fragte Theo. "Die machen sich doch jetzt Sorgen um euch!" Seine Stimme hörte sich vorwurfsvoll an.

Fibius und Delfine bekamen Angst. Hoffentlich würde Theo sie nicht verraten!

"Ja, aber zu Hause ist es ganz schrecklich. Wir durften nie in den Regen..."

"Oder den Schnee," ergänzte Fibius.

"...und den ganzen Tag mussten wir reimen und zaubern lernen und ach, wir waren sooo unglücklich...und Frau Löwenzahn...war so böse zu uns..." Delfine fing an zu weinen, denn sie wollte nicht zurückgeschickt werden.

Theo blickte sie mitleidig an.

"Wenn wir weiter weg sind, wollen wir mit der Schneckenpost eine Nachricht nach Hause schicken, dass wir gesund sind," sagte Fibius schnell. "Ich hoffe, du verrätst uns nicht!"
Theo schüttelte den Kopf. "Ich sage nichts, ich werde euch auf keinen Fall verraten, aber ihr müsst mir versprechen, eurer Mutter diese Nachricht zu schicken. Ich wäre froh, wenn ich eine Mutter hätte."
Die zwei Wichtel nickten und Delfine trocknete sich getröstet die Tränen.
"Hast du keine Mutter? Wohnst du hier ganz allein im Wald in dieser Wohnung?"
Theo nickte. "Ich bin hier als kleines Kind ausgesetzt worden, weil ich nicht richtig gehen konnte. An meine Eltern kann ich mich nicht mehr erinnern und die anderen Wichtel wollten mich nicht haben, sie sagten, sie wollten keine Bettelwichte aufnehmen."
Delfine sagte entschlossen: "Na, gut, dann wirst du bei uns bleiben, dann hast du wenigstens Freunde. Wollen wir nicht alle zusammen bleiben?"

Der Kobold, Theo und Fibius nickten erfreut.

Jetzt drehte sich Fibius zu dem Kobold um. "Und wie heißt du?"

"Mein Name ist Stiefel," sagte der Kobold ernst. "Ihr werdet jetzt vielleicht lachen, aber meine Mama sagte immer, der Name trägt eine bestimmte Bedeutung und irgendwann werde ich sie noch herausfinden. Bähbähbähbäh!" Er streckte den anderen die Zunge heraus. "Ach, Wichtel haben einfach keinen Sinn für Humor!"

"Wichtel haben sehr viel Sinn für Humor, das sind die lustigsten Leute, die es gibt!" sagte Delfine böse.

"Eben hast du aber noch geweint," wandte der Kobold ein.

"Das war eben eine Ausnahme."

"Nein, war's nicht. Als du im Loch gesteckt hast, hast du auch geweint."

"Das war eben auch eine Ausnahme."

"So viele Ausnahmen gibt es ja gar nicht!" sagte der Kobold.

"Doch gibt es."

"Gibt es nicht!"

Theo räusperte sich. "Streitet euch doch nicht! Sagt mir lieber, was ihr jetzt tun wollt! Hast du denn etwa auch kein Zuhause, Stiefel?"
Der Kobold schüttelte den Kopf.
"Ich wandere immer so rum, mal hierhin, mal dorthin. Das macht Spaß! Aber ich kann euch sagen, was wir jetzt tun werden. Wir werden natürlich alle zusammen ein Abenteuer suchen gehen."
"Au ja!" schrie Delfine fröhlich, die das langweilige Leben im Wichtelhaus vergessen wollte. "Wir machen etwas ganz Aufregendes!"
"Genau!" jubelte Fibius und hüpfte vor Freude im Haus herum.
Da bemerkte er Theo, der traurig ins Herdfeuer starrte.
"Was ist denn, Theo, freust du dich nicht?"
Theo schüttelte traurig den Kopf. "Ich kann nicht mit euch kommen, ich bin viel zu krank, ich kann ja noch nicht mal richtig gehen. Ich wäre euch nur im Weg."
"Ach was!" rief der Kobold. "Zu viert ist es noch viel lustiger. Natürlich kommst du mit." Und er hüpfte mit Fibius im Haus her-

um. Sie ergriffen sich an den Händen und führten vor Freude einen wilden Wichteltanz auf. Dabei jauchzten sie laut und schrien "Hurrrrrraaaaa! Wir gehen auf Abenteuerreise!"
Aber Delfine hatte keine Augen für solche Kindereien. Sie blickte nachdenklich vor sich hin.
"Theo, wenn du hier allein bleibst, wirst du hier bestimmt verhungern. Du MUSST mit uns kommen."
Fibius und Stiefel hatten lachend und keuchend ihren Tanz beendet und setzten sich wieder zu den anderen.
"Ich habe eine gute Idee!" meinte der findige Fibius.
"Ach ja?" Delfine sah ihn böse an. "Sollen wir wieder mit einem Stein nach einem Kaninchen werfen? Das war auch ein ganz tolle Idee! Oder ist es wieder so eine Idee wie vorhin am Erdloch. Als ich festgesteckt habe, ist dir nämlich überhaupt nichts eingefallen."
Fibius warf Delfine einen bösen Blick zu.

"Ich weiß, wie wir Theo mitnehmen können und alle unsere Proviantsäcke, ohne dass wir sie selber schleppen müssen."
Alle wandten sich mit fragenden Gesichtern zu ihm um.
"Wir brauchen eine Lastenmaus!"
"Eine Maus?"
"Ja, natürlich. Dann kann Theo auf ihr reiten und muss nicht hinter uns her hinken und wir können unsere Säcke drauflegen und haben keine so schweren Sachen zu schleppen."
Alle schwiegen einen Moment.
Dann sagte Stiefel: "Und woher nehmen wir eine Maus? Also ich habe keine dabei und Geld habe ich auch nicht."
"Ich leider auch nicht!" gab Fibius zu.
"Und ich auch nicht!" ergänzte Delfine.
"Und ich natürlich auch nicht." Das war Theo.
Da hatte der Kobold eine Idee.
"Doch, ihr könnt eine Maus herschaffen. Ihr zwei Ausreißerwichtel."
"So?" Delfine blickte den Kobold misstrauisch an, denn sie traute Kobolden einfach nicht.

"Natürlich! Ihr habt uns doch gerade erzählt, ihr müsst zu hause ständig reimen und zaubern lernen, also könnt ihr uns auch eine Maus herzaubern! Na? Also? Wie ? Hm?"

"Also, ich kann schon zaubern. Ich bin nämlich besser als Fibius, denn der ist zu faul um die Sprüche zu lernen." Delfine musste grinsen.

"Das," schrie Fibius, "ist überhaupt nicht wahr! Du hast meine Mutter in eine Landkröte verhext."

"Na und? War das etwa nicht lustig? Ich habe sie ja auch wieder zurückgehext, " schrie Delfine ebenso laut zurück.

"Du bist verdammt schlecht im Zaubern!" polterte Fibius.

"Ich bin immer noch besser als du, du Leerhirn."

"Und du bist eine blöde Stinkwarze!"

"Dreckfuß!"

"Triefauge!"

"Sumpfhirn!"

"Abfallkopf!"

"Miesmuschel!"

"Sau..."

"Stopp!" rief der Kobold. "könnt ihr nicht mal aufhören zu streiten? Ihr streitet ja wirklich ständig. Und ich dachte immer, Wichtel seien friedfertige, nette Waldbewohner. Ihr seid ja schlimmer als Kohlekobolde!"
"Was ist denn jetzt mit der Maus?" fragte Theo schüchtern.
Delfine hatte vom Streiten einen ganz roten Kopf. Sie atmete tief durch, um sich wieder zu beruhigen.
"Also, ich werde jetzt versuchen, uns durch Zauberwerk eine Maus herbeizurufen. Wenn sie vor der Tür steht, müsst ihr sie reinholen. Alles klar?"
"Das kann sie nicht!" wandte Fibius ein.
"Natürlich kann ich es!"
"Kannst du nicht!"
"Kann ich doch!"
"Nie im Leben!"
"Jawohl!"
"Nein!"
"Doch!"
"N.."
Der Kobold stampfte mit seinem dürren Bein auf. "Hört ihr jetzt wohl auf zu streiten?"

Delfine und Fibius sahen sich böse an, aber sie setzten sich schließlich auf den Boden und Delfine versuchte sich wieder zu beruhigen.

Sie setzte sich bequem hin, dann legte sie ihre Arme überkreuzt auf die Brust und schloss die Augen. Sie konzentrierte sich, dann murmelte sie:

> "Hühnerfuß und Vogelkralle,
> Winde, Wasser, Erde, Lüfte,
> Bringt mir eine Lastmaus alle,
> Mit einer großen, starken Hüfte."

Sie machte ein paar geheimnisvoll aussehende Zeichen in die Luft. Da hörten sie vor der Tür eine Geräusch und Theo hinkte hin um nachzusehen, ob schon eine Maus da sei.

Als er die Tür öffnete blickte er direkt in ein riesiges schwarzes Hühnerauge. Das Huhn, das vor der Tür stand, schlug aufgeregt mit den Flügeln und gackerte laut. Vor Schreck warf Theo die Tür wieder zu.

"Das war nichts!" kommentierte der Kobold den Versuch.

"Ich hab's gewusst!" sagte Fibius.
"ich werde es nochmal probieren, es gibt da noch einen anderen Spruch..." Delfine setzte sich wieder hin und begann zu singen:

> "Mause, Lause,
> Komm und brause,
> Schick mir eine Maus zum Tragen,
> Theo soll sich nicht mehr plagen.
> Mandragora, Andramada, Attarila."

Sie schlug die Augen wieder auf und nickte Theo zu. Der hinkte wieder zur Haustür und öffnete sie vorsichtig einen winzigen Spalt weit, dann etwas weiter, dann noch etwas weiter. Eine feuchte Schnauze schnupperte ins Haus, daran hingen zwei vorstehende, feste, weiße Mausezähne.
"Die Maus ist da! Juchuuuuu!" jubelte der Kobold. Die Maus hatte ein schönes rotes Halsband an und an der Seite hingen rote Reitzügel herab. Auch ein Reitsattel befand sich schon auf ihrem starken Rücken. Sie war von einfacher grauer Farbe, sah

aber freundlich und brav aus. Die perfekte Reit - und Lastenmaus.
Theo streichelte die Maus und gab ihr ein Stück Brot. Die Maus setzte sich auf die Hinterbeine und knabberte an dem Brot, dass ihre Schnurrhaare zuckten.
"Du bist aber eine gute Maus!" schmeichelte Theo der Maus.
"Wie willst du sie denn nennen?" fragte Fibius.
"Hmm. Ich glaube, ich nenne sie ...äh...Linda."
Die Maus hob den Kopf und sah Theo an.
"Seht ihr, sie hört schon auf ihren Namen!" rief Theo entzückt.
Fibius prüfte den Sitz des Sattels und zerrte an den Gurten, dann band er die Proviantsäcke fest, aus denen der Kobold sich schnell noch eine Wurst geklaut hatte.
"Wir können aufbrechen;" sagte Delfine dann.
Alle standen auf und zogen ihre Mäntel an. Theo kramte ein uraltes schmutziges und viel zu dünnes Umhängetuch hervor, in das er sich einwickelte. Der Kobold, der so etwas wie Kälte überhaupt nicht kannte, weil

er immer in Bewegung war, war schon zur Tür gehüpft und spähte vorsichtig hinaus.
"Die Sonne scheint und von euren Wichteln und der Frau Löwenzahn ist keine Spur. Aber weil ich hellsichtig bin, weiß ich, dass sie euch schon im Haus gesucht haben und sich jetzt, in dieser Minute, auf den Weg in den Wald machen."
Fibius wurde ganz blass. "Was! Wirklich!"
"Schnell, machen wir, dass wir weiter kommen!" riet Delfine. Sie führte die Maus nach draußen und half Theo beim Aufsteigen. Dann gingen sie in die Richtung, die noch weiter vom Wichtelhaus wegführte.

Sie wanderten den ganzen Tag hindurch. Stiefel, Delfine und Fibius wechselten sich damit ab, die Maus, auf der Theo saß, am Zügel zu führen. Am Nachmittag kamen sie in einen dunklen Laubwald, in dem Eichen ihre knorrigen Äste in den Weg streckten. Manche Eichen waren noch ganz junge Bäume und ihre Äste berührten an manchen Stellen den Boden.

Die Wichtel mussten immer wieder Kurven gehen, oder den Kopf einziehen, damit sie die Äste nicht streiften.
"Ich finde," sagte Fibius, "diese Äste sehen aus wie Arme und diese Zweige wie Finger, ich habe noch nie in meinem Leben solche Bäume gesehen."
Delfine sah einen der kleineren Zweig zu spät und konnte nicht mehr ausweichen. Der Zweig schrammte schmerzhaft über ihre Wange.
"Aua!" schrie sie und schlug nach dem Zweig. Aber der Zweig schnellt zurück und knallte an ihre Nase.
"Das...Das ist....n...nicht ...n...normal! Dieser Zweig hat mir auf die Nase gehauen!" beschwerte sie sich.
Die anderen lachten.
"Zweige können sich nicht von selbst bewegen, du Dummbatz!" Fibius lachte schadenfroh, denn er fand, dass ein Schlag auf die Nase der vorlauten Delfine nicht schaden konnte.
"Dieser hier hat sich aber von selbst bewegt!" beharrte Delfine. "Er hat mich auf

die Nase gehauen! Du bist wahrscheinlich viel zu blöd um das zu bemerken."
"Zu blöd?" fragte Fibius. "Du meinst wohl zu normal? Du bist verrückt, eine Irre!"
"Und du bist ein Blödwicht!"
"Bin ich nicht! Ich bin nur nicht verrückt genug, mir einzubilden, ein Ast hätte mich gehauen!" Fibius musste wieder lachen.
Der Kobold rollte die Augen. Langsam ging ihm die Streiterei der beiden Wichtelkinder gehörig auf die Nerven. Er war so ärgerlich, dass er den dicken Ast nicht bemerkte, der in einiger Entfernung vor ihm herabhing und knallte mit dem Kopf dagegen und fiel hin.
"Au!" schrie er. Er war sich sicher, dass der Ast zuerst viel höher gehangen hatte. "Dieser Ast," schrie er wütend und gab dem Ast einen kräftigen Stoß, "hat mir auf den Kopf geschlagen."
"Jetzt fang nicht auch noch an!" beschwor ihn Fibius. "Ihr spinnt beide! Es ist völlig unmöglich! Äste und Bäume bewegen sich nicht!" Er betonte jede Silbe, damit die anderen endlich aufhörten, dumme Sachen zu erzählen.

Da stolperte Fibius plötzlich über eine Wurzel, die quer über dem Weg lag und fiel der Länge nach hin.
"Ah! Diese Wurzel habe ich gar nicht gesehen!"
"Du kannst sie auch gar nicht gesehen haben, weil sie nämlich eben erst hierher gekrochen ist," sagte Delfine überzeugt. "Sie wollte dir ein Bein stellen, deshalb ist sie schnell in den Weg gekrochen. Wenn ihr mich fragt, dann sind das hier ganz bösartige Bäume und wir sollten uns beeilen, damit wir schleunigst von hier wegkommen."
Der Kobold nickte zu Delfines Worten.
"Ich glaube sie hat Recht. Meine hellseherischen Fähigkeiten sagen mir, dass in diesen Bäumen böse Wesen wohnen."
Den Kindern lief ein kalter Schauer über den Rücken. Noch dazu würde die Sonne bald untergehen und keines der Kinder wollte die Nacht gerne in diesem Wald verbringen.
Sie liefen nun alle etwas schneller und zogen auch die Maus mit. Wegen des schnellen Tempos konnten sie manchen Ästen nicht schnell genug ausweichen. Darum

bekamen sie immer wieder kleine Kratzer ab oder stolperten über Äste und Wurzeln. Auch Fibius war das Spotten längst vergangen. Er fürchtete sich genauso vor den unheimlichen Ästen und Zweigen wie die anderen und der Weg schien niemals enden zu wollen.

Bald versank die Sonne hinter dem Horizont und eine helle runde Mondscheibe stieg über dem östlichen Horizont auf. Im Licht des Mondes konnten die Kinder sehr gut sehen. Doch was sie sahen machte ihnen große Angst.

Die Äste fingen nun tatsächlich an, sich zu bewegen. Sie griffen nach ihnen und zwickten sie. Ein besonders dicker Ast kam auf Delfine zu. Die erschrockene Delfine ging unwillkürlich einige Schritte zurück, aber der Ast folgte ihr und schlang sich um ihre Taille. Dann hob der Ast sie hoch in die Luft.

Delfine schrie und strampelte und schlug auf den Ast ein, aber der Ast ließ nicht locker. Die anderen Kinder starrten fassungslos auf ihre Freundin, die sich über ihren Köpfen verzweifelt gegen den Ast wehrte. Der Ast schlang sich so fest um sie, dass sie kaum noch Luft bekam.

"Lass mich sofort runter, du dummer, blöder, hölzerner Dreckast!" schrie sie den dicken Ast an.

"Wir müssen ihr doch irgendwie helfen!" rief Theo und rutschte von der Maus herunter.

"Ich glaube, ich habe eine Idee!"
Fibius führte die Maus zu der Stelle, an der Delfine in der Luft hing. Dann bat er den Kobold, die Maus kurz für ihn zu halten und kletterte auf den Rücken der Maus. Jetzt reichte er an die zappelndes Delfine heran. Er packte ihre Beine und zog mit aller Kraft daran.

"Lass sie los, du blödes Stück Holz, lass sofort Delfine los!" brüllte er den Baum an. Aber dem Ast schien das überhaupt nichts auszumachen. Er hielt Delfine nur umso fester umschlungen. Delfine zappelte nun nicht mehr so wild, denn sie bekam einfach keine Luft mehr und hatte keine Kraft sich zu wehren. Langsam wurde ihr schwarz vor Augen.

Das hatte Fibius eine neue Idee.

Er zündete eines der Feuerhölzer an, die er aus dem Wichtelhaus mitgenommen hatte und hielt es genau unter den Ast, in dem Delfine hing. Dann nahm er noch mehr Feuerhölzer und hielt auch sie unter den Ast. Der Ast begann zu rauchen. Dann fing er plötzlich Feuer und ließ Delfine los.
Der Ast drehte sich um sich selbst und schlug sich auf dem Boden sein Feuer aus. Diese Zeit nutzten Fibius und Delfine sofort. Fibius half Delfine beim Aufstehen und zerrte sie von dem zuckenden Ast fort.
So schnell sie konnten, rannten alle los. Fibius zog Delfine mit sich, der Kobold zerrte Theo hinter sich her. Auf der Maus war es jetzt zu gefährlich für Theo, denn da bot er sich den Ästen ja geradezu an. Linda hüpfte ängstlich den Kindern hinterher.
Als Delfine dachte, sie könne nun auf gar keinen Fall mehr weiterlaufen, mischten sich plötzlich andere Bäume unter die unheimlichen Eichen und der Weg wurde wieder breiter.
Die Äste dieser Bäume zogen nicht mehr an ihren Haaren oder stellten ihnen Beine.

Der unheimliche Wald schien zu Ende zu sein.
Schließlich erreichten die Kinder eine große Pfütze und ließen sich erschöpft unter einem Holundergebüsch in der Nähe nieder. Sie waren den greifenden Ästen entkommen!
Sie entzündeten vorsichtshalber ein Feuer und setzten sich alle darumherum, denn im Oktober waren die Nächte schon sehr kühl. Theo pflückte ein paar Holunderbeeren und verteilte sie an die Kinder. Dann steckten sie Würste auf Zweige und brieten sie über dem Feuer, bis sie knusprig und heiß waren, denn ein gutes Essen hatten sie jetzt alle nötig.
Die Maus bekam ein großes Stück Käse.
"Bei allen Kräutern und Rüben, ich hatte so viel Angst wie noch nie zuvor in meinem Leben," vertraute Delfine den Freunden an. Diese nickten, denn ihnen war es ähnlich ergangen.
Aber der Kobold lachte schon wieder. "Ach je, was seid ihr Mieselprimchen! Ich denke, ihr wollt Abenteuer erleben. Das hier war eins und wir haben es gut über-

standen. Seid doch froh! War's euch etwa heute irgendwann einmal langweilig?"
Die Wichtel schüttelten die Köpfe. Langweilig war es nicht gewesen, nur sehr sehr aufregend.....

Als die Freunde am nächsten Morgen erwachten, lag dichter Nebel über dem Wald. Auf dem Gras hatte sich zum ersten Mal für dieses Jahr Reif gebildet und es war sehr sehr kalt. Theo, der nur einen dünnen, zerlumpten Mantel hatte, legte sich nahe an die Maus, um sich an ihrem dichten weichen Fell zu wärmen.
Der Kobold war auf einen Zweig des Holunderbusches geklettert und spuckte den Wichteln auf den Kopf, die Feuer machten und Wasser für den Tee erhitzten.
"Komm da runter, Stiefel. Mir ist kalt und ich habe Hunger. Hör bloß auf mit den Dummheiten!" rief Fibius, der morgens immer furchtbar schlecht gelaunt war zu dem Kobold hoch.
Flutsch! Ein riesiger Klecks Koboldspucke traf auf seinen Schuh. Fibius suchte eine

Holunderbeere und zielte damit auf den Kobold, aber er traf ihn nicht.
"Kommt jetzt endlich alle her!" rief Delfine. Sie hatte Frühstück gemacht. "Wir müssen besprechen, wohin wir heute wandern."
Während die Sonne am Himmel höher stieg und die wärmenden Strahlen die Nebel langsam auflösten, berieten sich die Kinder und aßen geröstetes Brot mit Marmelade.
"He, was ist denn das?" rief Stiefel plötzlich aufgeregt und rannte zu der großen Pfütze, die sich vor dem Holunderbusch befand. Die Vögel, die hier gerade ein Bad hatten nehmen wollten, flatterten unter empörtem Gezwitscher davon.
Was denn! Ich sehe nichts," sagte Fibius übellaunig. "Das ist nur ein verdrecktes Wasserloch."
Kobolde können ja bekanntlich viel besser sehen, als Wichtel oder auch Menschen, ja selbst als Katzen. Sie können nachts genauso gut sehen, wie tagsüber und sie können Dinge erkennen, die für andere Lebewesen viel zu klein oder viel zu weit entfernt sind.

Stiefel sprang zu der Pfütze und deutete hinein.

"Na, da unten, die glänzende Truhe!"

Die Wichtel starrten angestrengt in das braune trübe Wasser.

"Ich sehe nur schmutzige Regenbrühe," verkündete schließlich Delfine und auch die anderen konnten nichts erkennen.

"Ganz unten in der Pfütze!" schrie der Kobold aufgeregt. Er watete in die Pfütze hinein und bald reichte ihm das Wasser bis an die Knie. Er ging noch weiter hinein und stand plötzlich bis zu den Hüften in der undurchsichtigen Brühe.

"Das ist aber eine komische Pfütze!" stellte Theo fest. "so eine tiefe Pfütze habe ich in meinem ganzen Leben noch nicht gesehen."

Da tauchte aus dem Wasser plötzlich eine kleine grüne Hand auf und tastete nach Stiefels Beinen. Kurz darauf verschwand sie wieder.

"Ups, das war doch ein grünes Händchen," lachte Stiefel, der überhaupt niemals Angst zu haben schien.

Die anderen dagegen sahen ihm schaudernd zu.

"Willst du nicht doch wieder da herauskommen?" fragte Theo, der sich etwas um den kleinen Kobold fürchtete.

Aber Stiefel rief nur fröhlich, er amüsiere sich prächtig und balancierte noch weiter in die Pfütze hinein. Er stand nun schon bis zum Nabel in dem tiefen Wasser.

Da erschien wieder die kleine grüne Hand und kurz darauf kam ein grüner Kopf an die Wasseroberfläche.

Er steckte auf einem dünnen Hals und hatte die Form einer alten Kartoffel. In dem verschrumpelten Gesichtchen befanden sich kleine bösartige Augen.

"Was machst du denn da in meiner Pfütze?" kreischte der kleine grüne Mann und schlug mit der Hand aufs Wasser, dass die Wichtel, die am Rand standen ganz nass wurden.

"Wenn ihr nicht sofort verschwindet, beiße ich euch ins Bein." Der grüne Mann zeigte ihnen drohend seine spitzen gelben Zähne.

Delfine und Fibius gingen unwillkürlich einen Schritt zurück.

"Bist du ein Wassergeist oder so was?" fragte Stiefel das grüne Geschöpf neugierig. Aber der grüne Mann antwortete nicht. Er fauchte und zischte Stiefel nur durch seine gelben Zähne an. Aber Stiefel lachte nur.

"Pah! Vor so einem kleinen Männlein wie dir habe ich keine Angst, du bist ja nur so groß wie mein linkes Bein! Aber weißt du was? Das muss verdammt langweilig sein, in so einer kleinen Pfütze und viel Gesellschaft hast du da vermutlich auch nicht, was? Vielleicht mal ein Regenwurm oder ein paar Fliegen. Oh, je, wie öde!"

"Ja, das ist auch langweilig, aber das Leben besteht ja bekanntlich nicht nur aus Abenteuer und Spaß. Ich habe hier ein Aufgabe zu erfüllen und zwar bewache ich die silberne Schatulle, auf der du da gerade stehst." Der grüne Mann zeigte ins Wasser. "Also, mach dass du hier rauskommst, denn du bekommst sie nicht."

Der Wassergeist zischte wieder und knirschte bösartig mit seinen Zähnen.

"Stiefel, komm jetzt bitte schnell hier raus!" rief Delfine, die große Angst vor dem Wassermann hatte.

"Meine hellseherischen Fähigkeiten sagen mir aber..." begann der Kobold, doch Delfine zog ihn am Arm in Richtung Ufer.

"Was! Moment mal!" schrie der grüne Geist und seine klebrige Hand legte sich auf Delfines Arm.

"Heißt du wirklich Stiefel?"

"Tja, leider. Meine Mutter Klughilda..."

"Deine Mutter war Klughilda?"

"Ja, sie sagte..."

Aber der grüne Mann war schon untergetaucht und als er zurückkam, hielt er die silberne Truhe unter dem Arm.

"Deine Mutter war meine beste Freundin."

"Kaum vorstellbar, dass er Freunde hat," murmelte Fibius dazwischen, aber der Wassermann hatte es glücklicherweise nicht gehört.

"Sie bat mich, diese Schachtel für ihren Sohn aufzubewahren, den sie nach einem Schuh benennen würde, damit ich ihn eines Tages an seinem Namen erkennen könnte und bat mich, ihm diese Schatulle

zu übergeben. So, hier hast du das Ding."
Der Wassermann drückte Stiefel die Schatulle in die Hand.
"Hiermit habe ich meine Aufgabe erfüllt und kann endlich raus aus dieser schlammigen Pfütze. Jetzt suche ich mit einen reißenden Fluss mit klarem Wasser oder auch einen ruhigen kleinen Tümpel. Wasser sei Dank, bist du endlich gekommen!"
Der Kobold sah erstaunt aus. Jetzt hatte er das Geheimnis erfahren, das mit seinem seltsamen Namen zusammenhing.
"Das verstehe ich nicht!" meldete sich Fibius zu Wort. "Deine Mutter hat diese Kiste dem hässlichen Wasserzwerg gegeben, damit er sie für dich aufbewahrt?"
Der Kobold nickte.
"Und weil sie eine Hexe war, wusste sie, dass du eines Tages hierher kommen und die Schatulle entdecken würdest? Und der grüne Kerl hier," Fibius zeigte auf den Wassermann, "durfte die Kiste nur einem Kobold übergeben, der heißt wie ein bestimmter Schuh?"

"Ja, so war meine Mutter. Immer jede Menge Geheimnisse!" Der Kobold drehte stolz die Kiste in seinen Händen.

Fibius kratzte sich am Kopf.

"Also erstens muss deine Mutter ziemlich schlau gewesen sein und zweitens....."

Alle sahen ihn gespannt an.

"Ja?" fragte der Kobold.

"Zweitens muss in dieser Kiste etwas ziemlich Wertvolles sein."

Der Wassermann rollte mit seinen hässlichen Augen. "Na, endlich habt ihr es alle verstanden. Besonders schlau seid ihr wohl auch nicht? Und jetzt entschuldigt mich, ich habe noch zu packen." Er verschwand wieder in der seltsamen tiefen Pfütze und ließ nichts als ein paar Luftblasen an der Oberfläche zurück.

Aber kurz darauf erschien er wieder und watete aus der Pfütze heraus. Er hatte einen kleinen, grünen Koffer dabei, aus dem ein paar Wasserpflanzen heraushingen.

"So, auf Wiedersehen, ich habe meinen Teil des Versprechens erfüllt und jetzt verabschiede ich mich schnellstens. Ihr seht alle nicht gerade schlau aus und deshalb

wartet bestimmt noch viel Ärger auf euch, wenn ihr dieses Ding öffnet. Das ist dann aber nicht mehr mein Problem. Ich muss mich jetzt beeilen, denn wenn ich innerhalb von zwei Tagen kein neues Wasser finde, dann schließen sich meine Kiemen. Tschüüüsss!"
Der kleine Wassermann watschelte eilig davon und die Kinder sahen ihm mit offenen Mündern nach.
Delfine setzte sich erschöpft auf den Boden.
"Ich glaube ich habe in so kurzer Zeit noch nie so viel erlebt!" Sie schüttelte ungläubig den Kopf.
"Zuerst der Wald mit den Armen, dann dieser kleine grüne Mann hier, wir finden eine Schatulle, die man besser nicht öffnet und außerdem bin ich gestern ja auch noch mit einem Bein im Erdkoch stecken geblieben." Die anderen Wichtel stimmten zu.
Aber der Kobold schien überhaupt nicht müde zu sein.
Er setzte sich neben sein Freunde und stellte die silberne Schatulle vor sich auf.

"Wir werden sie natürlich trotzdem öffnen. Was meint ihr?"
Delfine dachte wieder an die Abenteuer, die sie in der letzten Zeit erlebt hatte. Schlimmer als der Wald mit den Armen war, konnte es nicht mehr werden. Sie grinste.
Fibius sah ihr Grinsen und musste lächeln.
Theo hatte ebenfalls nachgedacht. In zwei Tagen hatte er nicht nur zum ersten Mal in seinem Leben Freunde gefunden, sondern er hatte auch etwas gegessen und er hatte viel Spaß gehabt. Er nickte bedächtig.
"Ich sehe, ihr seid einverstanden, also...."
Der Kobold bog die Verschlüsse zurück und klappte den Deckel der Truhe auf und alle beugten sich gespannt vor, um einen Blick in das Innere der Truhe zu erhaschen.
In der Truhe lag ein sehr altes Stück Papier, das an den Ecken schon ganz ausgefranst war. Der Kobold hob es vorsichtig aus der Truhe und breitete es auf dem Boden vor ihnen aus.
"Was ist denn das ?" staunte Delfine und die Kinder holten tief Luft. Das, was hier vor ihnen lag, war die Wegbeschreibung, wie man zu dem großen Wichtelschatz kam,

der der Legende nach noch irgendwo vergraben lag. Es war eine Schatzkarte!
Auf dem Blatt standen fünf Strophen eines Zauberspruchs und die Überschrift hieß:

So findest du den Wichtelschatz

An manchen Stellen, wo Wasser in die Truhe gedrungen war, war der Text unleserlich, aber die erste Strophe war noch intakt und Delfine, die als Einzige lesen konnte, las sie ihren Freunden vor:

"Willst du den Schatz der Wichtel finden,
Und ein reicher Kobold werden,
Musst dich für fünf Abenteuer schinden,
Und erfüllen, was ich schreib.
Erst den Zauberwald durchqueren,
Dich der Arm und Äst erwehren,
Denn dahinter findest du
Deine wohlverdiente Ruh,
Wenn du durch die Zauberwiesen
Wanderst ohne mal zu niesen."

"Au ja, wir gehen auf Schatzsuche und wenn wir den Wichtelschatz gefunden haben, dann teilen wir ihn auf und ihr müsst nie mehr zurück ins Wichtelhaus." Der Kobold war so entzückt über seinen Vorschlag, dass er erfreut auf einem Bein sprang.

"Ja, und Theo bekommt jeden Tag gutes Essen und einen dicken, warmen Umhang, damit er nicht mehr frieren muss," ergänzte Delfine.

"Und Linda behalten wir auch. Dann ziehen wir alle in ein großes Wichtelhaus und leben wie die Maden im Speck," fügte Fibius hinzu.

"Und wenn wir Lust haben, dann gehen wir wieder auf Abenteuersuche," der Kobold rieb sich die schmutzigen Hände. "Aber zuerst müssen wir den Schatz ja auch mal finden!"

"In der Karte steht," sagte Delfine und rollte die Karte vorsichtig zusammen, "hier gibt's eine Zauberwiese und da wär's schön ruhig und man könnte sich dort erholen. Das wäre jetzt gar nicht so schlecht."

"Und auf dieser Wiese darf man nicht niesen! Hat hier irgendjemand Schnupfen?" fragte Fibius.
Alle schüttelten die Köpfe.
"Aber Linda darf auch nicht niesen!" betonte Theo.
"Wenn sie wirklich niesen muss, dann halte ich ihr schnell die Schnauze zu," versprach Fibius.
"Gut, dann brechen wir jetzt zur Zauberwiese auf." Theo humpelte zum Lager und packte die Sachen zusammen. Dann kletterte er auf Lindas Rücken und die Kinder setzten ihren Weg in Richtung Zauberwiese fort.

Nach einiger Zeit öffneten sich die Bäume vor ihnen und gaben den Blick auf eine Lichtung frei, auf der dichtes grünes Gras wuchs. Im Sonnenlicht leuchteten die Blätter der Bäume rings umher in allen Farben, denn sie verfärbten sich bereits.
Es gab gelbe, rote, noch ganz grüne und ein paar orangene Blätter. Auf der Wiese wuchsen Löwenzahn, Gänseblümchen

und Veilchen und ein paar Schmetterlinge flatterten auf den letzten Blüten herum.
"Ui, das sieht aber schön aus!" sagte Delfine.
Als sie näher kamen, erblickten sie ein Schild, das anzeigte, dass es sich hier um die Zauberwiese handelte.

Zauberwiese

Mach Halt und ruh dich aus
Sonst kommst du nimmer raus
Musst du husten oder niesen
Wirst du sofort verwiesen.

Die Kinder wanderten ein Stück in die Wiese hinein und hielten dann an. Sie legten sich auf die warme Erde und taten nichts anderes, als in den blauen Himmel zu blicken.
Heute war wirklich ein schöner Tag. Die Maus schnupperte an den Blumen und grub sich eine kleine Vertiefung in die Erde, in die sie sich hineinlegte.
Delfine kämmte sich die Haare und flocht sich drei Zöpfe, wie immer. Dann spielte sie

mit Fibius das Spiel: Wie sieht diese Wolke aus?

Delfine deutete auf eine Wolke mit einer langen Nase und sagte:

"Kuck mal, Fibius, die sieht aus wie deine Mutter."

Die Wichtel lachten über die lustige Wolke. Da hörten sie eine helle, aufgeregte Stimme neben sich, die sagte:

"Guten Tag, was darf ich euch zu trinken bringen? Wir haben Kirschblütenwasser, Rosentee, Tau, Löwenzahnlimonade, Kornblumenwein und frisches Wichtelwasser, Koboldtrunk, Heublumensaft und Rosinensirup."

Fibius musterte die hübsche Wichteldame, die vor ihnen stand erstaunt.

"Äh, wer bist du denn?"

"Ich bin Susinella, ich bediene die Leute, die sich hier ausruhen. Früher war ich ein Unruhe-Wicht, da haben mich meine Eltern zur Heilung auf die Zauberwiese geschickt, damit ich hier etwas ruhiger werde."

"Aha! Und wie lange bist du schon hier?"

"Erst seit zwölf Jahren, aber ich bin auch schon ein bisschen ruhiger geworden."

Der Kobold spuckte Susinella mit gekonnten Schwung direkt vor die Füße. Susinella tänzelte nervös einige Schritte zur Seite.
"Richtig ruhig bin ich aber nur, wenn viele Gäste da sind, dann habe ich viel zu tun und bin den ganzen Tag auf den Beinen. Also, was darf ich euch jetzt bringen?"
"Ich hätte gerne einen Koboldtrunk", sagte der Kobold.
"Und für mich einen Rosentee", bestellte Delfine.
"Ich nehme einen Kornblumenwein und ein doppeltes Wichtelwasser für meine Maus!" rief Theo fröhlich, dem es gut gefiel, sich einmal bedienen zu lassen, und so feine Getränke bekam er auch nur selten.
"Ich möchte bitte ein Wichtelwasser mit Zitrone," bat Fibius höflich.
Susinella nickte fröhlich, dann trippelte sie vergnügt davon und als sie wiederkam, brachte sie nicht nur die Getränke mit sondern einen sehr nervösen Wichteljungen, der Stroh für die Maus und Kissen und Decken für die Kinder brachte.
"Also, ich finde, hier ist es wirklich schön," sagte Theo zufrieden und kraulte die Maus

hinter den Ohren, während er an seinem Kornblumenwein nippte.
Delfine schlürfte genüsslich ihren Rosentee. "Ja, hier könnten wir wirklich noch ein bisschen länger bleiben."
Die anderen stimmten zu. Als es Abend wurde, brachte der nervöse Wichteljunge, der Springauf hieß, das Abendessen. Es gab gegrillte Ameisen in einer pikanten Soße, Möhrenstückchen und ein Ragout aus zarten Fliegenpilzstücken.
Springauf entzündete auch ein Feuer, damit die Wichtel es in der Nacht warm hatten. Nach kurzer Zeit kam er wieder und stellte einen Teller mit Nüssen, Körnern und Käse für Linda auf den Boden.
Die Kinder sahen zu, wie die Sonne langsam hinter dem Horizont versank, dann kuschelten sie sich in ihre Decken und schliefen zufrieden ein.
Noch zwei Tage blieben die Kinder auf der Zauberwiese, sie genossen die feinen Gerichte, lagen im Gras und schliefen und lachten, doch dann wurde es ihnen auf der Wiese doch etwas langweilig. Das ewige Nichtstun hatte seinen Reiz verloren und

sie beschlossen, am nächsten Morgen weiter zu ziehen.

Doch in dieser Nacht wachte Fibius auf und ein eisiger Schreck durchfuhr ihn. Irgendeine kleine Mücke war an seiner Nase vorbeigeflogen und er musste entsetzlich dringend niesen.
Er musste niesen wie nie zuvor in seinem Leben.
Er hielt die Luft an und machte einen Kopfstand, aber es half nichts, das entsetzliche kitzelige Gefühl in der Nase verschwand nicht.
Er lief im Kreis und sang ein Lied. Kein Erfolg.
Der Drang zu niesen wurde immer schlimmer und voller Panik sprang Fibius schließlich auf und rannte den Weg zurück, den sie gekommen waren.
Er suchte den Eingang zur Wiese. Wenn er den gefunden hatte, konnte er die Wiese verlassen, niesen und dann wieder zurückgehen.
Nach endlos langer Zeit erreichte er das Schild, das sie vor zwei Tagen passiert hat-

ten und machte einen Schritt aus der Wiese heraus unter die Bäume.
Hier nieste er kräftig und wiederholte es zur Sicherheit noch zwei mal. Eine Schar kleiner Singvögel, die in dem Baum übernachtet hatte, flog erschrocken auf und flatterte in der Nachtluft davon.
Ein Eichhörnchen sah ihn vorwurfsvoll an, weil seine Kleinen aufgewacht waren.
"Tut mir Leid", sagte Fabius fröhlich lächelnd.
"So siehst du aber nicht aus," sagte das Eichhörnchen. Es warf ihm eine Nuss an den Kopf und hüpfte dann schnell weg.
Fibius atmete erleichtert auf, dann nieste er vorsichtshalber noch ein paar mal und machte sich schließlich auf den Rückweg. Er war jetzt doch zufrieden, wenn sie morgen weiter reisten.

Am Morgen brachte Springauf Hagebuttentee und Apfelpfannkuchen. Er stellte alles nervös auf den Boden und lief dann schnell davon.

"Hahaha! Woher hast du denn bloß diese dicke Beule? Boah! Ist das ein Ding!" lachte der Kobold und zeigte auf Fibius' Stirn.
Fibius fasste auf seinen Kopf und fühlte tatsächlich an der Stirn eine deutliche Erhebung, die schmerzte, wenn man sie berührte. Oh je, das musste die Nuss gewesen sein, die ihm das Eichhörnchen an die Stirn geworfen hatte.
Verlegen erzählte Fibius sein nächtliches Abenteuer und die anderen lachten. Auch sie wollten jetzt lieber aufbrechen, denn sie wollten nicht das Gleiche erleben.
Während sie noch Tee tranken, las Delfine ihnen die zweite Strophe der Schatzkarte vor:

"Wenn aus der Zauberwies du trittst,
Dann geh nach links und pass gut auf,
Denn der Boden geht hier rauf Oder runter, wo du bist. Schwammig, schlüpfrig, schwankend auch, Seltsam hier der Wegverlauf, Doch kommst du ab von diesem Pfade, Den Schatz nicht findest, ach, wie schade."

Davon ließen sich die Wichtel nicht beirren. Unternehmungslustig beluden sie die Maus und setzten sich in Bewegung. Sie durchquerten die Zauberwiese ohne dass noch irgendjemand niesen musste.

Als sie die Bäume auf der gegenüberliegenden Seite erreicht hatten, bogen sie nach links ab und gelangten auf einen schmalen Weg, der sich durch die Bäume hindurchschlängelte.

"Das muss der Weg sein, der in unserer Wegbeschreibung steht. Wenn deine Mutter Recht hatte, wird sich gleich der Boden unter unseren Füßen bewegen," prophezeite Delfine dem Kobold und den anderen.

Theo blickte zweifelnd auf den engen Weg.

"Ich weiß nicht, ich weiß nicht, ich kann ja sowieso nicht richtig gehen, was soll ich denn machen, wenn sich jetzt auch noch der Boden unter meinen Füßen bewegt?"

In das allgemeine ratlose Schweigen klang Stiefels Stimme:

"Meine hellseherischen Fähigkeiten sagen mir, dass wir so einfach nicht durch diesen

Weg hindurch kommen. Hat nicht jemand eine Idee?"

"Ich hätte da eine Idee," meldete sich der schlaue Fibius. "Delfine ist total ungeschickt und Theo hinkt, also müssen wir uns etwas Besonderes einfallen lassen. Wir werden uns mit Seilen und Stricken, die sehr lang sind, alle aneinander binden. Wenn dann jemand hinfällt oder vom Weg abgeworfen wird, ziehen ihn die anderen einfach wieder hoch."

"Hm. Und wo bekommen wir die Seile her, die wir brauchen, wir haben nur zwei Stück von Linda.

"Ich habe eine Decke von der Zauberwiese mitgenommen, die zerreißen wir in lange Streifen und knoten sie aneinander." Fibius hatte wirklich an alles gedacht!

Da niemand etwas Besseres einfiel, wurde die Decke zerrissen und zu dicken Leinen geknotet. Jeder band sich ein Seil um die Mitte und knotete es mit denen der anderen zusammen.

"Ich möchte noch ein Zaubersprüchlein für feste Knoten sprechen," sagte Delfine und sang leise:

"Bind, wind, ruck,
Nicht mit der Wimper zuck,
Feste Knoten knüpfe,
Wenn ich los jetzt hüpfe."

Sie nickte den Freunden zu und setzte vorsichtig einen Fuß auf den Weg, dann noch einen.
Es passierte nichts. Sie gingen noch ein paar vorsichtige Schritte weiter. Immer noch nichts.
"Tse! Das soll ein schlüpfriger Weg sein! Der ist ja ganz normal!" machte sich der Kobold lustig.
Da rutsche er auf einem schlammigen Stück des Weges aus und fiel mit dem Gesicht in den dicken Matsch.
Als er wieder aufstand mussten die Wichtel lachen, denn nur seine Zähne und das Innere der Augen waren nicht braun vor Schlamm, sondern stachen weiß daraus ab.
Nun gingen die Freunde doch etwas vorsichtiger weiter.

Als sie ungefähr in der Mitte des Weges waren, begann dieser sich zu schütteln und zu rütteln.

Delfine wollte vorsichtig weiter gehen und erschrak: Der Weg war plötzlich unglaublich steil, denn er hatte sich nach unten gebeugt. Es war so abschüssig, dass sie beinahe hingefallen wäre, aber sie hielt sich an ihrer Leine fest und stieg vorsichtig hinab.

Fibius wurde kräftig durchgeschüttelt, der Weg rüttelte so stark, dass er sich flach auf den Boden legen musste, damit er nicht einfach in die Büsche rollte. Auf dem Boden liegen kroch er Stückchen für Stückchen weiter.

Der Kobold fand das Ganze sehr lustig. Bei ihm schwankte der Weg auf und ab und zur Seite, dass die Bäume ringsumher zu fliegen schienen. Er rannte von einer Seite des Weges auf die andere, um die Bewegung auszugleichen.

Von allen am schwersten hatte es aber Theo, er wurde von dem Weg sogar getreten. Einmal war er hingefallen und bis an den Wegesrand gerollt, da hatte er sich an

seiner Leine fest gehalten und sich wieder zurückgezogen.
Die Maus hatte natürlich nicht so viele Schwierigkeiten, weil sie sehr schwer war. Sie hüpfte nur ein paar Mal auf und ab und der erschöpfte Theo konnte sich an ihr fest halten.

Der dicke Vogel, der gerade über den Weg flog, musste schrecklich lachen, als er nach unten sah und wäre beinahe selbst abgestürzt, denn er sah einen Weg, der sich aufbäumte und schüttelte und drei Wichtel, eine Maus und einen Kobold, die auf dem Weg herumgeworfen wurden und von einer in die andere Ecke fielen.

Die Freunde waren natürlich viel zu konzentriert, sich nicht von dem Weg abwerfen zu lassen, als dass sie den Vogel bemerkt hätten.
Als Delfine den nächsten unsicheren Schritt machen wollte, bemerkte sie, dass der Weg hier endete und an einen schönen blauen See führte, auf dem rosa und gelbe Seerosen blühten.

Schnell sprang sie vom Weg herunter und wartete am Ufer auf ihre Freunde.

Sie half dem Kobold vom Weg herunter und hielt Theo die Hand hin, der sie erleichtert ergriff und sich ans Ufer zog.

Fibius brachte sich mit einem großen Sprung vom Weg in Sicherheit.

"Geschafft, juchuuuu!" kreischte der Kobold aufgeregt und stieß Fibius so kräftig in die Seite, dass dieser einige Schritte nach vorne stolperte.

"Was ein furchtbarer Weg!" schimpfte Delfine und knotete ihre Leine auf. "Hoffentlich müssen wir hier nie mehr hin!"

Die Freunde ließen sich am Ufer nieder um ein bisschen zu verschnaufen und ließen ihre Beine ins Wasser baumeln.

Dann nahm der Kobold die Schatzkarte hervor und faltete sie auseinander. Überrascht hielt er sie den anderen hin.

"Schaut mal, da kann man ja wieder alles lesen, auch die Strophen, die voller Wasserflecken waren, das ist aber seltsam!"

Die Kinder sahen sich das Papier an. Tatsächlich, die dritte Strophe der Wegbeschreibung war gut zu lesen. Delfine nahm die Karte entgegen und las den anderen vor:

"Wenn der Weg, der schlüpfrig war.
Hinter dir liegt und vor dir der See,
Dann ist es deine Aufgabe und zwar,
Das Wasser zu überqueren mit etwas Tee.
Der Tee in der Tasse darf nicht verschütten,
Die Überfahrt, die muss dir glücken,
Denn wenn auf der anderen Seite du bist,
Der Weg zum Schatz nicht mehr weit für dich ist."

"Ja, aber, aber...." Theo holte mehrmals Luft, so aufgeregt war er. "Da brauchen wir ja ein Boot!"
"Tjaaaa, allerdings, hat zufällig jemand eins dabei?" fragte der Kobold fröhlich und blickte in die Runde.
Aber natürlich hatte niemand ein Boot.
"Wir müssen uns aber doch ein Boot beschaffen! Wenn wir keines haben, dann müssen wir und eben eins bauen. Wir sammeln einfach ein paar Holzstämme und binden sie mit den Seilen zusammen. Dann

haben wir ein Floß und dann suchen wir uns noch einen hübschen Ast und machen uns ein Paddel," erklärte Fibius und spuckte sich unternehmungslustig in die Hände. Die anderen dachten nach und der faule Kobold meinte: "Uiii, das ist aber viel Arbeit! Aber ihr seid ja Wichtel und könnt in kurzer Zeit viel Arbeit machen. Ich werde mich ein bisschen hier auf diesem Stein am Ufer ausruhen...."

"Oh nein!" sagte Delfine bestimmt und zog den Kobold, der sich schon auf den Weg zu seinem Stein gemacht hatte, am Ärmel zurück. "Du musst auch helfen!"

Der Kobold rollte die Augen, aber dann fiel ihm etwas ein. Er rannte zu einem dünnen Baum in der Nähe und schlug seine spitzen Zähne hinein, dann begann er zu nagen und nach einiger Zeit fiel der Baum auf die Lichtung vor dem See.

Die Wichtel sahen ihm überrascht zu.

"Ich wusste gar nicht, dass Kobolde so scharfe, spitze Zähne haben", sagte Fibius und bekam vor Verwunderung ganz runde Augen.

Der Kobold nagte noch einige Baumstämme durch, die Delfine ihm zeigte, denn sie meinte, es sei besser, wenn die Stämme alle gleich dick wären.

Fibius und Theo banden Sie Stämme am Sattelknauf der Maus fest und die Maus zog die schweren Holzstücke ans Ufer. Dort band Theo sie mit den Seilen aus der Decke zusammen.

Die Kinder arbeiteten einige Stunden angestrengt und als der Tag sich dem Ende neigte, hatten sie ein großes sicheres Floß fertig gestellt. Nun fehlten nur noch die Ruder.

"Lasst uns die Ruder morgen machen", sagte der Kobold und ließ sich erschöpft neben dem Floß nieder.

Delfine nahm aus ihrem Sack ein Stück Seife und hielt es Stiefel hin.

"Hier! Vielleicht solltest du dich mal waschen, Stiefel, du hast noch den ganzen Schlamm von diesem schüttelnden Weg im Gesicht!"

Der Kobold sah Delfine entsetzt an.

"Was! Ich habe mich in meinem ganzen Leben noch nicht gewaschen, Kobolde wa-

schen sich nicht, die sind dreckig, das muss so sein. Kein Kobold wäscht sich jemals."
Delfine schüttelte unnachgiebig den Kopf.
"Du musst dich waschen, sonst wirst du krank."
Fibius musste lachen.
"Delfine, du hörst dich an wie meine Mutter."
"Tue ich nicht!"
"Doch tust du!"
"Doch, du bist eine genauso große alte Keifzange wie sie."
"Das ist überhaupt nicht wahr, das sagst du nur, weil du mich ärgern willst. Du bist ein richtig blöder Stinkpilz!"
Der Kobold seufzte genervt auf. Fibius und Delfine stritten wirklich ständig. Auch Theo schnitt eine Grimasse. Aber Fibius und Delfine hörten die anderen schon gar nicht mehr.
"Und du bist eine schlecht gelaunte warzige alte Sumpfschnepfe!"
"Und du siehst aus, wie ein runzeliger, fetter Wurzelgnom!"
"Und du bist ein nerviges, hässliches dummes Irrlicht...."

Da zerriss ein schrilles Heulen die Stille. Erschrocken hielten Delfine und Fibius in ihrem Streit inne. Die Kinder starrten ängstlich in die Dämmerung:

"W...was...w...w...w...war denn das? Das hört sich ja furchtbar an!" sagte Delfine ganz leise, als ob sie fürchtete, das Wesen, das diesen Schrei ausgestoßen hatte, könnte sie im Dunkeln an ihrer Stimme finden.

"Seht ihr das da hinten, dieses seltsame Licht?" fragte der Kobold, der ja bessere Augen als die Wichtel hatte und deutete in die Bäume.

Mittlerweile war die Sonne untergegangen und der Mond sandte sein milchiges Licht auf die Erde. Viel konnte man nicht sehen. Die Wichtelkinder blickten in die Richtung, in die Stiefel gezeigt hatte.

"Ich sehe nur Bäume und Dunkelheit", sagte Theo schaudernd.

"Da kommt ein Licht auf uns zu!" Der Kobold war sich ganz sicher.

Da tauchte hinter den dicken Bäumen am Ufer ein winziges gelbliches Lichtchen auf. Zuerst dachte Delfine, es sei ein Leuchtkäfer oder ein Glühwürmchen, aber als das Licht näher kam, bemerkte sie, dass es zwei Beine hatte.

Die Kinder blickten erstaunt auf die kleine Gestalt, die sich wütend vor ihnen aufbaute. Es handelte sich um ein kleines, dickes Mädchen mit einem roten Gesicht, das ungefähr so groß war, wie Stiefels Unterarm. Das kleine Wesen schien sehr zornig zu sein und seine Augen in dem erhitzten Gesichtchen blickten ziemlich böse. Das Seltsamste an dem Wesen war aber sein Rücken. Auf dem Rücken trug es nämlich eine riesige leuchtende Kugel, die das gelbliche Licht verbreitete.

"Was habe ich da eben gehört? Irrlichter sind nervig, dumm und hässlich?!" Das Mädchen durchbohrte Fibius mit seinen bösartigen Blicken.

"Soll ich dir mal sagen, was sich von vorlauten, kleinen, hässlichen Wichteljungen wie dir halte?"

"Vielleicht lieber nicht", meinte Fibius verlegen.

"Oh, doch, sag' s ihm!" widersprach Delfine.

"Ich bin ein Irrlicht und bin ich vielleicht dumm, hässlich oder nervig?"
Fibius musste grinsen.
"Vielleicht ein bisschen nervig."
Das Gesicht des Irrlichts lief wieder dunkelrot an.
"So eine Unverschämtheit..."
Delfine fiel dem Irrlicht ins Wort.
"Ja, so ist er immer, er hat einfach überhaupt keine Manieren, mein Name ist Delfine und ich leben schon seit meiner Geburt mit diesem Kerl zusammen aber manchmal ist er auch ganz nett. Er hat mich aus dem Zauberwald gerettet."
"Ich heiße Irrwine", sagte das Irrlicht und es schien sich wieder etwas zu beruhigen.
"Das hier sind Theo, Fibius, der Unverschämte, den kennst du ja schon und dieser Kobold hier heißt Stiefel und das ist die Maus Linda", stellte Delfine die anderen vor und Theo fragte:
"Hast du eben dieses seltsame Geschrei ausgestoßen?"
"Ja, ich bin noch am Üben, aber ich bin schon etwas besser geworden. War nicht schlecht, oder?"

Theo beeilte sich zu zustimmen, denn er wollte das Irrlicht nicht wieder erzürnen. Irrlichter schienen ziemlich leicht in Wut zu geraten!
"Wollt ihr über den See rüber?" fragte das Irrlicht neugierig und zeigt auf das Floß, das die Kinder an Ufer festgebunden hatten.
"Ja, aber heute ist es wohl schon zu dunkel", sagte Stiefel. "Und wir haben auch noch kein Paddel."
"Tja, wenn ihr wollt, dann könnte ich euch leuchten, dann könnt ihr noch heute Abend nach drüben rudern", schlug Irrwine vor.
Die Kinder waren erfreut.
"Das tue ich allerdings nur, wenn dieser ungezogene Kerl von Wichtel", sie zeigte auf Fibius, "sich bei mir als Vertreterin für alle Irrlichter in aller Form entschuldigt."
Fibius wand sich verlegen und trat von einem Bein auf das andere.
Delfine gefiel das ausnehmend gut und sie grinste ihn schadenfroh an. Fibius gab sich schließlich einen Ruck, denn der bemerkte, dass der Kobold hinter ihm vor Ungeduld auf und ab hüpfte.

"Ääähm, Ich entschuldige mich bei der liebenswerten, geduldigen, überaus zartgesichtigen Irrwine und bei allen Irrlichtern, die es nur irgendwo gibt, sie als nervig und dumm bezeichnet zu haben. Bei Delfine entschuldige ich mich aber nicht und nenne sie dann eben nicht nerviges dummes Irrlicht, sondern abstoßenden stinkigen Gnomenschweiß."
Fibius lächelte Delfine honigsüß an.
Doch bevor Delfine und Fibius wieder anfangen konnten zu streiten, hüpfte das Irrlichtmädchen auf Delfines Arm und sagte in freundlichem Ton:
"Lass dich nicht von ihm provozieren, wir wollen jetzt lieber das Paddel herstellen."
Delfine hielt das Irrlicht auf ihrem Arm fest. Irrwine war ja sehr klein und sehr leicht, sodass es Delfine nichts ausmachte.
Der Kobold biss geschwind einen dünnen Ast, der lang genug war, dass man das Floß damit auf dem Boden des Sees abdrücken konnte.
Dann ließen die Freunde das Floß ins Wasser und führten die dicke Maus auf die glitschigen Bretter, danach luden sie die Pro-

viantsäcke auf und schließlich gingen sie selbst an Bord.

Fibius übernahm das Ruder und stieß das Boot am Ufer ab.

Langsam trieb das Boot über den dunklen See. Das Wasser gluckste leise und unheimlich unter den Wichteln und Theo fröstelte in der kalten Nachtluft.

"Hier ist es mir irgendwie nicht ganz geheuer, und euch?" fragte Delfine und warf einen unsicheren Blick in die Runde.

Der Kobold hatte wie immer überhaupt keine Angst, er lehnte sich aus dem Floß und spähte in die dunkle Tiefe, aber Fibius und Theo sahen ziemlich blass aus.

"Vielleicht gibt es hier auch bissige Wassergeister", befürchtete Theo und blickte sich vorsichtig um, ob nicht vielleicht schon einer zu sehen war. Aber es rührte sich nichts.

Das Irrlicht hatte sich an das äußere Ende des Floßes gestellt und hielt Ausschau nach dem Ufer.

"Wir haben's gleich geschafft", rief es den anderen zu und leuchtete etwas weiter voraus. Der Kobold kratzte sich nachdenk-

lich am Kopf und beugte sich zu den drei Wichteln vor.
"Sollen wir Irrwine nicht auch mit auf die Schatzsuche nehmen? Wir könnten sie am Schatz beteiligen, denn schließlich hat sie uns ja auch geleuchtet und wer weiß, wozu wir sie noch brauchen. Meine hellseherischen Fähigkeiten sagen mir nämlich, dass sie noch nützlich für uns sein könnte."
Delfine nickte zustimmend. Sie fand, es war eine gute Idee das Irrlicht mitzunehmen, und auch Theo gab sein Einverständnis. Fibius dagegen war das Irrlichtmädchen nicht sehr sympathisch.
"Die ist sehr schnell eingeschnappt und dann muss man sich entschuldigen, aber, na ja, meinetwegen."
Der Kobold drehte sich zu Irrwine herum und erzählte ihr, warum sie unterwegs waren, dass sie den Wichtelschatz suchten und eine Schatzkarte besäßen und ob sie sich an der Suche nicht beteiligen wollte.
"Uuiiiiii, ihr sucht einen Schatz, das ist aber aufregend. Wisst ihr, ich langweile mich immer so, wenn ich immer nur für mich selbst leuchte. Das macht einfach keinen Spaß.

Ich gehe auf jeden Fall mit euch und leuchte euch nachts."

"Wie machst du das eigentlich, das Leuchten? Schläfst du tagsüber?"

"Manchmal schlafe ich und manchmal verwandele ich mich in eine Fledermaus, dann hänge ich mich irgendwohin und ruhe aus, aber manchmal leuchte ich nur einfach nicht, bin aber wach."

"Uuii, das ist aber kompliziert!" sagte Delfine.

"Das heißt kompliziert!" verbesserte sie Fibius.

"Dann eben kompliziert, du bist ein alter Besserwisser."

"Ich bin eben intelligenter als du!

"Bist du nicht!"

"Bin ich doch, du Stinknase!"

"Faulwuzel!"

"Rebhuhn!"

"Dummwichtel!"

"Ringelwurm!"

Unter der Wasseroberfläche brodelte es plötzlich und das Floß machte auf dem aufgewühlten Wasser einen Satz nach vor-

ne, sodass die Wichtel übereinanderpurzelten.
Riesige Wasserstrudel bildeten sich auf der einen Seite des Bootes und wirbelten das Boot im Kreis herum.
Der Kobold jubelte vor Vergnügen, er genoss die unerwartete Karussellfahrt, aber Fibius, Delfine, Theo und Irrwine hielten sich voller Angst an den Brettern fest.
Aus den gewaltigen Wassermassen schob sich ein riesiger glitschiger Kopf hervor, es war ein Kopf, wie ihn die Freunde noch nie gesehen hatte. Es war der Kopf einer Seeschlange.
Allein der Kopf war schon doppelt so groß wie das Floß, auf dem die Kinder fuhren.
Dem Kopf folgte ein dünner, hässlicher, langer Hals mit einer schuppigen Haut.
"D..d...das ist ja ein Seeuntier!" schrie Theo voller Angst. "Ein richtiges Ungeheuer, eine Bestie!"
Das Seeungeheuer warf seinen mächtigen Kopf in die Höhe und stieß einen markerschütternden Schrei aus. Die Wichtel und er Kobold und natürlich Irrwine mussten sich die Ohren zuhalten.

Der Schwanz des riesigen Tieres peitschte das Wasser auf und schickte eine mächtige Welle auf das Floß los.

Das Floß tanzte unsicher auf den Wassermassen und kippte gefährlich nach einer Seite um, es stellte sich fast ganz senkrecht und Fibius, der sich nicht richtig festgehalten hatte, rollte herunter und fiel in das tobende Wasser.

"Fiiiibius!" schrie Delfine voller Angst. "Wo bist du?"

In einiger Entfernung tauchte Fibius' Kopf aus dem Wasser auf, Fibius hustete und spuckte das eisige Wasser aus.

"Hier bin ich, ich bin über Bord gegangen." Fibius versuchte zum Floß zurückzuschwimmen, aber die Strömung riss ihn wieder zurück und drückte seinen Kopf unter Wasser.

"Helft mir!" schrie Fibius in größter Angst. "Ich ertrinke!"

Delfine nahm Linda das Zaumzeug ab und band es zu einer langen Leine zusammen. Da schwankte der Kopf der Seeschlange auf Fibius zu. Das Untier öffnete sein Maul und stieß einen neuen lauten Schrei aus.

Es hatte lange weiße Zähne, die sehr scharf aussahen. Ein Zahn war so groß wie ein Wichtel und Delfine blickte starr vor Angst auf die Reihen spitzer gefährlicher Zähne, die sich in diesem Maul verbargen.
Doch dann riss sie sich zusammen. Die Seeschlange schnüffelte begierig an Fibius und öffnete das Maul, um ihn zu verschlingen.
"Tauch unter, Fibius!" brüllte Delfine ihm zu. "Tauch unter, dann sieht und hört es dich nicht mehr."
Fibius tauchte in das eiskalte Wasser und der Kopf des Tieres schoss ihm hinterher. Ganz nahe beim Boot kam Fibius wieder hoch und Delfine warf ihm schnell die Leine zu. Fibius hielt sich daran fest und der Kobold, Delfine und Theo zogen mit vereinten Kräften Fibius zu sich heran.
Sie zerrten ihn auf das Floß und stießen es mit dem Paddel ab. Doch da tauchte der schreckliche Kopf des Untieres wieder vor ihnen auf.
"Warum habt ihr mich denn gerufen, wenn ich euch nicht fressen darf?" brüllte das

Ungeheuer die Kinder mit seiner gewaltigen Stimme an.

"He! Wir haben dich nicht gerufen, da wären wir ja schön blöd, wir wollen nämlich gar nicht gefressen werden." Stiefel war aufgesprungen und blickte dem Ungeheuer ohne Angst in die Augen.

"Wenn man mich ruft und aus meinen Träumen aufweckt, dann will ich auch was zu essen haben!"

"Tja", der Kobold sprach mit dem riesigen Ungeheuer wie mit einem lästigen Kleinkind, "wir haben dich aber trotzdem nicht gerufen, wir wissen ja noch nicht mal, wie du heißt. Außerdem könntest du ruhig ein bisschen weiter weggehen mit deinem Kopf, du hast nämlich ziemlichen Mundgeruch."

"Ich bin doch nicht taub! Natürlich habt ihr mich gerufen. Ihr habt gerufen: Ringelwurm!"

Jetzt wurde der Kobold wirklich böse, er drehte sich zu Delfine und Fibius um und schrie:

"So, da seht ihr, wohin ihr uns bringt mit eurer ewigen Streiterei. Zuerst kommt Irrwine

und beschwert sich und jetzt haben wir auch noch ein Ungeheuer am Hals!"
Dann drehte er sich wieder zu dem Ungeheuer herum und schrie:
"Nein, da hast du was falsch verstanden. Die kleine Dame hier", und er schob Delfine vor sich, deren Knie vor Angst zitterten, "die heißt auch Ringelwurm. Und dieser Junge", er holte auch Fibius nach vorne, "hat sich mit ihr gestritten und sie haben sich angeschrien."
Die großen roten Augen des Untieres blickten Delfine neugierig an.
"Du heißt auch Ringelwurm? Genau wie ich?"
"Äh......" Delfine bekam einen kräftigen Schubs von der Koboldhand hinter ihr.
"Oh...äh......ja, ich heiße auch Ringelwurm."
"Du siehst aber gar nicht aus wie ein Seeuntier", meinte der Ringelwurm zweifelnd.
Die Freunde sahen Delfine auffordernd an, denn es war sehr wichtig, dass Delfine jetzt etwas sagte.
"Ich werde so genannt, weil ich immer so bösartig zu allen bin, dass ein Seeuntier gar

nicht schlimmer sein könnte", erklärte Delfine und sie hörte wie Fibius hinter ihr leise kicherte.

"Zu mir ist sie wirklich wie ein Seeungeheuer!" flüsterte er den anderen zu, die nun ebenfalls leise kicherten.

"Na, dann, ..." Das Untier wandte sich enttäuscht ab. "Wenn ihr mal gefressen werden wollt, dann ruft mich einfach, Wiedersehen!" Ein großer Plumps und der Ringelwurm ließ sich wieder ins Wasser sinken. Wieder setzten die Strudel ein und wirbelten das Boot herum und die Kinder mussten sich gut festhalten.

Als sich das Wasser wieder etwas beruhigt hatte, ruderten sie so schnell es ging an das gegenüberliegende Ufer, denn sie wollten keine Bekanntschaft mehr mit dem Ungeheuer machen.

Zitternd vor Anstrengung sprangen sie an Land und zogen das Boot hinter sich her. Am Ufer machten sie in sicherer Entfernung des Sees ein Feuer und bereiteten heiße Mäusemilch mit Honig zu, denn Fibius, der ja in das eisige Wasser gefallen war, zitter-

te jetzt vor Kälte und bekam bestimmt eine Erkältung.
Sie wickelten ihn in die letzte Decke, die sie noch von der Zauberwiese mitgenommen hatten und flößten ihm die heiße Milch ein. Dann legten sie ihn nahe zu Linda, damit sie ihn wärmen würde.

Der nächste Morgen brach mit leichtem Nieselregen an, dazu war es kalt und neblig und Delfine dachte einen kurzen Moment an das warme gemütliche Wichtelhaus zurück. Aber dann verscheuchte sie diesen Gedanken, denn es war immer noch besser, in der Kälte zu sitzen als bei Frau Löwenzahn!
Fibius hatte glücklicherweise nur einen Schnupfen davongetragen und Theo bereitete ihm sofort einen Pfefferminztee zu, den Fibius durch die Nase trinken musste.
Irrwine hatte sich entschlossen, wach zu bleiben, leuchtete jedoch nicht. Die Vorräte in den Proviantsäcken wurden langsam immer weniger und die Kinder befürchteten, dass sie sich bald selber etwas zu essen im Wald suchen mussten.

"Vielleicht ist es auch ganz gut wenn wir bald den Schatz finden", seufzte Theo, der sich zitternd in seinen dünnen Umhang hüllte.
"Soll ich mal die vierte Strophe vorlesen?" fragte Delfine und stellte ihren Tee beiseite.
Der Kobold holte die Schatzkarte hervor und wieder war die nächste Strophe sichtbar geworden und die Wasserflecken verschwunden.
Fibius musste kräftig niesen.
"He, nies nicht auf die Schatzkarte. Das ist ja ekelhaft!"
"Ich habe nicht auf die Schatzkarte genossen!"
"Das heißt geniest, nicht genossen, du dummer Ballonpilz!"
"Ach ja! Und du sagst, ich verbessere dich immer und weiß immer alles besser!"
"Das tust du ja auch."
"Und? Was hast du gerade eben getan?"
"Ich will dir ja nur mal zeigen wie das ist, wenn ständig jemand alles besser weiß!"
Der Kobold konnte den Streit nicht mehr hören.

"Hört jetzt sofort auf zu streiten. Ihr habt uns mit euren blöden Streits schon in Teufels Küche gebracht! Wenn ihr nicht sofort aufhört, rufe ich das Ungeheuer herbei und sage ihm, ihr zwei wollt jetzt gefressen werden!"
Der Kobold war wirklich sehr böse auf die zwei Wichtel, er raufte sich die Haare und hüpfte vor Wut im Kreis.
"Dann werden wir uns in Zukunft eben nur noch ganz leise streiten, dann hört ihr es nicht, in Ordnung?" schlug Delfine vor.
"Nein!" schrie der Kobold. "Das ist nicht in Ordnung. Ihr sollt überhaupt nicht mehr streiten, ihr sollt euch benehmen, wie normale Wichtelkinder. Ich glaube, Frau Löwenzahn ist sehr froh, dass sie euch los ist und sucht nicht eine Minute nach euch."
Fibius und Delfine sahen sich betroffen an.
"Also, dann versuchen wir in Zukunft weniger zu streiten", sagte Fibius und nieste mit Absicht auf Delfines Hand.
Delfine zuckte zurück.
"Du bist ein undankbarer Idiot!" schrie Delfine Fibius an. "Ich habe dich gestern vor dem Untier gerettet. Ohne mich hätte dein

kümmerliches kleines Idiotenleben gestern geendet, du Blödwicht."
"Ach! Und wer hat dich aus dem Ast befreit. Das war ja wohl der Idiot!"
"Da wäre ich auch allein herausgekommen."
"Wärst du nicht, dafür bist du viel zu dumm."
"Wär ich doch!"
"Nie!"
"Jederzeit!"
"Stimmt nicht"
"Stimmt wohl!"
"RRRRRRRRUUUUUUUHE!" schrie der Kobold. "Delfine, lies jetzt bitte den Zauberspruch vor, der da vor dir steht."
Delfine blickte auf die Karte vor sich:
"Ich lese jetzt die vierte Strophe vor, das ist die vorletzte Strophe er Wegbeschreibung. Bevor ich sie vorlese, möchte ich aber noch sagen, das Fibius Löwenzahn ein Idiot ist. Also, hier steht:

Aus dem See herausgekommen,
Vor dem Ungeheuer weggeschwommen,
Brauchst du nicht mehr viel zu tun,

Und kannst auf deinem Schatz ausruhn.
Doch zuerst musst du noch pflücken,
Von des Zauberbaumes Rücken,
Alle Äpfel, die dort hängen,
Und sortieren ohne drängen.
Einen Apfelkuchen backe!
Nimm ihn mit und dann abwarte!
Geh am See hier rechts vorbei,
Kommst in den Garten schnell herein!

Der Kobold rieb sich die Hände.
"Pah! Ein paar Äpfel pflücken, wie einfach! Und dann einen Kuchen backen! Ha! Das ist ja schnell getan und dann haben wir nur noch eine Strophe zu erledigen. Kommt, ziehen wir los!"
Die Kinder waren nicht gerade bester Laune, als sie an diesem Morgen aufbrachen, denn es war wirklich kalt und Fibius nieste ständig.
Sie waren darum sehr froh, dass sie schon nach kurzer Zeit an einem großen Zaun ankamen, an dem ein verwittertes Schild hing.
"Mein Würzelchen! Dieser Garten scheint ja wirklich schon bessere Zeiten gesehen zu

haben! Ich wette hier war seit tausend Jahren niemand mehr außer uns." Theo blickte sich verwundert um.
"Ich lese mal vor, was auf dem Schild steht", sagte Delfine und Irrwine kam herbei und leuchtete, damit Delfine im Nebel besser sehen konnte.

Fremder,
Wenn du diesen Garten betrittst, dann wunderst du dich am besten über gar nichts.

"Oho", machte der Kobold und gab dem rostigen Schild einen Tritt. "Hier will uns wohl jemand Angst machen."
"Wollen wir reingehen?" fragte Irrwine.
Die Wichtel nickten und auch der Kobold war einverstanden.
Sie öffneten die quietschende Tür und betraten einen seltsamen Garten, denn hier gab es keinen Nebel, keine Kälte und die Sonne schien.
"Das gibt's doch nicht!" wunderte sich Theo.

Er hinkte wieder nach draußen und war sehr erstaunt, denn hier war es immer noch kalt und neblig.
"Hier im Garten ist tatsächlich ein anderes Wetter als draußen", teilte er seinen Freunden mit. "Das ist aber sehr merkwürdig!"
Die Freunde wanderten langsam durch den Garten und staunten über die seltsamen Dinge, die es hier gab. Manche Bäume blühten gerade und der Duft ihrer Blüten lag in der Luft, andere Bäume hatten schon Früchte und Delfine und Irrwine kletterten auf einen Baum und pflückten einige Kirschen, die Theo und Fibius in die Säcke packten.
Außerdem gab es in dem Garten die seltsamsten Blumen und alle Bäume und Blumen hatten Schilder.
Vor einer dunkelgelben riesigen Blume mit dicken Blättern stand zum Beispiel ein Schild auf dem man lesen konnte: "Schönchen-Blume, im Zaubertrank für Schönheit".
Etwas weiter weg, stand ein Mirabellenbaum, an dessen Stamm jemand ein Schild

mit der Aufschrift: "Zaubermirabelle, macht klug!" befestigt hatte.
Am Wegesrand wuchsen Erdbeeren, die "Süßchen" hießen und darunter stand: "heilen jeden Schnupfen!"
Fibius, dem Delfine das Schild vorlas, pflückte gleich einige der Früchte und musste nun nicht mehr so oft niesen.
"Wie sollen wir hier nur den Zauberbaum mit den Äpfeln finden?" fragte Irrwine zweifelnd. "Hier gibt es nur Zauberpflanzen und ich habe schon mindestens zehn Apfelbäume gesehen."
Der Kobold sah sehr zuversichtlich aus.
"Den werden wir natürlich sofort finden, denn wir müssen nur meinen hellseherischen Fähigkeiten folgen. Diese Fähigkeiten sagen mit, dass wir hier zum Beispiel ganz falsch sind, der Baum, den wir suchen, steht in einer Ecke neben einem Haselnussbusch und wir müssen jetzt ganz scharf links gehen, kommt mit!"
Die anderen folgten Stiefel staunend.
Nach einiger Zeit kamen sie zu einem Haselnussbusch, neben dem sich ein Apfelbaum mit dicken roten Äpfeln befand.

Am Stamm hing eine Schild und Delfine lief hin und las laut vor:
"Zauberapfel, für die Schatzsuche."
"Ich möchte mich nur ungern selber loben, aber das, das war einfach brillant, oder?"
Der Kobold grinste freundlich in die Runde.
"Das war ziemlich gut, Stiefel," gab Fibius zu.
"Am besten ist, wir fangen gleich an", meinte Delfine "denn hier hängen wirklich ganz schön viele Äpfel dran."
Da Wichtel ja nur so groß wie ein Kinderbein sind, ist es für sie nicht einfach, auf einen Baum zu klettern und Äpfel zu pflücken, es ist wirkliche Schwerstarbeit.
Außerdem war es in dem Garten ziemlich warm und bald begannen die Wichtel zu schwitzten. Auch Irrwine beteiligte sich an der Ernte, aber für sie war die Arbeit noch schwerer, weil sie ja sogar noch kleiner als ein Wichtel war.
Bald schwitzten die Wichtel wie noch nie in ihrem Leben und vor lauter Anstrengung bekamen sie ganz rote Gesichter.
Der Kobold war vor einiger Zeit davongeschlendert und sah sich den Garten an. Er

hatte gemeint, seine hellseherischen Fähigkeiten hätten ihn fort gerufen, aber Delfine vermutete, dass er nur einfach keine Lust zum Arbeiten hatte.

Die Wichtel arbeiteten und arbeiteten. Delfine und Fibius pflückten die Äpfel ab und ließen sie auf den Boden fallen. Dort sammelten sie Theo und Irrwine auf und packten sie in die Proviantsäcke.

Schon seit einiger Zeit waren die Proviantsäcke voll von Früchten und Theo und Irrwine mussten die Äpfel auf dem Boden zu großen Haufen stapeln. Die Äpfelberge waren mittlerweile auch schon wieder größer als sie selbst und immer hingen noch Äpfel am Baum.

Da kam Delfine ein Gedanke:

"Wisst ihr, was ich glauben? Ich glaube, dieser Baum ist ein ewiger Baum, damit meine ich, wir können pflücken und pflücken und immer hängen noch Äpfel dran, das ist eben ein Zauberbaum, der ist niemals leergepflückt."

In diesem Moment kam der Kobold wieder zurück. Er sah erholt und heiter aus wie immer. Als er die schwitzenden Wichtel mit ihren roten Gesichtern sah, musste er laut lachen und konnte sich gar nicht mehr beruhigen.

"Ihr pflückt hier wirklich Äpfel! Das ist ja zum Totlachen." Er warf sich auf den Boden und schaukelte dort vor Lachen hin und her.

"Ihr habt tatsächlich versucht, den Baum leerzupflücken....." Und wieder konnte er vor Lachen nicht weiterreden.

Delfine, Fibius, Theo und das Irrlicht fanden das überhaupt nicht lustig. Sie hatten gearbeitet, während sich der faule Kobold im Garten herumgetrieben hatte und jetzt lachte er sie auch noch aus!

"Wir müssen diesem Baum natürlich mit einem Trick beikommen, das ist doch ganz klar. Na, hat jemand eine Idee?"

Delfine sprang vom Baum und legte sich ins Gras.

"Ich rühre heute keine Finger mehr, ich habe die Nase gründlich voll."

Auch Fibius sprang vom Baum herunter und setzte sich ins Gras.

"Tja, Stiefel, lass dir mal was einfallen!"

Der Kobold zog eine Himbeere aus seiner Hosentasche und gab sie dem verdutzten Theo.

"Danke!" sagte Theo unsicher. "Warum hast du denn nur eine mitgebracht? Warum bekomme nur ich eine?"

"Weil", sagte Stiefel und grinste, dass seine spitzen Koboldzähne funkelten, "weil alle außer dir gehen können."

"Was?"

"Alle hier können normal gehen, laufen und rennen, nur du nicht. Wenn du die Himbeere isst, kannst du's auch. Da stand nämlich dran: "Zauberbeere - iss sie und du kannst wieder laufen." Oder so was ähnliches."

Theo stand auf und biss in die Himbeere. Als er sie ganz aufgegessen hatte, setzte er vorsichtig einen Fuß vor den anderen und ging eine kurze Strecke durch den Garten. Er ging ohne seinen Stock. Die ersten Schritte waren noch etwas wackelig und Theo hatte Mühe auf den Beinen zu bleiben.

Aber bald war er schon viel sicherer und nach ein paar Minuten konnte er sogar eine kurze Strecke rennen.
Die Wichtel jubelten, denn das war noch viel besser als einen Schatz zu finden.
Sie beschlossen, an diesem Tag keine weiteren Äpfel mehr zu pflücken, sondern Theos Heilung zu feiern. Sie legten sich ins Gras und aßen von den Früchten im Garten, die keine Zauberwirkungen hatten.

Am nächsten Morgen wachten die davon auf, dass Theo fröhlich im Gras herumhüpfte.
"Kuckt mal, ich kann sogar schon springen!" schrie er fröhlich zu seinen Freunden herüber und führte ihnen einen großen Sprung im Gras vor.
Die Wichtel und der Kobold klatschten begeistert Beifall und Irrwine leuchtete auf.
Aber schon bald wurden die Wichtel wieder ernst und berieten, was sie mit dem Zauberbaum anstellen könnten.
Stiefel blickte nachdenklich ins Gras und sagte:

"Meine hellseherischen Fähigkeiten sagen mir, dass wir den Baum mit einem Trick dazu bringen könne, dass er alle seine Äpfel fallen lässt. Ich weiß nur noch nicht genau, was das für ein Trick sein könnte."

Da meldete sich der schlaue Fibius zu Wort: "Ich weiß, was es ist. Wenn der Baum alle seine Früchte verliert, dann hat er nichts mehr, dann ist es sozusagen ein armer Baum, darum müssen wir ihm vielleicht etwas schenken, dann lässt er sie freiwillig fallen."

"Genau das ist es!" stimmte der Kobold zu.

"Was er wohl gern hätte?" fragt e sich Delfine. "Vielleicht möchte er etwas Wasser haben?"

Sie stand auf und holte Wasser an dem kleinen Fluss, der durch den Garten floss, dann transportierte sie es zurück zum Baum und goss es an seinem Stamm aus. Der Baum schüttelte sich wohlig, aber es kam kein einziger Apfel herunter.

"Das hat nicht geklappt!" sagte Fibius überflüssigerweise.

"Das sehe ich auch, dass das nicht geklappt hat", schnappte Delfine sofort.

"Du siehst das gar nicht. Du bist eben ein Dummbatz."
"Und du bist eine Heunessel!"
"Und du ein Fetthamster."
"Und du ein Niesschnuddel!"
"Immer noch besser als eine Stinkwanze, so wie du!"
"Oder ein Pickelschwein, so wie du."
"Flossenmolch!"
"Grunzbeutel!"
"Erdschwein!"
"Schimpfvogel!"
"HÖRT IHR BITTE AUF ZU STREITEN!" schrie der Kobold gegen das Wortgefecht der Geschwister an.
"Bringt mich hier weg! Bringt mich in eine leere Wüste, begrabt mich lebendig, aber hört bitte auf zu streiten!"
Theo und Irrwine stimmten den anderen zu.
"Anstatt zu streiten, sollten wir uns lieber überlegen, wie wir es schaffen, dass der Baum endlich seine verdammten Äpfel abwirft", riet Theo.
Da sagte Fibius: "Es ist bestimmt ganz einfach. Wir werden einfach einen Zauber-

spruch aufsagen, der verhindert, dass dieser Baum jemals gefällt wird."
Die anderen stimmten zögernd zu, denn sie hatten auch keine bessere Idee.

Delfine konzentrierte sich, um sich einen Zauberpspruch zu überlegen, dann stellte sie sich vor dem Baum auf und sang ihm folgenden Spruch vor:

> "Niemand jemals soll an dir sägen,
> Niemand soll dich jemals fällen,
> Wenn du füllst uns unsre Mägen,
> Und deine Äpfel abwirfst auf die Schnelle."

Der Baum wedelte aufgeregt mit seinen Ästen in der Luft herum, dann gab es einen großen Plumps und im nächsten Moment lagen alle Äpfel, die eben noch in den Ästen und Zweigen gehangen hatten auf dem Boden.
Die Kinder jubelten fröhlich und führten ein Freudentänzchen auf. Sie ergriffen sich bei den Händen und tanzten fröhlich um den Baum herum. Auch Theo konnte jetzt mit-

tanzen, denn inzwischen war er wieder ganz gesund geworden.

Dann sammelten die Kinder die Äpfel auf und diesmal half auch der Kobold mit. Die Eicheln einer großen Eiche zermahlten die Kinder zu Mehl, dann sammelten sie ein paar Singvögeleier und zum Schluss rührten sie noch den Honig unter den Teig.

Den Teig gaben sie in die größte Pfanne, die sie finden konnten, denn ein Backblech hatten sie nicht.

Sie schälten einige Äpfel und legten sie auf den Teig, dann backten sie den Kuchen über dem Feuer, das sie angezündet hatten.

Als die Sonne unterging zog verheißungsvoller Duft durch die Lüfte des Gartens.

"Und was machen wir jetzt mit dem Kuchen?" fragte Stiefel mit glänzenden Augen.

"Da steht in unserer Beschreibung ja gar nichts darüber."

"Vielleicht sollten wir ihn ja essen," schlug Delfine vor, die schon die ganze Zeit über Appetit auf den saftigen Kuchen gehabt hatte.

Die anderen fanden diesen Vorschlag gut und so nahm sich jeder ein großen Stück von dem Kuchen und sie alle fanden, dass dieser Kuchen ganz besonders lecker gelungen war.
Später am Abend legten sie sich um Lagerfeuer und schliefen zufrieden und müde ein, denn heute waren sie ihrem Schatz ein großes Stück näher gekommen.

Als Delfine am nächsten Morgen die letzte Strophe aus der Wegbeschreibung für den Wichtelschatz vorlas, merkten alle, dass der Kuchen doch eine Wirkung gehabt hatte:
Keines der Kinder hatte mehr Angst vor den Gefahren, die in der Zukunft auf sie lauerten. Sie waren alle so wie der Kobold geworden, sie hatten einfach keine Angst mehr.
Und darum machte auch niemand ein erschrecktes Gesicht, als Delfine anfing vorzulesen:

"Weit gekommen, lang gereist,
Hör, wie die letzte Strophe heißt:
Aus dem Garten musst du wandern
Zu einem neuen Ort ganz andern.
Geh ins Land des ewigen Eises,
Den Lohn deines hohen Preises,
Nach dem Wichtelschatz musst du dort graben,
Wo am Fluss die Tier sich laben,
Direkt am Ufer, vor dem Baum,
Dessen Zweige du sehen kannst kaum.
Grab, bis du die Truhe siehst,
Mehr als dies du hier nicht mehr liest."

"Wenn wir wirklich in dieses eisige Land gehen, dann brauchen wir alle Decken zum Schlafen und Theo braucht endlich einen dicken Mantel. Das müssen wir uns zuerst besorgen", sagte Delfine entschieden, die es nicht mehr sehen konnte, wie Theo nachts fror."
"Ich hätte da eine Idee!" schlug Fibius wie immer vor.
Er wartete, bis ihm alle zuhörten, dann erklärte er seinen Plan:

"Also, Theo kann jetzt wieder gehen und braucht die Maus nicht mehr. Darum können wir die ganzen Äpfel nehmen, die hier noch rumliegen und ein paar von den Pflanzen, die keine Heilwirkung haben. Die packen wir in die Säcke und beladen die Maus damit. Dann schaffen wir das ganze Zeug auf den Wichtelmarkt, wo wir es verkaufen. Von dem Gewinn kaufen wir neue Vorräte für die Reise und dicke Wintersachen und..."
Fibius kratzte sich unwillig am Kopf. "Wir schicken eine Nachricht mit der Schneckenpost an meine Mutter." Davon waren alle begeistert und sie begannen sofort damit, Früchte aus dem seltsamen Garten zusammenzutragen und sie auf der Maus festzubinden.

Auf dem Markt konnten die Kinder viel Geld verdienen, denn sie boten auch Früchte an, die es normalerweise zu dieser Jahreszeit nicht mehr gab. Mit dem Gewinn kauften sie dicke Felle und Mäntel aus Pelzen und Wolle, vor allem Theo bekam einen schönen dicken Mantel aus Mausepelz.

Auch einige dicke Wolldecken erstanden sie bei einem Moosweibchen. Schließlich schickte Fibius eine Botschaft an Frau Löwenzahn mit der Schneckenpost ab und am Abend erkundigten die Kinder sich bei dem Kutscher der Schneckenpost nach dem kürzesten Weg in das Land des ewiges Eises.

"Was! Da wollt ihr wirklich hin? Das kann ich euch nicht empfehlen, dafür seid ihr noch viel zu klein."

Delfine grinste. Sie hatte schon so viele Abenteuer erlebt, sie glaubte nicht, dass sie noch für irgendetwas zu klein war.

"Ach, ich fahre mit meinen Eltern hin, meine Mutter schickt mich."

"Ach so, na dann nehmt ihr am besten den Wichtelweg nach Norden. Da müsst ihr ungefähr drei Tage gehen, dann kommt ihr schon an die Grenze. Das merkt ihr schon an der Kälte."

Delfine bedankte sich bei dem Kutscher und gab ihm einen Wichtelschilling.

Dann rannte sie zurück zu den andern, die hinter der nächsten Wegbiegung schon auf sie warteten. Sie erklärte ihnen, was der Kutscher gesagt hatte und die Kinder machten sich auf den Weg.

"Schade, dass das Geld nicht für eine Reitmaus für jede gereicht hat," sagte Irrwina, die mit ihren kleinen Beinen immer sehr schnell müde wurde.

Delfine fasste sich ein Herz und trug sie ein Stück, dann ließ sie sie eine Weile auf der Maus reiten, auf der sich die Decken und dicken Mäntel türmten, die sie gekauft hatten.

Nach drei Tagen wurde das Wetter merklich kühler und ein eisiger Wind blies den Kindern entgegen. Sie hüllten sich in ihre warmen Mäntel und zogen ihre Fellhandschuhe an. Auch der Maus legten sie vorsichtshalber noch eine Decke um.

Am Morgen des viertes Tages erreichten sie die Grenze zum Land des ewigen Eises. Hier lag eine dicke weiße Schneedecke über dem Land so weit die Wichtel sehen konnten.

Doch in einiger Entfernung sahen sie einen der kleinwüchsigen Schneewichtel vorbeiwandern, die dieses Land bewohnten.

Delfine rannte sofort zu ihm hin, denn so oft passierte es nicht, dass man Lebewesen in dieser Einöde sah.

"Guten Tag, Herr Schneewichtel. Wir suchen den Fluss, der durch dieses Land führt. Können Sie uns sagen, wo wir den finden?"

Der Schneewichtel trug eine dicke Kapuze, die mit grauem Mäusefell gefüttert war und darüber noch einen Schal, den er bis an die Augen über das Gesicht gezogen hatte. Er blickte gutmütig zu der größeren Delfine hinauf und sagte langsam und bedächtig:

"Ei ja, das kann ich dir sagen, Kleine."

Die anderen Kinder waren dazu gekommen um ebenfalls zu hören, was der Schneewichtel sagte.

"Tja, dann sagen Sie' uns doch", trieb ihn Delfine an, denn der Wichtel sprach wirklich extrem langsam und man musste schon sehr geduldig sein, wenn man ihm zuhören wollte.

"Der Flusssss, den iiiiihr suuuuuucht, der fließt hiiiiieeer in der Näääääähe, hm.....wollt iiiihr daaaaa dennnnnjetzt hinnnnnn?"
Delfine blieb ganz geduldig und freundlich, denn sie hoffte, ihre Antwort bald zu bekommen.
"Ja, wir wollen uns dort mit unseren Eltern treffen", log sie geschickt.
"Aaaaahaaaa!"
Eine Stille entstand, denn der Schneewichtel schien noch zu überlegen und die Kinder warteten auf eine Antwort.
Man hörte nichts als das Singen des Windes auf dem Schnee.
"Ähem", räusperte sich Fibius. "Wenn Sie uns jetzt vielleicht sagen könnten, wie wir gehen müssen, wäre das sehr nett, denn es ist doch ziemlich kalt hier."
"Oh jaaaaa, kalt iiiiist es hieeeeer immmmmmmer, es fällt jeeeeden Taaaaag Schneeeeee, das ist ganz schöööööön kaaaalt."
"Und der Fluss?"
"Ooooooooch, der Flusssssss, iiiiihr scheint es jaaaa seeeeeeehr eilig zu haaaaaaaaaben, waaaaas?"

"Ja, wir haben es sehr eilig." Fibius verlor jetzt etwas die Nerven und er war schon nicht mehr ganz so freundlich.

"Iiiiiiiiihr Waaaaaldwiiiiiichtel haaaaabt es immmmmmmmer immmmmmmmer immmmmmer eilig."

Der Kobold, der wirklich nicht sehr geduldig war, hatte sich vor lauter Ungeduld in den Schnee eingegraben, um dort zu warten, bis der Schneewichtel endlich etwas sagte, aber jetzt hielt er es nicht mehr aus. Er sprang aus seinem Loch und hüpfte auf den Schneewichtel zu, dann packte er ihn am Kragen und schüttelte ihn durch, dass der Wichtel hin und her gerüttelt wurde.

"Siehst du diese spitzen Koboldzähne? Kuck sie dir genau an, die werden dich gleich in den Hals beißen, wenn du nicht sofort sagst, wo wir den Fluss finden."

Das war natürlich nur eine Drohung, denn der Kobold würde niemals einfach einen Wichtel beißen, denn Wichtel waren ja viel größer als Kobolde und normalerweise war Stiefel ein sehr friedfertiger Kobold.

Der Schneewichtel blickte überrascht auf den kleinen Kobold vor sich, der ungefähr genauso groß war wie er selbst.
"Tjaaaaaaa, hm, der Flussssss......"
Fibius sah, dass es so nicht weiter ging.
"Wissen Sie, Herr Schneewichtel, unser Koboldfreund ist heute ein bisschen durcheinander, er wollte Ihnen wirklich nichts tun, aber wenn Sie uns sagen, wo der Fluss ist, dann würden wir Ihnen diese beiden herrlichen Äpfel schenken, sie sind rot und saftig, wie sie sehen, und so oft bekommen Sie hier doch bestimmt keine frischen Äpfel."
"Da hast du schooooon Recht," sagte der Schneewichtel. Er zog beleidigt seine Kapuze wieder über den Kopf und warf dem Kobold einen beleidigten Blick zu.
Fibius gab ihm zwei schöne Äpfel aus dem Proviantsack. Sie waren so groß, dass der Schneewichtel sie kaum würde tragen können.
Der Schneewichtel hustete lange und ausgiebig, worauf sich der Kobold wieder in sein Schneeloch zurückzog, dann fing er langsam an zu sprechen:

"Wenn ihr den Fluss fiiiinden wolllllllt, daaaaaann müüüüüüüüsst iiiihr hiiiiiieeer nach Weeeeesten geeeeeehen, daaaaaann koooooooommmt iiiihr naaaaach eiiiiienem haaaaaaalben Taaaaaaag hinnnnnn."

"Vielen Dank, Herr Wichtel", sagte Delfine erfreut.

Die Kinder holten den Kobold aus seinem Loch und marschierten in Richtung Westen davon.

Der Schneewichtel blickte ihnen lange nach und schüttelte seinen Kopf über so viel Ungeduld.

Je weiter sie in das Land des ewigen Eises eindrangen, desto kälter wurde es und die Kinder zogen alle Kleider, die sie irgendwo finden konnten übereinander. Um den Kopf wickelten sie ihre Wichtelmützen, darüber kam noch ein Schal, den sie sich wie der alte Schneewichtel über das Gesicht zogen und schließlich kam die Kapuze des Mantels darüber.

Jetzt sahen die Wichtel alle gleich aus und manchmal hatten sie Schwierigkeiten, sich zu erkennen, denn jeder trug die gleichen Kleider und von den Gesichtern war nicht mehr viel zu sehen.

"Fibius werde ich aber immer sofort erkennen, man muss nur aufpassen, wer die dümmsten Dinge redet und die schlechtesten Manieren hat, dann erkennt man ihn gleich," hänselte Delfine ihren Freund.

"Und Delfine erkennt man daran, dass sie immer hinfällt, weil sie so ungeschickt ist und daran, dass sie immer Streit anfängt," gab Fibius zurück.

"Nein, das stimmt nicht", widersprach Delfine. "Derjenige der immer Streit anfängt, bist nämlich du, nicht ich."

"Du bist eine alte Schneeeule."

"Und du bist ein Polarwurm!"

"Ha! Eismuschel!"

"Gefrierschnecke!"

"Hört auf zu streiten, wir sind da!" rief der Kobold und zeigte nach vorne, wo in der Ferne eine Vertiefung im Schnee zu erkennen war. Lautes Rauschen drang von dort zu ihnen herüber. Es war das Rauschen von Wasser.

DER WICHTELSCHATZ

Die Wichtelkinder, der Kobold und das Irrlicht rannten aufgeregt auf den Fluss zu.
"Hier ist der Fluss!" schrie Irrwine aufgeregt und ihre Stimme klang weit über die eisige Ebene.
"Und wo liegt hier unser Schatz?" fragte Theo.
Stiefel zog die Schatzkarte aus seiner Jacke und Delfine las die Zeilen noch einmal vor:

"Direkt am Ufer vor dem Baum,
Dessen Zweige du sehen kannst kaum.
Grab bis du die Truhe siehst,
Mehr als dies du hier nicht liest."

Theo meinte: "Ich glaube, wir müssen nach einem bestimmten Baum suchen, der irgendwie keine sichtbaren Äste hat." Er wanderte mit seinen gesunden Beinen munter vor der Gruppe her.
Delfine lächelte, denn Theo schien wirklich sehr glücklich zu sein, in letzter Zeit.
Die Kinder wanderten an dem eisigen Ufer des Flusses flussaufwärts. Neben ihnen

schossen die strömenden Wassermassen des Flusses vorbei.
Irrwine hielt eine Hand in das Wasser und erschauerte. "Dieses Wasser ist eiskalt!"
Als die Sonne, von der in diesem Land nicht viel mehr zu sehen war als ein milchiggelber Ball, langsam unterging, hatten die Kinder immer noch keinen Baum am Ufer gesehen. Überall standen kleine Sträucher aber einen Baum konnte man nirgendwo sehen.
"Sollen wir hier übernachten?" fragte Stiefel und zeigte auf einen Platz vor ein paar Sträuchern, wo man vor dem Wind ein bisschen geschützt war.
"Tja, wir werden wohl müssen". Theo sammelte einige Zweige und Äste, die auf dem Boden lagen ein und trug sie zu einem Haufen zusammen.
Aber das Feuer schaffte es auch nicht, die eisige Kälte zu vertreiben, die in der Nacht hereinbrach. Die Kinder zitterten und bibberten und drängten sich nah aneinander und natürlich an die Maus.
Aber trotzdem war es entsetzlich kalt.

Am nächsten Morgen hing von Fibius' Nase ein langer Eiszapfen herab und Delfine hatte ganz blaue Lippen.

"Hoffentlich kommen wir bald wieder raus aus diesem Land!" beschwerte sich der Kobold, dem zwar nicht ganz so kalt war wie den Wichteln, weil er immer in Bewegung war, der aber auch angefangen hatte, zu zittern.

"Ich wusste gar nicht, dass frieren so schlimm ist", erklärte er mit klappernden Zähnen.

Delfine und Fibius war es sogar zu kalt zum Streiten und als Fibius scherzhaft meinte: "Na, Delfine, wie wäre es mit einem kleinen Streit zum Aufwärmen?" schüttelte Delfine nur stumm den Kopf.

An diesem Tag legten die Kinder eine weite Strecke zurück, denn sie wollten unbedingt den Baum finden. Erst als es schon wieder dunkel wurde, entdeckten sie direkt am Ufer ein winzige verkrüppeltes Bäumchen, dessen Zweige alle im Wind abgebrochen oder abgefroren waren.

"Das ist er", schrie Delfine aufgeregt. "Das ist der Baum ohne Zweige."
Die Kinder liefen erschöpft zu dem Baum hin und betrachteten ihn nachdenklich.
"Hier müssen wir jetzt im Schnee graben."
Theo lief zur Maus und holte drei Schaufeln und eine Hacke, die sie auf dem Wichtelmarkt gekauft hatten.
Er gab den Wichteln die Schaufeln und Stiefel bekam die Hacke.
"Irrwine, meinst du, du kannst ein bisschen leuchten?" fragte Fibius, denn es wurde schon wieder dunkel.
Irrwine hatte schon seit einigen Tagen nicht mehr geleuchtet, denn bei dieser Kälte war das sehr sehr anstrengend. Aber jetzt nickte sie entschlossen mit dem Kopf. Sie setzte sich neben das Loch, das die Wichtel schon gegraben hatten und leuchtete hinein.
Die Wichtel gruben sich durch viele Schneeschichten und das Loch wurde immer tiefer. Langsam begannen sie sogar zu schwitzen, wofür alle ausnahmsweise einmal dankbar waren.

Der Wichtelschatz

Manchmal trafen sie auch auf Eisschichten im Schnee. Dann kam Stiefel mit seiner Hacke in das Loch gesprungen und schlug auf das Eis ein bis es splitterte und nachgab.
Langsam war ein silbriger Mond aufgegangen und beleuchtete die Arbeit der Kinder. Das Loch war nun schon zwei Wichtellängen tief, da traf Theos Schaufel plötzlich auf etwas hartes und ein metallenes Geräusch erscholl aus dem Loch.
"Da war was! Eine Truhe!" rief der Kobold aufgeregt.
Die Kinder gruben weiter wie besessen. Sie legten den oberen Rand einer riesigen Truhe frei. Die Truhe schien aus Silber zu sein und sah in dem trüben Licht, das Irrwine in das Loch schickte sehr alt und wertvoll aus. Bald hatten die Kinder die schwere Truhe freigelegt. Sie wanden Seile um die Kiste und ließen sie von der Maus aus dem Loch herausziehen. Die Maus schnaufte und schwitzte, denn die Truhe war wirklich sehr schwer.

Die Wichtel und der Kobold kletterten aus dem Loch und setzten sich erschöpft neben Irrwine.

"Los, wir machen jetzt die Kiste auf!" forderte der Kobold die anderen auf.

Er ging um die Truhe herum und fingerte an den schweren Verschlüssen. Diese gaben jedoch keinen Spalt breit nach.

"Ich krieg's nicht auf!"

Fibius und Theo versuchten ebenfalls die festen Verschlüsse zu öffnen, aber die Schlösser waren mit einer dicken Schicht Eis überzogen, und das Öffnen schien wirklich unmöglich.

Da beschloss Stiefel, die Schlösser mit der Hacke aufzubrechen. Er setzte die Hacke an und KRACKS, gab das Schloss auf der einen Seite nach.

Einige Wichtelmeter weiter weg hinter einer dichten Schneewehe, saßen zwei böse schwarze Wesen im Mondschein und beobachteten die arbeitenden Kinder.

Die Wesen hatten am ganzen Körper lange schwarze Haare und waren ungefähr doppelt so groß wie ein Wichtel. Sie hatten ge-

fährlich funkelnde Augen, die im Dunkeln gelblich leuchteten.
Am abstoßendsten jedoch waren ihre klauenartigen Hände, an denen langen Krallen anstatt von Fingernägeln wuchsen.
Sie verständigten sich auf einer eigenartigen Sprache, die sich anhörte, als würde ein gefährliches Tier laut knurren.
Diese sonderbaren Wesen waren Trolle. Trolle bewohnten die nördlichen Länder, doch fielen sie auch in die Gebiete der Wichtel ein und ein Wichtel, der einem Troll begegnete, war gut beraten, wenn er so schnell wie möglich weit weit wegrannte.
Die Sprache der Trolle ist sehr primitiv. Was die beiden Trolle mit einander sprachen, war ungefähr Folgendes:
"He, Wichtelfraß, ich habe großen Hunger. Wollen wir uns nicht diese saftigen jungen Wichtel da vorne fangen und fressen?"
Der Troll, der Wichtelfraß hieß, wandte seinem Freund seine glühenden Augen zu und nickte langsam.
"Ich möchte den kleinen aufgeregten Jungen, der ist bestimmt ganz zart!" Und er zeigte mit seiner haarigen Klaue auf Fibius,

der gerade das zweite Schloss an der Truhe aufbrach.

Der andere Troll, dessen Name Eisenbeiß hieß, leckte sich über seine geifernden Lippen.

"Ich hole mir das kleine Mädchen, das so rumschreit. Aber, was haben die denn da für eine Kiste?"

Wichtelfraß schüttelte den Kopf: "Keine Ahnung, aber ich werde es gleich wissen. Komm, wir schleichen uns näher ran! Vielleicht ist es ja was wertvolles."

Das zweite Schloss sprang krachend auf, als Fibius mit der Hacke daraufschlug.

Jetzt war der große Moment gekommen, wo die Kinder die Kiste mit dem Schatz öffnen würden.

Da hob der Kobold plötzlich den Arm und rief:

"Wisst ihr was, ich glaube, meine hellseherischen Fähigkeiten melden sich. Sie sagen, hier ist etwas nicht in Ordnung und wir sind in einer ganz großen Gefahr."

Der Kobold war ganz blass geworden und machte ein sehr ernstes Gesicht, was nicht oft vorkam.

Da die Kinder den Apfelkuchen mit den Zauberäpfeln gegessen hatten, verspürten sie nun keine Angst, aber sie wollten auch den Hinweis des Kobolds nicht in den Wind schlagen, denn der Kobold hatte bis jetzt noch immer Recht gehabt, wenn er hellsah.

"Sollen wir die Kiste lieber nicht öffnen?" fragte Fibius vorsichtig.

Der Kobold dachte nach.

"Das ist es nicht, ich glaube......wir werden beobachtet."

Die Kinder blickten sich um, es war niemand zu sehen.

"Was machen wir jetzt?" fragte Irrwine und hörte auf zu leuchten, damit die Beobachter nicht so viel sahen.

"Ich weiß nicht!" Der Kobold zuckte die Schultern.

"Ich habe da eine Idee", fing Fibius an.

Die Trolle blickten sich unsicher um.

"Warum haben die denn das Licht ausgemacht?" fragte Wichtelfraß und schüttelte den Kopf. Trolle sind nicht gerade sehr kluge Wesen und darum verstand Wichtelfraß nicht, dass das Licht, das er gesehen hatte, von einem Irrlicht kam, das sich an- und ausknipsen konnte.

Der andere Troll namens Eisenbeiß sagte: "Ist mir auch egal, ich habe Hunger und hole mir jetzt eines von den Kindern. Kommst du mit oder nicht?"

"Oh je, das sind ja Trolle!" Delfine stieß den Kobold in die Seite und zeigte ihm die beiden haarigen Wesen, die sich dem Loch näherten, wo der Schatz gewesen war.

Aber das hatte der Kobold natürlich schon längst gesehen.

"Mit Trollen ist wirklich nicht zu spaßen."

Die Kinder hatten sich hinter einer Schneewehe einige Wichtelmeter weiter weg versteckt. Und die Trolle liefen ungläubig umher und suchten nach ihnen.

Da sprang Fibius hinter der Schneewehe hervor und lief zu den Trollen hin.

"Guten Tag, suchen Sie mich? Sie wollen mich bestimmt fressen. Das erlebe ich öf-

ter, das Seeungeheuer hatte das auch vor." Er winkte den beiden Trollen fröhlich zu.
"Da ist er ja", sagte Eisenbeiß und Geifer rann über sein Maul.
Er ging ein par Schritte auf Fibius zu und Wichtelfraß folgte ihm.
Fibius wich einige Schritte zurück, dann noch ein paar Schritte. Er stand nun vor einer Stelle im Schnee, auf der einige vereiste Zweige lagen. Mit diesen Zweigen hatten die Kinder das Loch getarnt, aus dem sie die Truhe herausgehoben hatten. Das Loch war sehr tief, denn um die Schatzkiste herausziehen zu können, hatten sie noch mal tiefer graben müssen.
Der Troll wankte mit unsicheren Schritten auf Fibius zu ohne den Wichteljungen aus den Augen zu lassen.
Fibius stellte sich hinter das Loch und lächelte den Trollen entgegen.
Da hielten es die Trolle nicht mehr aus. Knurrend stürzten sie auf Fibius zu und achteten nicht auf den Boden unter sich, Fibius machte einen Schritt zur Seite und die Trolle liefen genau über die Zweige und fie-

len in das tiefe Loch, aus dem die Schatzkiste herausgezogen worden war.

Sie brüllten und schrien vor Wut und versuchten aus dem Loch wieder herauszukommen, aber das Loch war viel zu tief und die Wände waren eisig und glitschig. Die Krallen der Trolle rutschen auf dem glatten Eis aus und sie fielen wieder zurück in das Loch.

Die Kinder lachten vor Begeisterung, sie hatten den zwei gierigen Trollen eine schöne Falle gestellt.

Sie kamen hinter dem Schneehügel hervor und liefen zu dem Loch, in dem die Trolle lagen und brüllten. Dann packten sie schnell die Kiste und machten sie mit Seilen auf der Maus fest.

Zum Öffnen hatten sie jetzt keine Zeit mehr, denn sie waren sich nicht sicher, ob die Troll nicht vielleicht doch noch aus dem Loch herauskamen.

Sie packten die Schaufeln und die Hacke zusammen und machten sich sofort auf den Rückweg.

Irrwine leuchtete ihnen den Weg am Fluss vorbei. Das leuchten war doch sehr anstrengend für Irrwine, die schon die gesamte Ausgrabung beleuchtet hatte, aber sie gab nicht auf und leuchtete den Kindern, bis sie wieder an der Stelle ankamen, wo sie den Schneewichtel getroffen hatten.

Inzwischen war es schon heller Tag geworden und die Kinder waren von dem langen Marsch erschöpft und müde. Sie quälten sich die letzte Strecke bis zur Grenze des Landes des ewigen Eises und machten erst hinter der Grenze Halt.

Hier war es nicht mehr ganz so kalt. Eine milde Novembersonne schien an diesem Tag und die Wichtel beschlossen, zu rasten und die Truhe zu öffnen.

Da zeigte Fibius auf eine große Ulme in einiger Entfernung.

"Schaut mal, da war wohl mal ein Wichtelhaus!"

Die Kinder führten die Maus zu der großen Ulme, die ihre kahlen Äste weit ausbreitete. An der Wurzel des mächtigen Baumes war eine kleine Eingangstür zu sehen, die schief in den Angeln hing und offen stand.

Die Kinder banden die Maus vor der Tür an und gingen hinein.

Sie gelangen in einen Gang, von dem mehrere Zimmer abgingen, die alle unbewohnt zu sein schienen. Eine Küche gab es auch noch und sogar ein paar Kessel standen noch herum.

"Wollen wir hier übernachten?" fragte Delfine fröhlich, denn das Haus machte einen sehr gemütlichen Eindruck und es gab sogar einen kleinen Mausestall.

"Au ja", sagte Irrwine, sie hatte sich in eine Fledermaus verwandelt und hing sich kopfüber an die Wäscheleine in der Küche.

Theo führte die Maus in den Stall und brachte ihr etwas zu essen. Währenddessen machten Fibius und Delfine Feuer im Kamin und erhitzten Wasser und Mäusemilch. Delfine kochte einen Pudding aus der Mäusemilch und den restlichen Erdbeeren, die sie noch aus dem Zaubergarten mitgebracht hatten.

Dann breiteten sie auf dem Boden die Decken aus und aßen und tranken.

Aber länger hielt es keines der Kinder mehr aus. Sie schleppten zusammen die Kiste ins

Wohnzimmer und hoben mit vereinten Kräften den Deckel an.
"Bei allen Wurzeln!" entfuhr es Theo.
"Heiliges Rübchen!" staunte Delfine.
"Potz Blitz und Licht!" wunderte sich Irrwine.
In der Truhe funkelten und glänzten Wichtelschillinge, Koboldttaler und Goldketten. Es gab auch silberne und goldene Becher und Perlen und Armbänder, Ringe mit dicken roten Rubinen, Diamantohrringe, silberne Teller und Messer und Gabeln und vieles andere mehr an Schmuck und Münzen.
Delfine musste sich hinsetzen, so viele wertvolle Dinge hatte sie in ihrem ganzen Leben noch nicht gesehen. Der Kobold nahm sich ein goldenes Tässchen und schüttete seinen Tee hinein.
"Sieht das so dumm aus!" lachte er und trank geziert einen kleinen Schluck aus seinem wertvollen Tässchen.
"Wir sind jetzt reich!" stellte Fibius fest.
"Wir haben Geld bis zum Abwinken!" ergänzte Theo.
"Wir schwimmen im Geld!" fügte Delfine hinzu.

"Steinreich!" sagte der Kobold.
Da hatte Irrwine eine Idee. "Wollen wir nicht in diesem Haus wohnen bleiben? Wir richten es wieder her und wohnen hier und wenn wir Lust haben, ein Abenteuer zu erleben, dann gehen wir auf Abenteuersuche und kommen wieder her, na, was sagt ihr?"
Die anderen Kinder waren begeistert.
Den ganzen Winter verbrachten sie damit ihr Haus umzubauen und einzurichten und im Frühling schickten Fibius und Delfine mit der Schneckenpost einige besonders schöne Schmuckstücke an Frau Löwenzahn. Fibius und Delfine stritten jetzt auch nicht mehr so häufig und das fanden die anderen gut.
Den Rest des Schatzes versteckten sie im Keller. Aber schon im Sommer fanden alle das faule, reiche Leben langweilig. Sie nahmen einige Goldstücke mit und die Maus und gingen auf die Suche nach neuen, aufregenden Abenteuern.

Lachen tut nicht weh!

Albert war ein kleiner Junge von ungefähr zehn Jahren. Er unterschied sich nicht wesentlich von anderen kleinen Jungen in seinem Alter außer der Tatsache, dass er sehr sehr unglücklich war.
Alberts Mutter, mit der er in einem kleinen Haus am Stadtrand lebte, hatte es sehr schwer mit ihrem Sohn, denn Albert war so unglücklich, dass er nur ganz selten etwas sprach und immer schlechte Laune hatte.
Auch in der Schule hatte Albert keine Freunde. Keines der anderen Kinder wollte mit ihm spielen, denn Albert war nie nett oder freundlich, sondern immer missmutig und meistens gab er auch keine Antwort, wenn man mit ihm sprach.
Die Kinder sprachen am liebsten mit Karoline Krummrücken, denn Karoline war ein hübsches, reiches Mädchen, das immer lachte und den Kindern Geschenke mitbrachte. Albert mochte Karoline nicht, denn sie nannte ihn immer 'Muffgesicht' und sah ihn hochnäsig an.

Aber auch die Lehrer wunderten sich sehr über den seltsamen Jungen, der nie mit ihnen sprechen wollte und weil Albert nie etwas sagte, hatte er auch keine guten Noten. Zum Lernen war er auch viel zu traurig.
An diesem Nachmittag ging Albert wie immer allein von der Schule nach Hause. Die anderen Kinder rannten lachend und schreiend zur Bushaltestelle oder machten sich zu Fuß auf den Heimweg, denn sie alle waren froh, dass die Schule an diesem Freitag zu Ende war und ein langes, faules Wochenende vor ihnen lag.
Albert schlenderte allein durch die Straßen der Stadt, bis er vor das Haus kam, in dem er mit seiner Mutter wohnte.
Die Mutter würde drinnen mit dem Mittagessen auf ihn warten. Aber Albert hatte keine Lust, etwas zu essen. Am besten war, dachte er, er würde nie wieder etwas essen.
Darum ging er an dem Haus vorbei und schlug die Richtung zum Wald ein, der einige Meter hinter dem Haus begann.
Es war ein großer Wald, in dem man sich verirren konnte, aber Albert kannte den

Wald sehr gut. Denn er wanderte oft allein und unglücklich über die Wege und Pfade. Im Wald war es schattig und kühl und es roch nach Harz und Fichtennadeln.
Albert mochte die Gerüche und Geräusche im Wald sehr gern. In der Ferne hackte ein Specht ein Loch in einen Baumstamm und die Vögel zwitscherten in den Bäumen.
Albert spazierte immer tiefer in den Wald. Er folgte einem kleinen Pfad, der zwischen hohen Birkenstämmen entlangführte. Auf dem Boden wuchs langes hellgrünes Gras. An einem sonnigen Fleckchen hielt er inne und setzte sich auf den Boden. Er lehnte sich gegen einen Baumstamm und blickte grimmig vor sich hin.
Da bemerkte er ganz in der Nähe eine Bewegung.
Wahrscheinlich ein Tier oder ein Vogel, der sich im Gras versteckt hatte, dachte Albert gleichgültig. Da raschelte es wieder, diesmal näher. Es hörte sich an wie Schritte, nur leiser. Albert blickte sich um, aber er konnte niemanden sehen.

Er seufzte laut, denn er fand, dass er es sehr schwer im Leben hatte.

Da hörte er wieder das seltsame Geräusch und als er jetzt aufmerksam auf den Waldboden spähte, erkannte er, dass sich die Grashalme an einer Stelle bewegten, dann bewegten sich die Grashalme daneben und dann die Grashalme etwas weiter.

Jetzt war Albert doch etwas neugierig und weil niemand da war, der seine Neugier bemerken könnte, ging er zu der Stelle hinüber und bog die Grashalme zurück.

"Arrrgh!" Erschrocken fuhr Albert zurück. "Was ist denn das?"

Das waren die ersten Worte, die Albert seit fünf Tagen gesprochen hatte. Damals hatte er seiner Mutter gesagt, sie solle aus seinem Zimmer verschwinden und ihn in Ruhe lassen. Darum ärgerte er sich jetzt, dass er etwas gesagt hatte, denn er hatte eigentlich nie wieder etwas sprechen wollen.

Aber, was da im Gras gewesen war, konnte er einfach nicht glauben.

Er ging vorsichtig wieder zu der Stelle zurück und blickte hinter die Grashalme. ES WAR NOCH DA!

"Na, da hast du dich aber erschreckt, hm?"

Die Worte waren von dem seltsamsten, kleinen Wesen gekommen, das Albert in seinem ganzen Leben jemals gesehen hatte. Es war ein kleines Männchen mit einem braunen Kindergesicht und roten Kinderbacken.

Es hatte eine grüne Weste aus seltsamem Stoff und eine rote Hose an. Auf dem Kopf trug es eine lange rote Mütze, die ihm bis an die Knie herunter hing.

Auf der Schulter hatte es einen langen Stock, an dessen Ende ein Beutel aus kariertem Stoff hing.

Das Wesen, und das konnte Albert kaum fassen, war insgesamt nur so groß wie ein hoher Grashalm.

"He! Bursche! Kriegst du deinen Mund nicht auf?" fuhr das Wesen ihn ärgerlich an. Es schnitt eine furchtbar hässliche Grimasse und streckte ihm die Zunge heraus.

Albert sagte verärgert: "Wer bist du denn?"

"Ha! Du kannst ja doch sprechen! Ich bin wie jeder sieht, der ein bisschen was an Gehirn im Kopf hat, natürlich ein Wanderwichtel. Du machst vielleicht ein dummes Gesicht. Hast du denn noch nie einen Wichtel gesehen?"

Die Frage hörte sich genauso an wie: Hast du denn noch nie einen Grashalm gesehen?

"Nein, ich sehe zum ersten Mal einen", sagte Albert unglücklich und ärgerlich, dass er etwas sprechen musste.

"Wie heißt du denn, du Dümmling?"

"Ich bin kein Dümmling!"

"Na gut, dann bist du eben ein blöder Riese!"

"He! Du bist ganz schön unverschämt! Ich sage ja auch nicht blöder Zwerg zu dir!"

Der Wichtel lachte herzlich.

"Du kannst auch nicht blöder Zwerg zu mir sagen, denn ich bin ja auch kein Zwerg, Zwerge sind ein bisschen größer als Wichtel und haben in meinem Alter schon längst einen Bart."

"I..ich...äh...ich habe noch nie in meinem Leben....", fing Albert an, aber der Wichtel schnitt ihm das Wort ab.

"Ach je! Noch nie in deinem Leben, wie alt bist du denn schon? Kümmerliche zehn oder zwölf Jahre, hm? Was?"
"Zehn", sagte Albert.
"Zehn Jahre!" Der Wichtel lachte höhnisch. "Was willst du mit zehn Jahren auch schon groß gesehen haben!"
Albert begann sich wirklich zu ärgern. Denn der Wichtel war ja auch noch ein Kind, ein Wichtelkind, sozusagen.
Darum machte er ein verächtliches Gesicht wie Karoline es immer machte und sagte zu dem Wichtel:
"Ach! Und wie alt bist du?"
"Ich", sagte der Wichtel und grinste siegessicher. "Ich bin einhundertfünf Jahre alt."
Albert war beeindruckt.
"Wie alt werden Wichtel denn so?"
"Och, meine Oma ist siebenhundertneunundachtzig Jahre alt geworden, aber da war sie auch schon ein bisschen verwirrt. Sie hat einen Kuchen mit kleinen Steinen gebacken, weil sie dachte, es seien Erdbeeren. Hmm....und mein Urgroßvater wird nächsten April siebenhundertneunzig, aber

der ist auch schon verwirrt und meine Tante ist erst mit sechshundertzehn gestorben. Du siehst, du bist noch sehr jung und musst noch viele Erfahrungen sammeln."
Albert ärgerte sich etwas über den eingebildeten Wichtel.
"Ich möchte jetzt nicht mehr länger mit dir reden", informierte er ihn leicht gereizt, aber er ging auch nicht weg, denn dafür war er doch zu neugierig.
"Ich muss jetzt auch weiter und ich habe auch nicht den ganzen Tag Zeit, mit so einem mürrischen Jungen zu sprechen, wie dir."
Der Wichtel hob seinen Stock mit dem Bündel wieder auf.
"Halt!" rief Albert, denn er wollte doch noch ein bisschen mit dem Wichtel sprechen, aber der setzte seinen Weg durchs Gras fort. Im Gehen drehte er sich nach ihm um und streckte ihm die Zunge heraus.
"Bleib doch noch ein bisschen!" rief Albert dem Wichtel nach, aber der stapfte eilig weiter.
Da lief Albert hinterher und hielt den Wichtel am Jackenzipfel fest.

"Lass mich los!" schrie der Wichtel empört und riss an seiner Jacke.

"Machen wir ein Geschäft!" schlug Albert dem Wichtel vor.

"Nein, ich mache keine Geschäfte mit Riesen, ich will sofort losgelassen werden, denn ich will noch heute Abend bei meinem Meister Faulbauch sein."

"Wer ist denn das?" fragte Albert und ließ den Wichtel los. Der Wichtel stellte seinen Wanderstock an einen Baumstamm und stütze sich mit der Hand daran ab.

"Meister Faulbauch? Das ist mein Zaubermeister, da lerne ich zaubern. Ein bisschen kann ich schon."

"Du kannst WAS?"

"Zaubern."

"Kannst du für mich auch was zaubern?" fragte Albert so sehnsüchtig, dass der Wichtel sich ein Herz fasste und sich hinsetzte.

"Na, was soll ich denn für dich zaubern?"

"Ich will nicht mehr unglücklich sein", vertraute Albert dem Wichtel an.

"Das ist doch nicht schwer, dann sei doch einfach fröhlich. Lachen tut ja schließlich nicht weh!"

Albert dachte nach. Er spürte, dass der Wichtel irgendwie Recht hatte.

"Ich kann aber einfach nicht lachen, es geht nicht, ich kann auch nicht fröhlich sein."

Der Wichtel kratzte sich unter seine Mütze, wie es Wichtel manchmal tun, wenn sie über schwierige Dinge nachdenken.

"Wollen wir wetten, dass ich dich zum Lachen bringen kann?"

Der Wichtel lief an einem Baumstamm hoch, drückte sich ab, schlug einen zweifachen Salto und landete wieder auf dem Boden. Das sah sehr lustig aus und um Alberts Mundwinkel zuckte es, als ob der lachen müsste. Denn der Wichtel hatte beim Salto-machen seine Mütze fest halten müssen.

Aber lachen musste Albert dann doch nicht.

"Na, das war ja schon ganz gut, lachen wirst du auch noch lernen!" sagte der

Wichtel etwas außer Atem. "Was ist, hältst du die Wette?"
Albert überlegte.
"Wenn es mir gelingt, dich zum Lachen zu bringen, dann musst du mich den ganzen Weg zu meinem Meister tragen. Das fällt einem Riesen wie dir, der so riesige Schritte machen kann, ja wohl nicht schwer. Wenn du gewinnst und du nicht lachen musst, dann bleibe ich so lange bei dir, bis du wieder fröhlich bist und doch lachen musst."
Diese Wette fand Albert etwas seltsam. Aber er stimmte trotzdem zu.
"Also gut, dann gehen wir jetzt zu dir nach Hause und du erzählst mir, warum du so traurig bist", bestimmte der Wichtel und hob seinen Stock wieder auf.
Albert nickte und ging ein paar Schritte, da hörte er hinter sich eine zornige Stimme:
"He! Du wirst mich ja wohl tragen, du dummer Nussfresser, wie soll ich denn mit deinen Meilenschritten mitkommen?"
Daran hatte Albert gar nicht gedacht. Er drehte sich um und hob den Wichtel auf, was sehr seltsam war. Der Wichtel wog un-

gefähr so viel, wie das Meerschweinchen, das Albert einmal besessen hatte.
Albert teilte das dem Wichtel mit.
"Was soll denn das sein, ein Meerschweinchen?" fragte der Wichtel.
Albert erklärte es ihm, aber der Wichtel schüttelte den Kopf.
"Warum hältst du dir nicht ein anständiges Haustier? Eine feine dicke Ratte, oder eine Maus oder eine nützliche Spinne?"
"Eine Spinne oder eine Ratte?"
"Ja, natürlich, eine Spinne hat acht Arme, die räumt dir im Nu das Wichtelhaus auf, und eine Ratte oder eine Maus gibt die leckerste Milch, die man sich denken kann."
Albert schüttelte sich vor Ekel. Er war sich nicht sicher, ob die Haustiere, die die Wichtel sich hielten, ihm gefallen würden.
Da fiel ihm etwas ein.
"Sag mal, wie heißt du denn eigentlich? Ich heiße Albert."
"Na, der Name passt ja zu dir. Alllbääärt!"
Der Wichtel schnitt eine traurige Grimasse und sah damit Albert verblüffend ähnlich.
"Ich habe das Glück, einen besonders

schönen Namen von meiner Mutter bekommen zu haben, ich heiße Kleinmaul Stechwurzel."
Albert hätte beinahe gelächelt.
"Kleinmaul? Das soll ein schöner Name sein? Michael, das ist ein schöner Name oder Andreas, aber doch nicht Kleinmaul!"
"Häh? Was sind denn das für komische Namen? Ihr Riesen seid schon wunderlich. Alle Leute in unserer Familie haben schöne Namen. Meine Mutter heißt Melisse und mein Vater heißt Grunzmaul."
"Grunzmaul?"
"Du brauchst nicht immer alles zu wiederholen, was ich dir sage. Ist das nicht ein schöner Name? Grunzmaul? Alle Jungen in unserer Familie heißen was mit Maul. Mein Urgroßvater, der der siebenhundertneunzig Jahre alt ist, der heißt Schlappmaul."
"Schlappmaul!"
"Ich habe dir doch gesagt, du musst nicht alles wiederholen, was ich dir sage. Wenn dir unsere Namen so gut gefallen, dann kannst du dich ja umbenennen lassen. Wenn du willst, dann rede ich mal mit deiner Mutter."

"Nein, bloß nicht, meine Mutter ist ganz doof, die würde das nicht verstehen."
"Gut, dann eben nicht, ich kenne sie ja nicht."
Albert und Kleinmaul hatten inzwischen das Haus erreicht, in dem Albert wohnte. Albert nahm den Wichtel und steckte ihn in seine Schultasche.
"Das muss ich tun!" erklärte er dem protestierenden Kleinmaul. "Sonst sieht dich meine Mutter."
Kleinmaul setzte sich mürrisch neben das Deutschbuch auf Alberts Mäppchen.
"Na gut, aber schüttel mich nicht so rum!" drohte er, aber Albert schloss bereits die Schultasche und klingelte an der Wohnungstür.

Aber an diesem Mittag hatte Albert Glück. Alberts Mutter arbeitete dreimal die Woche als Putzfrau und war an diesem Mittag zur Arbeit gefahren. Sie hatte für Albert Spagetti gekocht, die sich Albert jetzt auf dem Herd warm machte.
Dann stellte der den Teller auf den Tisch und zog für den Wichtel eine gefaltete Ser-

viette heran, auf die Kleinmaul sich setzen konnte.

"He, was sind denn das für komische Würmer?" fragte der Wichtel und zeigte zweifelnd auf die Nudeln mit Tomatensoße.

"Das schmeckt gut, das sind Nudeln."

"Ich weiß nicht, was Nuden sind, aber ich habe Hunger und werde mal eine probieren."

"Das heißt Nudelllln."

"Ist mir doch egal, wie dein komischer Riesenfraß heißt!" sagte der Wicht. Er knüpfte sein Bündel auf und fischte ein winzige Gabel heraus. Damit teilte er sich ein Stück von einer der Nudeln ab und aß es.

"Hhmmm....lecker, so ein rotes Zeug habe ich schon mal gegessen, die Tomaten."

"Tomaten, heißt das. Was esst ihr denn so bei euch zu Haus?"

"Mein Lieblingsessen sind Feldhamsterschenkel in Rahmsoße und gefüllter Fliegenpilz", informierte ihn der Wichtel.

"Ihr esst Hamster?"

"Jetzt wiederholst du schon wieder, was ich sage. Was trinkst du denn da?"

"Cola."

"Gib mir mal ein bisschen!" Der Wicht suchte aus seinem Beutel eine Haselnussschale und hielt sie dem Jungen hin.

Albert ließ vorsichtig etwas Cola in die Schale tropfen.

"Iiiiiiiiiih, da sind irgendwelche Mücken drin, die im Hals kratzen."

"Das ist Kohlensäure, das schmeckt lecker."

"Ich will keine Mückenbrühe, bring mir einfach ein bisschen Wasser!" sagte der Wicht bockig.

Albert stand auf und füllt die Nussschale unter dem Wasserhahn mit Wasser.

Nach dem Essen spülte er seinen Teller und die Gabel des Wichtels ab und dann zeigte er dem Wichtel sein Zimmer.

Der Wichtel staunte über die riesigen Möbel. Dann kletterte er auf die Fensterbank und setzte sich auf die Erde in dem Blumentopf, der dort stand. In dem Blumentopf befand sich eine grüne Zimmerpflanze.

Der Wicht stellte sein Bündel auf ein Blatt und breitete sich eines von Albert Papiertaschentüchern auf der Erde aus.

"So, hier werde ich heute Nacht schlafen. Jetzt erzähl mir doch mal, warum du so unglücklich bist!"
Albert setzte sich auf den Boden und machte ein nachdenkliches Gesicht.
"Meine Eltern sind geschieden, wir haben nicht viel Geld, ich bin nicht sehr gut in der Schule und werde dieses Jahr sitzen bleiben, die anderen Kinder wollen nichts mit mir zu tun haben, darum ist es immer langweilig, ich habe keine Freunde und letzte Woche ist mein Hamster gestorben."
Der Wichtel rollte mit seinen runden Augen.
"Ach Wurzel! Und deshalb bist du traurig? Das ist aber sehr dumm von dir."
"Ich habe meinen Hamster sehr lieb gehabt", verteidigte sich Albert.
"Na, und? Dann kaufen wir einen Neuen, au ja, wir kaufen ein Weibchen, das gerade Junge hatte, dann hat es viel Milch und ich kann immer frische Hamstermilch trinken. Die schmeckt zwar nicht so gut, wie Mäusemilch, aber dafür ist sie sehr gesund. Und als Nächstes fängst du uns eine feine, dicke Spinne, die kann den Hamsterstall in Schuss halten."

Albert zeigte dem Wichtel seinen Hamsterkäfig. Der Wichtel war begeistert und bestand darauf, sofort in den Käfig umzuziehen, damit er bei dem neuen Hamster bleiben könnte, wenn er gekauft würde.
Und während Albert seine Hausaufgaben machte, richtete der Wichtel den Hamsterkäfig nach seinem Geschmack ein. Er streute Sägespäne, stellte das Schlafhäuschen auf und trug sein Bündel in den Käfig. In einer Ecke rollte er seine Taschentuch-Bettdecke aus.
Er schleppte allerlei Zeug in den Käfig. Er nahm eine Streichholzschachtel, die ihm dort als Tisch dienen sollte und stellte einen Fingerhut als Vase darauf. Morgen würde er ein Gänseblümchen für in seine Vase pflücken.
Als Albert später am Abend in seinem Bett eingeschlafen war, hörte er den Wichtel immer noch im Zimmer herumturnen. Was er aber nicht wusste, war, dass der Wichtel seine Mathematikaufgaben verbesserte.

Am nächsten Morgen bat Albert seine Mutter um etwas Geld, um einen neuen

Hamster zu kaufen. Die Mutter war so glücklich, dass ihr Sohn endlich etwas mit ihr sprach, dass sie beinahe weinen musste.

Obwohl sie zurzeit nicht viel Geld hatte, gab sie Albert das Geld für einen neuen Hamster. Und gegen elf Uhr spazierte Albert mit dem Wichtel in der Innentasche seiner Jacke in die Stadt, um im Tiergeschäft ein Hamsterweibchen zu kaufen.

"Guten Tag, ich hätte gerne ein Hamsterweibchen, das gerade schwanger gewesen ist", sagte Albert zu dem grauhaarigen Verkäufer.

Der Verkäufer sah ihn seltsam an.

"Guten Tag, WAS möchtest du haben, mein Junge?"

"Ich hätte gerne," sagte Albert und legte die Hand auf seine Jacke, um zu verhindern, dass der Wichtel herausfiel, "ein Hamsterweibchen, das gerade Junge bekommen hat, haben sie so was?"

Der Verkäufer lächelte hochnäsig.

"Nun, du möchtest einen kleinen süßen Hamster haben, da musst du kein altes

Weibchen nehmen, die wird nicht mehr sehr alt."

"Doch, man muss sie nur regelmäßig melken", widersprach Albert selbstbewusst. Der Verkäufer machte ein beleidigtes Gesicht. Außerdem hatte er noch nie gehört, dass jemand seinen Hamster gemolken hätte.

"Tut mir Leid, mein Junge, aber so ein altes Weibchen kann ich dir nicht verkaufen."

"Ach, bitte!" sagte Albert und versuchte, den Verkäufer anzulächeln, was nicht gelang. "Ich werde ja auch dafür bezahlen."

Der Verkäufer seufzte, dann bedeutete er Albert, ihm zu folgen. Er führte ihn in einen Raum hinter dem Verkaufsraum, in dem er die alten, schwangeren oder kranken Tiere hielt.

In einer Kiste am Ende des Zimmers lag eine dicke Hamsterdame und schlief. In der Kiste neben ihr quiekten die Kleinen durcheinander.

"Bist du sicher, dass du nicht doch so ein kleines Hamsterbaby willst? Man kann sie schon von der Mutter trennen", fragte der Verkäufer noch einmal nach.

"Ganz sicher!" sagte Albert. Er öffnete heimlich einen Spalt breit die Jacke und ließ den Wichtel die Hamsterdame begutachten.

"Die ist in Ordnung, gute Milchvoraussetzungen", flüsterte der Wichtel.

"Wie bitte?" fragte der alte Verkäufer misstrauisch.

"Oh, ich sagte, die ist in Ordnung, gute Kaufvoraussetzungen."

"Na, schön." Der Verkäufer griff in die Kiste und nahm das Hamsterweibchen hoch. Dann steckte er es in einen Pappkarton und klebte ihn mit Klebestreifen zu.

Albert kaufte noch ein Paket Hamsterfutter und als er bezahlte, stellte er fest, dass fast überhaupt kein Geld übrig blieb.

Er nahm den Hamster und verabschiedete sich.

In der Stadt war heute sehr viel Betrieb, denn die Leute erledigten ihre Wochenendeinkäufe.

Im Kaufhaus drängten sich viel Leute. Vor Albert und seinen zwei kleinen Gefährten ging ein Kind, das einen Schokoriegel aß.

Albert und dem Wichtel lief das Wasser im Mund zusammen, als sie das sahen, aber Albert hatte nicht mehr genug Geld dabei, um einen Schokoriegel zu kaufen.

Jetzt kamen sie an dem Regal mit den Süßigkeiten vorbei und Alberts Blick heftete sich begehrlich auf die Dinge, die es hier gab.

Bevor er noch wusste, was er tat hatte er schon einen Riegel genommen und in seine Jackentasche gestopft.

"Neiiiin!" schrie der Wichtel aus der Tasche heraus. "Du kannst das doch nicht einfach nehmen. Das ist geklaut. Wer beim Kaufmann Sachen klaut, der ist eine diebisch Haut! Das ist ein Wichtelsprichwort. Leg' das sofort wieder hin."

Einige Leute drehten sich nach Albert um, weil sie dachten, es spreche jemand mit ihnen.

"Sei still!" zischte Albert zurück. "Sonst werden wir noch entdeckt!"

Albert ging vorsichtig und so unauffällig wie möglich zum Ausgang. Er hielt den Blick auf den Boden gesenkt und versuchte nicht auffällig schnell zu gehen.

Als er die Tür fast erreicht hatte, legte sich plötzlich eine schwere Hand auf seine Schulter.

"Komm doch mal bitte mit in mein Büro, ich glaube, du hast da eben was genommen, was nicht dir gehört hat."

Albert erschrak heftig. Vor ihm stand ein Mann in einem schwarzen Anzug. Er sah Albert böse an.

"Ich habe nichts geklaut!" beteuerte Albert.

"Das werden wir ja dann sehen", sagte der Mann drohend. Er packte Albert am Arm und ging mit ihm in ein winziges Büro am Ende des ersten Stockes. Dort rief er die Polizei an.

Nach kurzer Zeit betraten zwei Polizisten den Raum.

Der Detektiv bat Albert, ihm seine Jacke zu geben.

Albert konnte sich vor Schreck kaum bewegen. Die zwei Polizisten blickten ihn auffordernd an und der Hausdetektiv meinte ungeduldig: "Na, wird's bald!"

Albert nahm die Kiste mit dem Hamster aus seiner Jacke und stellte sie vorsichtig auf den Tisch in dem kleinen Zimmer.
Dann zog er seine Jacke aus und gab sie dem Hausdetektiv.
Was sollte er bloß tun, wenn der Detektiv die Schokolade fand. Und noch schlimmer, was sollte er tun, wenn er den Wichtel sah?
Der Detektiv durchwühlte Alberts Jacke. Er fand seinen Geldbeutel und seine Busfahrkarte. Dann griff er in die Tasche, wo die Schokolade drin gewesen war.
Er zog die Hand heraus und hielt das Papier heraus, in das der Schokoriegel eingewickelt gewesen war, das Papier war leer.
Der Mann starrte erstaunt auf das zerknüllte Papier.
Die Polizisten wandten sich ungeduldig der Tür zu.
"Tja, da haben sie sich wohl geirrt", sagte der eine Polizist und tippte an seinen Hut. "Kann ja mal vorkommen. Also, Wiedersehen."
Albert nahm die Schachtel mit dem Hamster wieder an sich und zog seine Jacke an.

"Da Sie nichts gefunden haben, gehe ich jetzt nach Hause", sagte er und verabschiedete sich von dem völlig erstaunten Detektiv.
"Wie ist so was nur möglich? Wann hat er das nur so schnell gegessen?" wunderte sich der Detektiv.
Albert nahm seine Sachen und machte sich sehr schnell auf den Heimweg.

"Oh je, ist mir so schlecht!" Der Wichtel stieg schwerfällig aus der Pappschachtel, in der noch der Hamster lag und presste eine Hand auf seinen Magen.
"Ich habe eine Süßigkeit gegessen, die fast so groß war wie ich selbst, mir war in den ganzen einhundertfünf Jahren meines ereignisreichen Lebens noch nie so schlecht. Ich glaube, ich will nie mehr was essen!"
Albert machte ein schuldbewusstes Gesicht.
"Das tut mir Leid!"
"Jajaja, es tut dir Leid, das mache ich nienienienie mehr für dich!"
Der Wichtel schleppte sich in den Hamsterkäfig und fiel auf sein Bett. Dort blieb er

liegen und rührte sich für den Rest des Tages nicht mehr.
Albert war seinem Wichtel sehr dankbar. Er suchte im Garten ein Gänseblümchen und stellte es in den Fingerhut, den er mit etwas Wasser füllte. Dann sperrte er den Hamster in den Käfig und schüttete ein paar Körner in das Fressnäpfchen, dann kochte er einen Pfefferminztee, denn das war immer gut bei Magenbeschwerden und stellte dem Wichtel eine Nussschale voll davon neben sein Bett.

Am nächsten Morgen erwachte Albert in dem sicheren Gefühl, dass ihn jemand beobachtete.
Erschrocken richtete er sich im Bett auf und sah den Wichtel, der mit baumelnden Beinen auf seinem Nachttisch saß und Pfefferminztee trank.
"Guten Morgen, Herr Klaufix." Der Wichtel schien ziemlich böse zu sein. "Na, wie schläft es sich mit einem schlechten Gewissen. Ich habe so gelitten, mir war ja so schlecht, und warum? Weil der Herr Albert einen Schokoriegel klauen musste. Naja,

trotzdem, vielen Dank für den Tee und die Blume. Leider hat sie der Hamster gefressen. Möchtest du mal eine Tröpfchen Hamstermilch probieren?"

Albert versuchte vergeblich ganz wach zu werden. Was sollte er probieren? Wer war dieses kleine Kind, das da auf seinem Nachttisch saß?

Dann fiel ihm alles wieder ein. Das war der Wichtel, der ihn vor der Polizei und dem Kaufhausdetektiv gerettet hatte! Der Wichtel, der ihn zum Lachen bringen wollte.

"Ich möchte lieber keine Hamstermilch probieren", sagte Albert zögernd, denn er hatte sich immer noch nicht wieder daran gewöhnt, mit jemandem zu sprechen. Es war ein seltsames Gefühl, die Lippen zu bewegen.

"Gut, dann nicht, dann kann ich alles allein trinken, denn du trinkst ja ganze Regentonnen aus."

Beinahe hätte Albert gelacht, denn die Vorstellung, er würde ein Regentonne voller Cola austrinken, fand er sehr lustig.

"Wir haben", sagte der Wichtel und faltete geschäftsmäßig die Hände, "jetzt das Pro-

blem mit dem Hamster gelöst, du hast wieder einen und der ist noch dazu sehr nützlich und gibt schöne Milch. Kommen wir zum nächsten Problem! Und zwar: deine Noten. Ich habe gestern mal ein paar deiner Hefte durchgesehen und ich muss wirklich sagen: ihr lernt nichts als dummes Zeug in der Schule: Rechnen, Deutsch, Erdkunde, was für unnützes Zeug. Bei uns lernen die Kinder Reimen, Zaubern und feste Knoten machen, sie lernen die Pflanzen im Wald und wie man ruhig atmet. Das ist wirklich eine Schande bei euch Riesen."
Albert war jetzt ziemlich wach: "Was, ihr lernt zaubern? Ist das schwer?"
Der Wichtel lachte fröhlich. Wichtel haben ein sehr ansteckendes Lachen, die meisten Menschen müssen einfach mitlachen, wenn sie einen Wichtel lachen hören.
Aber bei Albert war das natürlich anders.
"Ach was! Das ist ganz einfach, ich hatte immer eine Fünf!"
"Du hattest eine Fünf...."
"Hör auf, alles immer zu wiederholen, das macht mich nervös!"

"Du hattest eine Fünf und erzählst mir, ich hätte schlechte Noten?"
Jetzt musste der Wichtel wieder lachen.
"Eine Fünf ist bei uns die beste Note, du Pausenlerner."
Das hatte Albert natürlich nicht gewusst.
Der Wichtel sprang vom Nachttisch herunter auf Alberts Bett. Dort schlug er ein Rad und hüpfte auf der weichen Matratze auf und ab.
Dabei sang er:

> "Rauf und runter,
> Auf dem Bettchen,
> Hüpf ich munter,
> Sing ein Liedchen."

Albert war beeindruckt. "Du kannst wirklich gut singen, Kleinmaul und reimen kannst du auch, da merkt man, dass du das in der Schule hattest."
Aber der Wichtel hörte auf, zu hüpfen und setzte sich wieder hin.
"Albert, deine Noten müssen besser werden, so geht das nicht weiter."
"Du hörst dich ja an wie meine Mutter!"

"Deine Mutter scheint mir eine sehr nette und patente Dame zu sein."
"Was für eine Dame?"
"Patent! Fähig! Schlau! Anders als du!"
Albert sah beleidigt weg. Er stand auf und ging in die Küche. Dort schmierte er ein Brot mit Marmelade und brach eine kleine Ecke davon für den Wichtel ab, die er ihm in die Hand gab.
"Und was soll ich jetzt tun?"
"Du tust gar nichts."
"Ich schreibe am Montag eine Erdkundearbeit," teilte Albert dem kauenden Wichtel mit.
"Ich weiß das. Ich habe ein bisschen in deinem Heft gestöbert. Darum werde ich dich am Montag in die Schule begleiten und dir ein bisschen helfen."
"Aber", Albert legte nachdenklich sein Brot weg, "du kannst doch gar keine Erdkunde."
Der Wichtel lächelte nachsichtig.
"Typisch Mensch! Ich kann alles! Ich muss nur ein Sprüchlein sagen und schon bin ich schlauer als alle deine Lehrer. Pass mal auf:

Gehirn, Gehirn, ich mach dich klug,
Dass ich in Erdkunde weiß genug.
Gedächtnis, Gedächtnis, ich mach dich groß,
Dass ich noch gute Noten schreibe bloß."

Albert musste leicht lächeln, was der Wichtel gut gelaunt bemerkte.
Am Montagmorgen regnete es in Strömen und Albert musste mit dem Bus zur Schule fahren. Den Wichtel hatte er in seine Schultasche gesteckt. Manchmal hörte er laute Schmatzgeräusche aus dem Innern seiner Tasche und er hatte den Verdacht, dass der Wichtel sein Pausenbrot aß.
Der Bus war wie immer überfüllt. Auch Karolina Krummrücken saß schon auf ihrem Stammplatz am Fenster.
Karolina wohnte in einem Viertel voller großer Häuser, in denen die reichen Bewohner der Stadt lebten. Es gab dort gepflegte, große Gärten mit alten Bäumen und weißgestrichenen modernen Häuser.
Dort wo Albert lebte gab es dagegen nur alte, schmutzige Häuschen, von denen die meisten überhaupt keinen Garten hatten.

Heute war nur noch ein Platz direkt vor Karolina frei und Albert setzte sich zähneknirschend dorthin.

"Hi hi hi hi, da vorne sitzt der stumme Albert!" Karolina und ihre Freundinnen kicherten wie immer über ihn.

"Kuck mal, wie der heute wieder aussieht, als wären Vater und Mutter gestorben!"

"Und was der wieder für Kleider anhat!" lachte Karolina. "Die sehen ja aus wie aus der Altkleidersammlung!" Und die Mädchen lachten und kicherten.

In dem Spalt zwischen Tasche und Schnalle erschien ein winziges Wichtelauge, das sich neugierig die Mädchen auf den hinteren Sitzen ansah.

"Sind das eingebildete, dumme Hühnermelkerinnen!" sagte der Kobold sehr laut. Albert erschrak.

"Was war das denn?" rief Karolina hinter Alberts Rücken. "Hat Albert eben etwas was gesagt? Hat er Hühnermelkerinnen zu uns gesagt?"

Es wurde ganz still bei den Mädchen.

Karolina legte Albert von hinten die Hand auf die Schulter. Sie war ein hübsches

Mädchen mit dunkelblonden Haaren und schönen braunen Augen, aber ihr Charakter war nicht hübsch. Das wusste Albert nur all zu gut.
"Albert! Hast du eben was zu uns gesagt?"
Albert blickte schweigend unter sich. Jetzt hob er den Kopf und blickte Karolina so böse an wie er nur konnte. Er ließ seinen starren bösen Blick auf ihr ruhen und sagte laut und deutlich: "Du störst!"
Karolina bekam einen roten Kopf. Die Mädchen fingen unsicher an zu kichern.
"Das ist nicht lustig!" fuhr Karolina sie an und setzte sich grollend auf ihren Platz zurück. Langsam aber sicher breitete sich ein fettes Lächeln auf seinem Gesicht aus.

In der ersten Stunde schrieben die Schüler die Erdkundearbeit bei ihrer Klassenlehrerin Frau Heil. Frau Heil war eine nette Lehrerin und bei allen Schülern sehr beliebt.
Albert und der Wichtel hatten einen Plan geschmiedet.
Als Frau Heil die Blätter austeilte, stellten manche Schüler einen Glücksbringer auf ihre Bank.

Karolina Krummrücken hatte einen entzückenden weißen Plüschhasen, der bestimmt sehr teuer gewesen war und um den sie ihre Freundinnen beneideten. Frank Faul, einer der Jungen, die Albert immer am meisten hänselten, hatte ein schrecklich aussehendes Plastikmonster dabei, das alle seine Freunde ganz toll fanden.
Albert hatte bisher noch nie etwas dabeigehabt.
Aber heute würde er auch einen Glücksbringer haben.
Er hörte, wie der Wichtel in der Tasche ein Sprüchlein aufsagte:

"Liebe Wurzel, mach mich starr,
Dass ich in dieser Form verharr!"

Dann wurde der Wichtel zu einer Art Wachsfigur, er wurde so starr und unbeweglich, dass er aussah wie eine kleine Glücksbringerfigur.
Albert stellte den starren Wichtel auf seinen Tisch direkt vor sich.

"Oh, was für eine hübsche kleine Figur!" sagte Frau Heil, als sie Albert sein Blatt auf den Tisch legte.
Albert nickte. Die Lehrerin hatte nichts bemerkt. Er atmete erleichtert aus.
Dann sah er sich die Fragen auf dem Blatt an. Er wusste keine einzige Antwort.
Die erste Frage war: "Wie lang ist die Donau?"
Der Wichtel blinzelte mit einem Auge und flüsterte so leise, dass nur Albert es hören konnte:
"Waren es nun achtundzwanzig oder zweitausendachthundert?"
Albert schrieb zweitausendachthundert Kilometer auf.
Die zweite Frage hieß: "Durch welche Länder fließt die Donau?"
"Deutschland, Österreich, Bulgarien, die Ukraine", wisperte Kleinmaul.
Albert schrieb alles auf.
Als die Stunde zu Ende war, mussten die Kinder ihre Blätter abgeben.
Albert brachte der Lehrerin sein Blatt und steckte den Wichtel wieder in die Tasche.

Er meinte zu hören, wie der Wichtel in der Tasche murmelte:

"Beweglich werden will ich wieder,
Schicke Leben in alle Glieder."

In der letzten Stunde hatten die Kinder Mathematik. Inzwischen hatte sich Karolina wieder etwas von den Vorfall im Bus beruhigt. Trotzdem warf sie Albert böse blicke über das Klassenzimmer hinweg zu.
In der letzten Stunde hatten die Schüler Mathematik bei Herrn Hunoldt. Der Lehrer gab ihnen lange Zahlen zum Zusammenrechnen.
Für gewöhnlich blickte Albert während des Unterrichts unglücklich aus dem Fenster oder er legte den Kopf auf die Bank und hing seinen traurigen Gedanken nach. Auch heute schaute er auf sein Blatt ohne zu schreiben oder auch nur die Aufgabe anzusehen und grübelte über den Sinn seines Lebens nach.
Die anderen Schüler rechneten fleißig ihre Aufgaben und im Klassenzimmer war es ganz still.

Da meldete sich plötzlich Karolina und sagte: "Albert sagt, er hat schon das Ergebnis."
Herr Hunoldt sah Albert überrascht an.
"Stimmt das, Albert?"
Karolina schaute ihn schadenfroh an, sie lächelte böse.
Da flüsterte es aus der Tasche heraus: "Einhundertvierundfünfzigtausendsiebenhundertelf."
"Einhundertvierundfünfzigtausendsiebenhundertelf", sagte Albert.
Der Lehrer sah ziemlich verwirrt aus.
"Äh, wie hast du das denn so schnell gerechnet? Du hast ja noch nicht einmal etwas aufgeschrieben!"
"Ich habe es im Kopf gerechnet", sagte Albert und das waren so viele Wörter, wie die Schüler schon seit langem nicht mehr von ihm gehört hatten.
Die Kinder starrten ihn mit offenem Mund an und Frank Faul, der Albert sonst immer hänselte, fragte erstaunt:
"Redest du jetzt etwa wieder etwas?"
"Vielleicht!" sagte Albert und sah wieder aus dem Fenster. Darum konnte auch nie-

mand das leise Lächeln sehen, das um seine Lippen spielte.

Als Albert an diesem Tag von der Schule nach Hause ging, lehnte sich der Wichtel aus der Tasche heraus, um besser mit ihm sprechen zu können.
"Albert, ich weiß jetzt Bescheid, wie es in der Menschenschule zugeht. Ich kann nicht verstehen, dass du heute nicht mal lachen musstest. War es nicht lustig, was Karolina Krummrücken für ein Gesicht machte, als du zu ihr gesagt hast 'Du störst'?"
"Doch, das war schon sehr lustig, da hast du Recht. Vielleicht", lenkte Albert ein, "wird es ja langsam besser. Ich hoffe, du bringst mich nie zum Lachen, dann kannst du immer mit mir in die Schule gehen."
"Ha! Das würde dir so passen, aber dazu habe ich keine Lust, außerdem will ich mal ein großer Zauberer werden und muss zu meinem Meister zurück. Ich werde dich schon noch zum Lachen bringen, wart's nur ab!"
"Schade!" sagte Albert.

"Du musst lernen, ohne mich in der Schule zurechtzukommen, es gibt da zwei Möglichkeiten: Entweder du hörst auf zu trauern und lernst oder ich zaubere dich schlau."
"Ich kann nicht lustig sein, ich bin nicht lustig, ich bin ein langweiliger Junge."
Der Wichtel lachte in sich hinein.
"Gut, wenn du das meinst, dann zaubere ich dich ein bisschen schlauer. Aber ich weiß nicht wie lange das anhält bei solchen Riesen wie dir."
Der Wicht setzte sich bequem auf den Griff der Schultasche und wippte hin und her. Dann spitzte er die Lippen und pfiff ein kleines Liedchen. In derselben Melodie sang er dann ein Zaubersprüchlein, das Albert schlau machen sollte.

"Kluger Junge, dummer Junge,
Das Gehirn mach schlau und nicht
die Lunge."

Albert fragte sich, ob er jetzt tatsächlich klüger war. Auf jeden Fall konnte das Reimchen nichts schaden, sagte er sich.

Als Albert zu Hause ankam, war die Mutter wieder zur Arbeit gefahren, aber auf dem Herd stand ein Topf mit Suppe für Albert. Albert füllte einen Teller für sich und die Trinkschale des Hamsters für den Wichtel.
Der Wichtel turnte vom Tisch herab und lief zum Käfig, um noch seinen Löffel zu holen. Dann zog er an Alberts Hosenbein, damit dieser ihn wieder auf den Tisch hob.
Albert brach eine Ecke von seinem Brot ab und reichte sie dem Wichtel.
"Was ist das denn für eine Butter? Die ist doch bestimmt nicht aus Mäusemilch gemacht, oder?" fragte der Wichtel misstrauisch.
"Nein, die ist aus Kuhmilch", informierte ihn Albert.
"Ach Wurzel! Das hätte ich mir ja denken können, dass Riesen die Milch von riesigen Tieren trinken. Seltsam seid ihr!"
Albert sagte nichts, aber er fand es viel seltsamer, Hamstermilch oder Mäusemilch zu trinken als Kuhmilch.
"Wo ist denn eigentlich dein Vater?" fragte der Wichtel und ließ seinen Löffel so schnell in die Suppe fallen, dass die Brühe

nach allen Seiten wegspritzte und Albert einen Spritzer ins Auge bekam.
"Der ist abgehauen nach der Scheidung. Ich weiß nicht, wo er ist und er kommt mich auch nie besuchen", sagte Albert traurig und füllte die Nussschale noch mal in seinem Teller auf. Dann stellte er sie dem Wichtel hin.
"Hier, iss mal was, damit du mal ein bisschen größer wirst."
Der Wicht lachte.
"Ha! Ich bin einer der Größten in meiner Familie, ich bin so groß, wie der Hausschuh von deiner Mutter."
"Nie im Leben!" widersprach Albert.
"Doch, bin ich wohl", beharrte der Wicht.
Da hatte Albert eine Idee, er kramte in seiner Schultasche und nahm sein Lineal heraus. Das stellte er aufrecht auf den Tisch.
"Stell dich mal hier davor, dann sehen wir ja, wie groß du bist."
Der Wichtel beäugte das Lineal mit zusammengezogenen Augenbrauen.
"Was ist denn das für ein komisches Messgerät. Wir Wichtel messen uns in Nusslängen. Ich bin zum Beispiel fünfzehn Nusslän-

gen groß, das heißt Haselnusslängen natürlich."

"Wir Menschen messen in Zentimetern." Albert hielt einen Finger über dem Kopf des Wichtels auf sein Lineal und sah nach.

"Du bist genau vierundzwanzig Komma fünf Zentimeter groß."

Der Wichtel pfiff durch die Zähne.

"Das hört sich ganz schön groß an."

Sie aßen eine Weile schweigend, dann ließ der Wichtel wieder seinen Löffel in die Suppe fallen und die Suppe spritzte nach allen Richtungen.

"Das hast du extra gemacht!" beschuldigte Albert den Wichtel.

Der Wichtel lachte ausgelassen. "Natürlich war das extra."

Er holte mit dem Wichtellöffel aus und spritze Albert einen großen Schwall Suppe mitten ins Gesicht.

Das ließ Albert sich nicht gefallen, er schnippte mit dem Zeigefinger in seine Suppe und ein Schwall der heißen Flüssigkeit ergoss sich über den Wichtel. Der Wichtel quietschte vor Begeisterung. Er

packte seine Nussschale und goss den Inhalt über Alberts rechte Hand.
Dann nahm er Anlauf und sprang mitten in Alberts Suppenteller.
"Ach, ist das ein schönes Bädchen, das ist fein warm, zu schade, dass du zu groß bist um dich in die Suppe zu setzen."
Albert musste grinsen und er war nah dran ein dem Lachen ähnliches Glucksen auszustoßen aber er hielt sich zurück, denn das war doch sehr ungewohnt. Er drückte den Wichtel in seiner Suppe unter Wasser oder besser gesagt unter Suppe und zog ihn dann schnell wieder hinaus, denn er wollte ihn ja nicht ertränken.
Aber der Wichtel lachte und plantschte in der Suppe herum und als Albert den Tisch abwusch und ihn aufforderte, endlich aus der Suppe herauszukommen, weigerte sich der Wichtel.
"Die Suppe ist schon ganz kalt und du wirst noch eine Erkältung bekommen!" schimpfte Albert und nahm den Teller mit in die Spüle. Dort schüttete der die Suppe einfach in den Ausguss und der Wichtel saß im leeren Spülbecken.

Albert ließ warmes Wasser in das Becken laufen und meinte:
"Hier kannst du ein Bad nehmen, na, wie findest du das?"
Der Wichtel jauchzte begeistert und kletterte auf den Spülstein, dann sprang er mit Anlauf in das heiße Wasser. Bald würde die ganze Küche unter Wasser stehen, darum zog Albert den Wichtel heraus und gab ihm ein Spültuch zum Abtrocknen.
Die Kleider des Wichtels hängten sie über die Heizung, damit sie auch trocknen konnten. In der Zeit, in der sie trocken wurden, wollte der Wichtel ein kleines Schläfchen machen.

"Ach, ich habe solchen Hunger auf einen von diesen leckeren kleinen schrumpeligen Äpfeln, die es im Herbst immer gibt", sagte Kleinmaul und verdrehte sehnsüchtig die Augen zum Himmel.
"Wir haben in der Küche Äpfel", bot Albert ihm an.
"Nein, das sind nicht die richtigen. Die, die ich meine, die sind ganz klein und gelb, und die schmecken zuckersüß. Hach, was

gäbe ich nicht alles, wenn ich jetzt so einen Apfel hätte!"
Albert schaute den Wichtel verwundert an. "Es ist doch völlig egal, was man für einen Apfel isst, ein Apfel schmeckt doch wie der andere, da ist doch gar kein so großer...."
"Nein!" fiel ihm der Wichtel ins Wort. "Das darfst du nicht sagen, das ist nicht wahr. Nicht alle Äpfel schmecken gleich. Diese Äpfel, diese kleinen......."
"Gelben, runzligen", beendete Albert genervt den Satz für den Wichtel.
"Jawohl, ach, die sind so lecker, kennst du die wirklich nicht?"
"Nein, ich kenne diese dämlichen Äpfel nicht und ich will sie auch nicht kennen, weil sie mir nämlich völlig egal sind!" sagte Albert gereizt, denn sie sahen sich einen spannenden Film im Fernsehen an und er wollte nicht gestört werden.
"Die sind nicht besonders groß und haben eine ganz dicke Schale. Ooooh, so einen Apfel jetzt essen!"
Albert hörte nicht mehr hin er schaute gebannt dem Film zu.

Der Wichtel stützte seinen kleinen Kopf in seine Hände und sagte traurig:
"Ach, ich werde bestimmt nie wieder so einen Apfel essen!"
Da reichte es Albert. Er stand auf, nahm seine Jacke aus dem Schrank und holte aus der Küche, wo seine Mutter in einem leeren Marmeladenglas etwas Geld aufbewahrte ein paar Münzen.
"So, komm, zieh deine Jacke an. Wir gehen jetzt in den Supermarkt und kaufen dir die gelben Äpfel!"
Der Wicht sprang auf und jubelte laut. Er hüpfte vom Fernsehsessel, schlug in der Luft einen Salto und landete auf dem Fußboden.
Dazu sang er ein fröhliches Liedchen:

"Juchee, heut geh ich Äpfel essen,
Und der Albert schläft indessen,
Großen Hunger hab ich schon,
Geb ein Küsschen ihm zum Lohn!"

Albert ging schnell zur Haustür heraus, denn er wollte von dem Wichtel kein "Küsschen" bekommen.

Der Wichtel hüpfte aus der Haustür und setzte sich in die Einkaufstasche. Heute regnete es wieder in Strömen und Albert musste einen Schirm mitnehmen. Er stapfte missmutig durch den Regen, denn er hatte überhaupt keine Lust, gelbe, runzlige Äpfel für den Wichtel einzukaufen.

Der Wichtel dagegen sang in der Einkaufstasche vergnügt das Lied von den Äpfeln immer und immer wieder.

Im Supermarkt drängten sich viele Menschen. Albert schlängelte sich durch die Menge und erreichte den Obststand. Er öffnete die Einkaufstasche einen kleinen Spalt und ließ den Wichtel die Äpfel anschauen.

"Diese hier sind ganz gelb", sagte Albert und zeigte auf eine Kiste mit gelben Äpfeln, aber der Wichtel schien damit nicht zufrieden zu sein.

"Iiiiih! Nein, die sind's nicht, die sind viel zu groß und runzlig sind sie auch nicht."

"Wir können sie doch trotzdem nehmen, sehen doch sehr gut aus", meinte Albert hoffnungsvoll, aber davon wollte der Wichtel nichts wissen.

Albert rollte entnervt die Augen.
"Oh je, dann müssen wir noch irgendwo anders hin gehen."
Er erinnerte sich, dass er ein paar Straßen weiter auf dem Hinweg an einem kleinen Obstgeschäft vorbeigekommen war. Dahin lief er jetzt durch den strömenden Regen.
Als er die Tür öffnete, erscholl der Lärm von einigen Glocken, die der Verkäufer über der Tür aufgehängt hatte.
"Guten Tag!" sagte Albert und sah sich im Landen um.
Eine alte, ziemlich dicke Frau kam aus einem Hinterzimmer und blickte Albert freundlich an: "Na, was darf's denn sein?"
Albert sagte: "Guten Tag, ich hätte gerne ein paar gelbe, kleine Äpf...." Ein Stoß aus der Tasche traf ihn am Bein. ".....runzlige Äpfel."
Die Verkäuferin runzelte die Stirn:
"Kleine, gelbe, runzlige Äpfel?" Sie drehte sich um und schaute suchend im Laden umher. Dann zeigte sie auf ein paar Äpfel, die im Sonderangebot waren. Sie lagen in einem Karton und waren schon etwas faltig.

Albert fand, dass diese Äpfel genau richtig aussahen, aber aus der Tasche kam ein unzufriedenes Flüstern.
"Nein, nein, nein, die sind ja gar nicht gelb, die sind rot und orange. Das sind nicht die richtigen Äpfel. Die Äpfel, die ich will....."
Albert schloss die Tüte und sagte:
"Das sind nicht die richtigen Äpfel. Vielen Dank. Auf Wiedersehen!"
Er verließ schnell den Laden und schämte sich, denn die Verkäuferin schüttelte den Kopf und schimpfte: "So was! Die sind nicht die Richtigen! Ph!"
Albert war nun ziemlich gereizt.
"Bist du sicher, dass es diese Äpfel überhaupt gibt?"
"Aber ja!" Der Wichtel schaute ihn aus der Einkaufstüte heraus bittend an.
Da erinnerte sich Albert, wie der Wichtel die Schokolade für ihn aufgegessen hatte und ihn so vor der Polizei gerettet hatte.
Er ging mit dem Wichtel in eine weiteres Obstgeschäft, in dem es allerdings nur grüne und rote Äpfel gab und dann in den größten Supermarkt der Stadt, wo es gar keine runzligen Äpfel hatte.

Albert war nun mit dem Wichtel schon zwei Stunden in der Stadt unterwegs. Sie gingen von Obstladen zu Obstladen, aber keine der angebotenen Äpfel konnten den Wichtel überzeugen. Als schließlich kein Obstgeschäft mehr übrig geblieben war, das sie hätten aufsuchen können, hatte Albert einen Einfall.

Es war zwar schon November aber am Stadtrand lag ein kleines Dorf, hinter dem eine ganze Reihe uralter Apfelbäume standen, die niemand mehr gehörten. Hierher war er früher immer mit seinem Vater gegangen. Sie hatten Äpfel gepflückt und sie mit nach Hause genommen und diese Äpfel waren ziemlich klein und runzlig gewesen.

Albert stieg in einen Bus, der zum Stadtrand fuhr und wanderte dann zu den Apfelbäumen hinaus.

Wenigstens hatte es aufgehört zu regnen und jetzt konnte sich der Wichtel auch auf seinen Arm setzen.

Als sie sich den Apfelbäumen näherten, sahen sie, dass sie heute nicht die Einzigen waren, die sich heute hier aufhielten. Von

Weitem sahen sie eine große gebeugte Gestalt, die unter den Bäumen stand.

Der Wichtel sprang behände von Alberts Arm herunter und rannte, so schnell ihn seine kleinen Füße trugen zu den Apfelbäumen. Einige Äpfel waren schon heruntergefallen und lagen im feuchten Gras.

"Jipppiiiiii, das sind sie! Das sind die kleinen, gelben, runzligen Äpfel!" Der Wicht biss herzhaft in einen Apfel hinein, der vor ihm auf dem Boden lag.

Albert ging langsam hinterher. In einiger Entfernung stand der Mann, den sie von Weitem gesehen hatten und rauchte eine Zigarette.

Irgendetwas an diesem Mann kam Albert bekannt vor.

Kannte er den Mann?

Albert schlenderte langsam auf den Mann zu, da drehte sich der Mann zu ihm um und schaute unverwandt zu ihm herüber. Der Mann lief auf ihn zu.

"Papa!" schrie Albert und rannte auf seinen Vater zu und umarmte ihn.

"Was machst du denn hier?" fragte Albert erstaunt.

Der Vater lächelte fröhlich.

"Ach, ich gehe ganz oft hierher. Weißt du noch, wie wir früher immer hier hin gekommen sind und Äpfel gestohlen haben?"

"Natürlich weiß ich das noch!" lächelte Albert.

"Darum komme ich oft hierher. Ich steh ein bisschen rum und denke an meinen Sohn," erklärte der Vater.

"Und ich dachte, du willst nichts mehr von mir wissen!"

"Wie kommst du denn darauf? Das stimmt nicht", sagte der Vater empört und schaute Albert eindringlich an.

"Ich dachte, es ist das Beste für dich, wenn du dich zuerst mit deiner Mutter ein bisschen in dem neuen Haus einlebst, dann wäre ich gekommen und du hättest die Ferien bei mir verbringen können! Oder wir würden Eis essen gehen oder ins Kino!"

Albert war erstaunt. Also hatte der Vater ihn gar nicht vergessen!

Albert und sein Vater sammelten einige Äpfel für Albert und seine Mutter in die Einkaufstüte und dabei gelang es Albert, den

Wichtel heimlich in die Tüte zurückzuschmuggeln.

Alberts Vater war mit dem Auto gekommen und er fuhr Albert mit dem Wichtel nach Hause.

Zu Hause war Albert fast glücklich, denn er wusste jetzt, dass sein Vater noch an ihn dachte. Der Wichtel freute sich über die vielen runzligen Äpfel. Er aß so viele davon, bis er einen ganz dicken Bauch hatte und sich etwas hinlegen musste.

Die Mutter machte aus den Äpfeln einen Apfelkuchen und Albert gab dem Wichtel ein kleines Stück ab. Kleinmaul war begeistert.

"Also Kuchenbacken könnt ihr Riesen, das muss man euch schon lassen."

Am nächsten Morgen, als Albert und der Wichtel im Bus saßen, zog der Wichtel ein kleines braunes Kissen hervor und hielt es Albert hin.

"Was ist denn das?" flüsterte Albert.

"Das ist ein Furzkissen. Wenn du es jemand unter den Hintern legst, wenn er sich auf ei-

nen Stuhl setzt, macht es ein ganz lautes Furzgeräusch."
Der Wichtel und Albert grinsten sich an, denn sie wussten schon, wem sie das Kissen unterlegen würden.....

In der zweiten Stunde wurde eine Mathematikarbeit geschrieben und Albert kam ganz gut voran, denn er war ja schlau gezaubert worden. Der Wichtel schlief in der Schultasche auf dem Pausenbrot und hatte sich mit einem Papiertaschentuch zugedeckt.
Karolina Krummrücken meldete sich und fragte Herrn Hunoldt, ob sie kurz auf die Toilette gehen könnte.
Albert wusste, dass Karolina dort einen Taschenrechner und einen Spickzettel aufbewahrte, aber er sagte nichts. Dafür weckte er den Wichtel, der sich heimlich durch das Klassenzimmer schlich und das Furzkissen auf Karolinas Stuhl legte.
Dann versteckte sich der Wichtel in der Tasche von Karolinas Jacke, die über dem Stuhl hing.

Nach einigen Minuten kam Karolina zurück und Albert musste erwartungsvoll grinsen.
In der Klasse war es ganz still, denn die Arbeit war schwer und die Schüler schrieben konzentriert.
Da zerriss plötzlich ein lauter Furz die Stille im Raum. Puuuuups! Die Schüler brachen in tosendes Gelächter aus, das heißt alle Schüler außer Albert, der nur grinste.
"Karolina, hast du gestern zu viele Bohnen gegessen?" fragte Frank und erntete ein neues großes Gelächter.
Karolina wurde zuerst rot und dann blass und dann wieder knallrot. Albert hatte noch nie in seinem Leben einen Menschen mit einem so roten Kopf gesehen. Sie beugte sich schnell über ihr Blatt und tat als müsse sie schnell schreiben.
Albert lächelte zufrieden vor sich hin.
Da zog der Wichtel geschwind das Furzkissen unter Karolina heraus und rannte zurück zu Albert. Karolina schien etwas bemerkt zu haben und blickte sich suchend in der Klasse um.

Jetzt wurde Albert kreideweiß. Karolina hatte den Wichtel gesehen, wie er in Alberts Tasche verschwand!
Albert war sich ganz sicher, denn sie sah ihn fragend an. Albert tat schnell, als hätte er nichts bemerkt und gab vor, angestrengt nachzudenken.
Da zog Karolina die Augenbrauen zusammen und schüttelte den Kopf, als glaube sie nicht, was sie eben gesehen hatte.

Aber das war erst der Beginn von einer langen schweren Phase für Karolina Krummrücken, denn in der Pause scharrten sich die Jungen, die normalerweise Albert hänselten um sie und zogen sie mit dem gewaltigen Furz auf, den sie in der Mathematikstunde gelassen hatte.
Fast tat ihm Karolina etwas Leid, wie sie so da stand und unglücklich nach ihren Freundinnen Ausschau hielt.
Ihre Freundinnen wollten heute aber nichts mit ihr zu tun haben, denn sie hatten Angst ebenfalls Opfer des Spottes und der Hänseleien der Jungen zu werden.

Nach der Pause bekamen die Schüler die Erdkundearbeiten zurück. Frau Heil verteilte die Blätter und sagte jedem Schüler, wie ihr seine Arbeit gefallen hatte.
"Albert, du hast diesmal eine besonders gute Note geschrieben, du hast eine Zwei plus, herzlichen Glückwunsch." Sie reichte Albert sein Blatt und der Wichtel in der Tasche sagte ziemlich laut:
"Na bitte! So geht's doch auch!"
Die Lehrerin drehte sich überrascht um.
"Ja, da hast du Recht", sagte sie zu Albert.
"So geht's auch, hoffentlich wird's beim nächsten Mal wieder so gut."

Als Albert an diesem Mittag mit dem Wichtel nach Hause ging war er ziemlich guter Laune und das wunderte ihn eigentlich sehr. Es war ziemlich ungewohnt für ihn und er wusste noch nicht, wie er damit umgehen sollte.
Zuhause aßen Albert und Kleinmaul Marmeladenbrote, denn die Mutter hatte nichts gekocht und der Wichtel liebte alle süßen Speisen. Er schleckte sich genüsslich

die Finger ab und wunderte sich, dass es so riesige Tonnen voller Marmelade gab.
Das Marmeladenglas reichte ihm bis zum Hals.
"Wann willst du eigentlich mal lachen?" fragte der Wichtel Albert und balancierte vorsichtig auf dem Rand des Glases entlang.
Dann setzte er sich hin und tauchte einen Finger in die Marmelade und schleckte ihn ab. Jetzt setzte er wieder seine Runde auf dem Glasrand fort.
"Schau mal, wie gut ich balancieren kann! Ich habe einen Zauberspruch aufgesagt, damit ich nicht so schnell das Gleichgewicht verliere. Der geht so:

>Rundherum ums Erdbeergelee,
>Ich auf diesem Rande geh,
>Und ich fall nicht einmal hin.
>Denn sonst wär im Glas ich drin!"

Albert nickte beifällig.
"Also? Wann lachst du mal?" fragte der Wicht und setzte vorsichtig einen kleinen Fuß vor den Anderen.

"Ich habe doch schon oft gegrinst und gelächelt", sagte Albert.

"Ja, na und? Das ist mir egal. Das sieht nicht besonders hübsch aus, wenn du lächelst, das musst du noch üben."

"Ich habe aber einfach keine Lust zu lachen!" sagte Albert bockig, denn er hatte vor allem auch keine Lust, sich über das Lachen zu unterhalten.

"Du musst aber mal lachen!" Jetzt wurde der Wicht wirklich böse.

"Heute, da war's doch sehr lustig, als Karoline Krumm......"

"Karolina!"

"Ja, meinetwegen auch Karolina, als sie sich jedenfalls auf das Furzkissen setzte. Na? War das kein Spaß?"

"Doch, schon!"

"Doch, schon!" äffte der Wichtel Albert nach. "Du bist bestimmt nur zu faul zum Lachen, nein, du willst mich ärgern, das ist es! Ich reiße mir eine Bein aus für dich, ich renne in Riesenklassenzimmern herum, ich führe akrobatische Kunststückchen vor, ich mache und mache und mache und der Herr Albert will nicht lachen!"

Der Wichtel hatte jetzt einen roten Kopf bekommen vor Ärger. Er hatte die Arme vor der Brust verschränkt und wippte ungeduldig auf dem Rand des Glases vor und zurück.

"Ich will ja nicht, dass du der lustigste Junge der Welt wirst, ich will nur, dass du mal lachst. Ist das denn zu viel verlangt? Hm?" Albert schwieg.

"Bekomme ich jetzt eine Antwort oder was?" schrie der Wichtel, er verlor das Gleichgewicht und rutsche auf dem glitschigen Rand des Marmeladenglases herum, dann schien er sich wieder zu fangen und rutschte gleich darauf wieder aus.

Er ruderte hilflos mit den Armen in der Luft aber es half nichts und Rummmms, lag der Wichtel im Marmeladenglas.

Albert traute seinen Augen kaum, doch dann musste er furchtbar lachen, er lachte und lachte. Seine Gesichtsmuskeln, die das nicht gewöhnt waren, fingen schon nach kurzer Zeit an zu schmerzen.

Aber Albert konnte einfach nicht aufhören zu lachen, denn der Wicht hatte sich aus dem Marmeladenglas auf den Tisch gezo-

gen und lief nun quer über den Tisch in Richtung Spüle. Dabei hinterließ er auf dem Tischtuch und auf allem, was auf dem Tisch lag, winzige rote Marmeladen-Fußspuren.
Zuerst hörte sich Alberts Lachen noch rau und ungewohnt an, aber nach ein paar Sekunden wurde es ein richtiges, normales Lachen und Alberts Mutter, die in diesem Moment die Haustür aufsperrte, wunderte sich sehr.
Albert hörte den Schlüssel im Schloss der Haustür und griff schnell den Wichtel. Er lief mit ihm ins Bad und sperrte die Tür ab. Dann ließ der ihm im Waschbecken ein heißes Bad ein.
"Albert, ich bin wieder da-ha!" rief die Mutter. "Hast du Besuch?"
"Nein", rief Albert aus dem Bad.
Die Mutter räumte die Küche auf und wusch den Küchentisch ab, da bemerkte sie auf ihren Lottoscheinen, die auf dem Tisch lagen, winzige rote Fußspuren.
Sie nahm einen Stift und kreuzte die Zahlen an, auf denen sich Fußspuren befanden.

Hätte Albert das gesehen, wäre er vermutlich sehr erschrocken, denn er hatte Angst, seine Mutter würde den Wichtel bemerken, der zurzeit bei ihm wohnte.
Aber Albert war im Badezimmer und wartete bis der Wichtel sich abgetrocknet und sich mit der parfümierten Körperlotion seiner Mutter eingerieben hatte.
"Du riechst wie ein Mädchen!" sagte Albert abfällig zu dem eitlen Wichtel.
"Das ist mir egal"; sagte der. "Ich finde ich rieche außergewöhnlich gut. Wie bekommt ihr Riesen bloß die ganzen Blumen in diese Flasche und warum werden die Blumen zu so einem Brei, in dem man sie gar nicht mehr sieht, sondern nur noch riecht?"
"Das verstehst du nicht", sagte Albert und schnappte den Wichtel, bevor er das Parfüm entdeckte.

"Albert, du hast gelacht. Du bist ganz schön schadenfroh, denn das erste Mal, wo du gelacht hast, war es, als mir ein Unglück geschehen ist", beschwerte sich Kleinmaul.

"Ach Quatsch, das war doch kein Unglück, du liebst Erdbeermarmelade, vielleicht hast du dich ja sogar extra reinfallen lassen!"
Der Wichtel zeigte Albert einen Vogel.
Albert und der Wichtel waren auf dem Weg in die Schule und unterhielten sich durch die geöffnete Schultasche hindurch.
"Und? Hat es wehgetan?"
"Was; das Lachen?" Albert musste grinsen. "Nein, natürlich nicht."
"Also, wenn es nicht wehtut und wenn es nicht so umständlich ist und wenn es dir so viel Spaß macht, wenn andere Leute Pech oder Unfälle haben, warum lachst du denn dann nicht mal ein bisschen öfter?"
"Weil ich..." begann Albert. Er hatte sagen wollen: Weil ich unglücklich bin. Aber wie er jetzt merkte war er gar nicht so unglücklich. Gerade heute Morgen hatte sein Vater angerufen und ihn für nächste Woche ins Kino eingeladen und der Hamster war von dem Wichtel so gut gezähmt worden, dass er Purzelbäume schlagen und Handstand machen konnte.

"Tja, da weißt du wohl keine Antwort, was?" schloss der Wichtel haarscharf.
"Da du ja jetzt gelacht hast, kannst du mich ja bald wieder in den Wald tragen und du weißt ja, du hast mir versprochen, dass du mich bis zu meinem Meister trägst."
"Ja, ich weiß und ich trage dich auch zu ihm, versprochen ist versprochen."
Vor ihnen tauchte die Schule auf und Albert schloss die Schultasche. Da hörte er plötzlich hinter sich die Stimme von Karolina Krummrücken, die diesmal überhaupt nicht überheblich klang.
"Albert! Kann ich mich mal kurz mit dir unterhalten? Wenn du nichts sprechen möchtest kannst du ja einfach nicken oder den Kopf schütteln."
"Was gibt's denn?" fragte Albert nicht sehr freundlich, aber als er Karolinas verzweifeltes Gesicht sah, wurde er doch neugierig.
"Ich komme mir ein bisschen blöd vor, aber ich weiß mir keinen anderen Rat mehr, als dich zu fragen. Glaub jetzt bitte nicht, ich sei verrückt. Ich bin wirklich ganz normal und wenn du nicht mit mir reden willst,

kann ich das auch verstehen. Aber ich dachte, vielleicht kannst du mir helfen, aber du darfst mich nicht auslachen."
Albert schaute Karolina verwirrt an. Was wollte sie bloß von ihm???
Karolina zog Albert ein Stück von den anderen Schülern weg, die an diesem kalten Novembermorgen in die Schule strömten.
"Ich habe einen Wichtel", sagte sie so leise, dass Albert sie kaum hören konnte. Sie blickte sich unsicher um.
Vor der Eingangstür standen ihre Freundinnen und kicherten, als sie sahen, mit wem Karolina da redete, aber Karolina schien das ganz gleichgültig zu sein.
"Ich dachte, du kannst mir da vielleicht helfen, denn ich habe so einen kleinen Kerl in deine Schultasche hüpfen sehen und der sah so ähnlich aus, wie mein Wichtel oder besser gesagt meine Wichtelin. Glaubst du mir? Ich meine, denkst du jetzt, ich spinne, weil ich kleine Männchen sehe?"
Albert lachte herzlich und Karolina riss erstaunt die Augen auf.

"Ich habe auch einen Wichtel", sagte Albert und ließ Karolina in die Schultasche schauen, wo der Wichtel sich noch einmal hingelegt hatte und es deshalb furchtbar nach Parfüm roch.
Aber das schien Karolina nichts auszumachen.
Sie atmete erleichtert auf.
"Ich wusste doch, dass ich richtig gesehen habe, aber Albert,...." sie machte eine Pause und sah sich wieder unglücklich um.
Die kichernden Mädchen waren im Schulhaus verschwunden.
"Ich halte es mit ihr einfach nicht mehr aus. Sie ist mit mir nach Hause gekommen und jetzt will sie nicht mehr gehen. Ich habe sie schon im Wald ausgesetzt aber sie hat sich in meinem Hosenbein versteckt und hat sich wieder von mir zurücktragen lassen. Es ist so schrecklich mit ihr. Sie schimpft den ganzen Tag nur mit mir und morgens kitzelt sie mich um halb fünf an den Füßen bis ich aufwache. Sie sagt, ich bin eine ganz oberflächliches gemeines Mädchen und gestern hat sie einen Teller mit Apfelmus in meinen Schulranzen ausgeleert."

Karolina wischte sich ein Träne aus den Augen und seufzte tief: "Ich weiß einfach nicht mehr weiter."
Albert schaute sie mitleidig an.
"Vielleicht kann mein Wichtel ja mal mit ihr reden. Ich werde ihn morgen zurück in den Wald bringen, aber ich kann heute Nachmittag mit ihm bei dir vorbeikommen, dann kann er sich mit deinem Wichtel unterhalten."
"Würdest du das tun?" fragte Karolina hoffnungsvoll. "Vielen Dank!"
Albert sah Karolina grübelnd nach. Gab es noch mehr Kinder, die einen Wichtel hatten?

Als an diesem Mittag die Schule zu Ende war, gingen Frank Faul und seine Freunde hinter Albert her. Sie johlten und lachten und schrien sich gegenseitig Witze zu. Als sie bemerkten, dass vor ihnen Albert ging, riefen sie:
"He, stummer Albert, sprichst du jetzt neuerdings was mit uns?"
Albert beschloss nicht mit den Jungen zu reden, denn er wollte schnell nach Hause

und seinem Wichtel von Karolinas Unglück zu berichten.

Aber die Jungen ließen nicht locker und schließlich zogen sie Albert an der Jacke und nahmen ihm seine Schultasche weg.

Albert wurde blass und erschrak entsetzlich, denn in der Tasche befand sich ja noch der Wichtel!

"Gebt mir sofort meine Schultasche zurück!" schrie er die Jungen an und versuchte sie ihnen wieder abzujagen, aber Kurt, ein sehr großer Junge, der im letzten Schuljahr sitzen geblieben war und viel größer und stärker als die anderen war, nahm die Schultasche und hielt sie hoch über seinem Kopf in die Luft.

Albert glaubte einen kleinen Fuß aus der Tasche baumeln zu sehen und zu hören wie eine dünne Stimme rief:

"Hilfe! Albert! Hilf mir!"

Albert versuchte hochzuspringen und Kurt seine Tasche mit dem Wichtel zu entreißen, aber Kurt warf die Tasche Frank zu und als Albert zu Frank hinrannte und nach der Tasche greifen wollte, warf Frank die Tasche schnell wieder Kurt zu.

Die Kinder waren auf der Bahnhofsbrücke angelangt und Frank und Kurt warfen sich abwechselnd die Tasche zu.

Aber Kurt hatte einen kurzen Moment nicht aufgepasst. Er sah nicht, wie die Schultasche auf ihn zu geflogen kam und fing sie nicht auf. Die Tasche segelte von der Brücke herunter und fiel durch die Hochspannungsmasten hindurch.

Albert atmete erleichtert auf, dass die elektrisch geladenen Seile die Tasche nicht streiften. Doch dann fiel die Tasche unter der Brücke auf einen Zug, der Sand transportierte. Sie fiel in einen der Güterwagons und blieb dort liegen.

Albert achtete nicht auf seine Mitschüler, sondern rannte so schnell er konnte die Bahnhofstreppen herab zu den Gleisen.

Atemlos und erschöpft kam er vor dem Zug an und erstarrte vor Angst, denn in diesem Moment setzte der Zug sich in Bewegung und verließ ratternd den Bahnhof. Albert schaute dem davonbrausenden Zug atemlos nach. Das durfte doch nicht wahr sein! Er spürte wie heiße Tränen in seinen Augen aufstiegen. Der Wichtel war weg.

Jetzt würde er ihn nie zu dem Zaubermeister tragen können.........

Mit klopfendem Herzen stieg Albert aus dem Bus und sah sich unbehaglich um: große weiße Häuser, gepflegte Gärten, Schwimmbäder im Garten..... Hier sah es ganz anders aus als dort, wo er wohnte.
Er ging den Fasanenweg entlang und hielt vor der Nummer vier an, wo Karolina mit ihren Eltern wohnte.
Er drückte auf die Klingel und ein dezenter leiser Klingelton erklang im Haus. Kurze Zeit später wurde die Tür aufgerissen und eine sehr blasse Karolina mit Ringen unter den Augen packte ihn am Arm und zog ihn in eine elegante Halle.
"Sie ist in meinem Zimmer und isst Pralinen. Sie sagt, die sind zu gut für mich, denn ich wäre ein hochnäsiges Mädchen", erzählte sie Albert sofort. "Bin ich wirklich so hochnäsig?"
Da sah sie, dass Albert auch ganz blass war.
"Albert, was hast du denn? Ist dein Wichtel auch böse zu dir gewesen?"

Sie führte ihn eine breite geschwungene Treppe herauf, die mit flauschigem hellgelben Teppichboden ausgelegt war und öffnete eine Tür in einem riesigen Gang.
"Da sitzt sie, siehst du!" Sie zeigte auf ihren Schreibtisch, auf dem eine Schachtel Pralinen stand. Das Zimmer war sehr groß, ungefähr dreimal so groß wie Alberts eigenes Zimmer im Haus seiner Mutter, durch die großen Fenster fiel viel Licht herein und alles glänzte und blinkte, so neu und sauber waren die Möbel.
Albert war beeindruckt.
"Deine Familie muss ja ganz schön reicht sein, was?"
Karolina zog die Schultern hoch.
"Keine Ahnung."
Jetzt wandte sich Albert der kleinen Person zu, die auf der Pralinenschachtel saß und an einer Marzipanpraline naschte.
"Guten Tag!" sagte er. "Mein Name ist Albert. Bist du auch ein Wichtel?"
Das Wichtelmädchen hob den Kopf. Es hatte unter seiner hellblauen Wichtelmütze hellblonde Haare, die zu drei etwas unordentlichen Zöpfen geflochten waren. Der

Blick seiner stechenden blauen Augen war ziemlich durchdringend.

"Guten Tag!" sagte es und sah sich Albert von oben bis unten an.

"Kennst du dieses missratene Ding schon länger?" fragte es dann ohne seine Frage zu beantworten.

Das Wichtelmädchen deutete auf die vor unterdrückter Wut ganz stumme Karolina.

Albert nickte.

"Dann tust du mir Leid", sagte das Wichtelmädchen und biss wieder ein Stück von der Praline ab.

"Einen Vorteil hat es ja, wenn man bei so einem verwöhnten, dummen Ding wohnen muss: Man hat immer leckere Sachen zu essen."

Albert nahm einen neuen Anlauf.

"Sagst du mir, wie du heißt?"

"Apfelsine", sagte das Mädchen, "Kurz: Sine."

"Ähem.." Albert räusperte sich umständlich.

"Ich möchte gerne euch beide, Sine und Karolina um eure Hilfe bitten. Es ist etwas passiert."

Karolina nahm dem Wichtelmädchen die Pralinen ab und stellte sie auf die Fensterbank, worauf sich Sine sofort lautstark beschwerte. Dann bat Karolina Albert, Platz zu nehmen und bot ihm den Schreibtischstuhl an.

Albert setzte sich, dann begann er zu erzählen.

"Frank und Kurt haben mir heute meine Schultasche geklaut und damit Ball gespielt, sie ist ihnen aber von der Bahnhofsbrücke auf einen Wagon eines Güterzuges gefallen. Der Zug ist genau in diesem Moment abgefahren und in der Tasche war mein Wichtel."

Karolina machte ein dummes Gesicht.

"Ja, aber, warum regst du dich denn dann auf? Dann bist du ihn doch los!" sagte sie mit einem Seitenblick auf Apfelsine.

"Ich mochte den Wichtel eigentlich ganz gerne, er hat ziemlich viel für mich getan"; erklärte Albert traurig.

"Was?" staunte Karoline.

"Tja, so ist das eben bei anderen Kindern, die nicht so eitel und oberflächlich sind wie du und die sich nicht nur für Kleider und Fri-

suren interessieren", schimpfte Apfelsine. "Andere Kinder verstehen sich eben gut mit ihren Wichteln."
"Ich bin nicht oberflächlich und eitel!" verteidigte sich Karolina. "Bin ich oberflächlich?" fragte sie Albert. "Interessiere ich mich etwa nur für Kleider?"
Albert zögerte.
Karolina ließ den Kopf hängen, doch dann setzte sie sich auf und machte eine entschlossenes Gesicht.
"Ich werde euch beweisen, dass ich nicht oberflächlich bin. Wir werden jetzt alle drei deinen Wichtel wieder zurückholen, das heißt wir werden ihn suchen gehen."
"Das geht leider nicht", sagte Albert niedergeschlagen.
"Wieso nicht?" fragten Sine und Karoline wie aus einem Mund.
"Weil ich .....äh....nun, ich habe kein Geld um dem Zug hinterher zu fahren." Albert schloss müde die Augen, denn jetzt würde sich Karoline über ihn lustig machen.
Aber Sine war schon zu einer hübschen Porzellandose gelaufen, die auf dem

Schreibtisch stand und nahm ein paar wertvolle Geldscheine heraus.
"Hier ist Geld, jetzt können wir los."
"He! Du kannst nicht einfach mein Geld nehmen!" beschwerte sich Karolina.
"Du siehst doch, dass ich das kann", erwiderte Sine fröhlich und kitzelte Karoline mit der Ecke eines Geldscheines im Ohr.
Karoline nickte stumm.
"Okay, nimm es!" Sie sprang auf und holte aus einem riesigen Schrank ihren warmen Anorak.
"Ich habe aber gar keine Jacke dabei"; sagte Albert, dem gerade aufgefallen war, dass er in der Aufregung seine Jacke zu Hause vergessen hatte.
"Dann fahren wir jetzt zuerst zu dir und holend eine Jacke", beschloss das Wichtelmädchen und zog einen langen roten Mantel an.

Erst im Bus fiel Albert auf, dass er sich ein bisschen schämte, Karolina mit zu sich nach Hause zu nehmen, denn das Haus war nicht sehr schön und schon sehr alt. Außerdem hatte die Mutter die Heizung

abgedreht, weil sie kein Geld hatten, um noch Öl zu bezahlen und so konnte man sich in der Wohnung nur mit einem Mantel aufhalten.
Aber andererseits wollte er auch seinen Wichtel wieder haben und das war wichtiger, als das, was Karolina Krummrücken von ihm hielt.
Als Albert die Haustür aufsperren wollte, öffnete ihnen Alberts Mutter und Sine schlüpfte schnell unter Karolinas Anorak.
Als die Mutter sah, dass Albert noch jemand mitgebracht hatte, lächelte sie freundlich.
"Oh, Guten Tag. Kommt doch herein."
Die Mutter trug einen alten Mantel und dicke Hausschuhe, aber sie bot Karolina einen Tee an.
"Nein, danke!" sagte Karolina, denn sie mussten sich ja beeilen.
Aber Albert entging nicht, wie sich Karolina heimlich in dem ärmlichen Häuschen umsah und mitleidig den Mantel bemerkte, den Alberts Mutter trug.
Aber sie sagte kein Wort und darüber war Albert sehr erleichtert. Er nahm seine Win-

terjacke und steckte ein paar Taschentücher als Decken für die Wichtel ein.

"Guten Tag!" sagte Albert zu dem Schalterbeamten am Bahnhof.
"Na? Wollt ihr eine Fahrkarte kaufen?" fragte der dicke freundliche Mann Karolina und Albert.
"Nein. Ja." Albert dachte angestrengt nach.
"Ich habe eine Frage", sagte er schließlich.
"Wohin ist der Güterzug gefahren, der heute Mittag so ....äh...gegen dreizehn Uhr zehn hier weggefahren ist?"
Der Beamte schaute ihn neugierig an.
"An welchem Gleis ist der denn weggefahren?"
"Dahinten", sagte Albert und zeigte auf den Gleis, den man durch die Glastüren sehen konnte.
Der Beamte blätterte in einem dicken Buch.
"Warum willst du das denn wissen?" fragte er.
"Ich will auch dahin fahren", erklärte ihm Albert.

"Aha. Tja, also der fährt nach Kleinwiesenbach."
"Ich hätte gerne drei, nein zwei Fahrkarten nach Kleinwiesenbach. Und zwar für den nächsten Zug, der dahin fährt."
Der Beamte gab ihm die Fahrkarten und sagte:
"Zweiundzwanzig fünfzig."
Karolina bezahlte die Fahrkarten ohne ein Wort zu sagen. Dann gingen die Kinder zu Gleis acht, wo der Zug erst in einer halben Stunde abfahren würde.
Auf dem Gleis war es ziemlich kalt und langsam wurde es schon dunkel. Ihre Eltern würden sich wahrscheinlich ziemlich viele Sorgen um Karolina machen, dachte Albert. Seine Mutter dagegen würde arbeiten gehen und erst spät in der Nacht nach Hause kommen.
Aber Karolina ging entschlossen auf dem Bahnhof auf und ab. Sie wollte sich um keinen Preis von ihrem Plan abbringen lassen, denn sie wollte Albert und Apfelsine unbedingt beweisen, dass sie kein oberflächliches Mädchen war.

Als endlich der Zug in den Bahnhof einlief, waren die beiden Kinder froh, ins Warme zu kommen. Sie ließen sich erleichtert auf zwei Fensterplätze fallen und setzten Sine auf die Fensterbank, damit sie auch etwas rauskucken konnte, denn das Abteil war ganz leer.
Die Fahrt dauerte fünfunddreißig Minuten, dann waren sie in Kleinwiesenbach angekommen.
Als sie aus dem Zug kletterten war es vollends dunkel geworden und die Kinder hatten ein bisschen Angst so ganz allein auf einem fremden Bahnhof.
Albert ging wieder zum Fahrkartenschalter. Die Dame hinter der Glasscheibe wollte gerade schließen aber Albert klopfte so laut und verzweifelt gegen die Scheibe, dass sie mit bösem Gesicht wieder öffnete.
"Wo steht der Güterzug, der heute Mittag gegen vierzehn Uhr hier eingelaufen ist?" fragte Albert mit klopfendem Herzen, denn er hoffte, gleich seinen Wichtel wieder zu sehen.
"Der wurde ausgeladen. Ist schon eine Weile her."

"Was!" Albert erschrak. "Und wohin kommt die Ware?"

"Timbuktu, Indien", sagte die Frau und knallte die Scheibe zu. Dann ließ sie den Rollladen herunter und Albert konnte sie nicht mehr sehen.

Er war entsetzt! Der Wichtel würde ganz allein nach Indien fahren!

Tränen brannten ins einen Augen und er musste sich auf eine Bank setzen. Karolina stand hilflos daneben und wusste nicht, wie sie ihm helfen sollte.

Sie steckte Sine ein und ging in das Kiosk, das noch geöffnet hatte und kaufte zwei extragroße Schokoriegel. Einen davon gab sie Albert.

Aber Albert konnte auch die Aussicht auf einen Schokoriegel nicht mehr aufheitern.

Karolina setzte sich neben ihn auf die Bank und starrte müde vor sich hin. Sie wusste auch nicht, was sie jetzt noch tun konnten, denn für zwei zehnjährige Kinder war Timbuktu noch etwas zu weit.

Entmutigt ließen die zwei Kinder die Köpfe hängen. Sine knabberte an dem Schokoriegel und versuchte, Albert zu trösten.

"Vielleicht macht es ihm Spaß in Timbuktu."
Aber Albert wollte sich nicht trösten lassen.
Da sah er ein Brot in einer Ecke liegen. Es war in Alufolie eingewickelt und an einer Ecke stand die Alufolie etwas ab.
"Da!" rief er und zeigte auf das Brot.
"Was ist denn da? Meinst du das alte Brot, dort?"
"Das ist kein altes Brot", sagte Albert und lief zu dem Brot in der Ecke hin. "Das ist mein Pausenbrot!"
Er hob eine Ecke des Papiers an. Darunter saß zusammengekauert und bibbernd vor Kälte der Wichtel.

Es klingelte an der Haustür.
"Das wird Karolina sein!" schrie Albert seiner Mutter entgegen und lief zur Haustür. Karolina stand mit Sine in der eisigen Kälte und drängte sich schnell ins warme Haus.
Albert und seine Mutter konnten jetzt wieder heizen, denn wunderbarerweise hatte Alberts Mutter überraschend im Lotto gewonnen.
Albert wusste natürlich nicht, dass sie die Fußspuren des Wichtels auf dem Lotto-

schein angekreuzt hatte. Es war zwar nicht viel Geld gewesen, aber es hatte gereicht, dass die Mutter ein kleines Geschäft in der Stadt hatte kaufen können, in dem sie bald Obst verkaufen würde.
"Guten Tag, Karolina!" rief Alberts Mutter fröhlich aus der Küche. Sie hatte heute einen schönen blauen Wollpulli an und Albert brauchte sich nicht zu schämen.
"Möchtest du einen Pfefferminztee?"
Karolina machte Albert ein Knipsauge und ging in die Küche, um sich den Tee abzuholen, den sie vorsichtig in Alberts Zimmer trug.
Den Tee hatte sie für den Wichtel mitgenommen.
Kleinmaul hatte nämlich von seiner unfreiwilligen Zugreise eine heftige Erkältung davongetragen und lag mit Fieber und Halsweh im Bett.
Sine füllte die Nussschale mit Tee und reichte sie dem kranken Wichtel in den Hamsterkäfig.
Der Wichtel trank etwas Tee und krächzte:

"Wenn ich wieder gesund bin, möchte ich bitte endlich in den Wald zurück. Ich habe genug von euch Riesen."
Albert grinste.
"Je eher du gesund bist umso eher kannst du zurück, also sprich nicht so viel!"
Karolina nahm eine Halswehtablette aus ihrer Jacke und brach ein winziges Stückchen ab, das sie dem Wichtel reichte.
"Ich werde dich auch bald verlassen", verkündete Sine der erstaunten Karolina.
"Warum denn das plötzlich?" fragte diese.
"Ich glaube, du bist gar nicht mehr so dumm und eitel. Du brauchst keinen Wichtel mehr."
"Ist das wahr?" fragte Karolina.
Albert musste dem Wichtelmädchen Recht geben, denn Karolina hatte sich wirklich verändert. Sie saßen nun in der Schule nebeneinander und waren ziemlich gute Freude geworden.
Karolina lachte auch längst nicht mehr über die Kleider der anderen Schüler, die nicht so viel Geld hatten wie sie.
"Und wohin wirst du gehen?" fragte sie ihr Wichtelmädchen.

"Ich muss zu meiner Oma, die hat mich für Weihnachten eingeladen und dann möchte ich ja auch im Wichtelhaus putzen helfen. Vor Weihnachten machen wir da alle Räume sauber und lüften die Betten."
Karolina und Albert nickten, aber sie wussten auch, dass sie ihre Wichtel vermissen würden.

Als der Wichtel wieder gesund war, gingen die beiden Kinder an einem schönen Dezembermorgen mit ihren Wichteln in den Wald. Sie trugen sie zu einer Stelle, die Kleinmaul ihnen zeigte.
Dort setzten sie sie vorsichtig ins Gras.
"Denk immer daran, was ich dir gesagt habe. Wichtel werden nicht umsonst so alt. Lachen tut nicht weh!" rief Kleinmaul Albert zu. Dann sprang er hoch, machte in der Luft einen Salto und landete wieder auf dem Boden.
Albert lachte über den gekonnten Sprung. Der Wichtel packte seinen Wanderstab, an dem er seinen Beutel wieder festgeknotet hatte und winkte noch einmal. Dann stapfte er mit entschlossenen Schritten davon.

Sine kniff Karolina zum Abschied ins Bein und sagte grinsend:
"Bleib wie du bist und wenn du mal eine Marzipanpraline isst, dann denk an mich!"
Dann hüpfte sie geschwind hinter ein Gebüsch und war verschwunden.
Albert und Karolina gingen nachdenklich nach Hause.

Als Albert das Haus betrat, kam ihm seine Mutter entgegen und lächelte ihn an: "Sei nicht traurig, dass er weg ist, traurig sein tut weh, lachen nicht!"

Die Wichtelhochzeit

Ein Spielmann ging einmal durch den Wald. In der Nähe eines Schlösschens begegnete ihm ein seltsames Männlein. Es hatte ein braunes Gesicht und seine Haare und sein Bart waren wie die grünen Pflanzen des Waldes. Es war so klein, dass es dem Spielmann nur bis ans Knie reichte.

"Wohin gehst du?" fragte der Wichtel den Spielmann. "Ins Dorf", antwortete dieser, "dort ist eine Hochzeit und da soll ich Geige spielen." "Lass die Hochzeit sein.", sagte der Wichtel, "die werden auch ohne dich tanzen. Komm mit mir, ich habe heute auch meine Hochzeit, da sollst du mir aufspielen."

Der Wichtel führte ihn zu einem Bach und ging mit ihm in das Wasser. Sie kamen zu einem Tor, das sich von selber öffnete und dann in einen Saal, der mit Zweigen und grünen Pflanzen geschmückt war. Viele Wichtel mit ihren Wichtelinnen am Arm schritten durch eine Tür herein und der

Tanz begann. Der Spielmann fiedelte den ganzen Tag, sodass ihm seine Finger wehtaten; endlich hatten die Wichtel genug und verließen den Saal.

Der Letzte aber kam auf ihn zu und sagte: "Fordere keinen Lohn und sage, du wärst mit dem zufrieden, was in der Besenkammer hinter dem Besen liegt."
Es dauerte nicht lange, da kam der Wichtelbräutigam wieder und fragte, was er denn für die Musik schuldig sei. "Ich bin mit dem zufrieden, was in der Besenkammer hinter dem Besen liegt", antwortete der Spielmann. "Gut gewählt", sagte lachend der Wichtel, "es sind nur drei Taler. Nimm sie dir, bewahre sie aber gut auf und so oft du Geld wünschst, schlage auf die Tasche und du hast so viel wie du willst."

Darauf führte das Mandl den Geiger aus dem Saal und sogleich stand er wieder neben dem Bach auf der Wiese. Er wusste nicht gleich, ob er wach war oder träumte. Als er aber um sich sah, erblickte er das

Schlösschen und weiter weg den Kirchturm des Dorfes.

Er ging weiter, da kam ein Reiter auf einem prächtigen Schimmel vorüber. "Was kostet der Schimmel?" fragte der Spielmann. "Hundert Taler", war die Antwort. Da schlug der Spielmann voller Erwartung auf die Tasche, in der die drei Taler waren und sofort fühlte er, dass sie schwer wurde. Er holte die hundert Taler heraus und kaufte den Schimmel.

Von nun an schlug der Spielmann fleißig auf seine Tasche und war bald ein reicher Mann. Er war aber großzügig mit seinem Reichtum, half den Armen und den Menschen im Dorf, wo er konnte.

Den frisch verheirateten Wichtel sah er nie wieder.

Der Wichtel und die Wunderblume

Ein junger aber armer Schäfer hütete seine Schafe am Fuß eines großen Berges, auf dem eine mächtige Burg stand. Er trieb sie traurig den Berg hinauf, konnte sich nicht freuen, weil er so arm war und nicht wusste, wie es weitergehen sollte. Auf dem Gipfel fand er eine wunderschöne Blume, wie er noch nie eine gesehen hatte, pflückte sie und steckte sie sich an den Hut, um seiner Braut ein Geschenk damit zu machen.

Wie er so weiterging, fand er oben auf der alten Burg ein Gewölbe offen stehen, bloß der Eingang war etwas verschüttet. Er trat hinein, sah viel kleine glänzende Steine auf der Erde liegen und steckte seine Taschen ganz voll damit.

Nun wollte er wieder ins Freie, als eine dumpfe Stimme erklang: "Vergiss das Beste nicht!" Er wusste nicht, wie ihm geschah und lief voller Angst aus dem Gewölbe. Kaum sah er die Sonne und seine Herde wieder, schlug die Tür, die er vorher gar nicht gesehen hatte, hinter ihm zu. Als der Schäfer nach seinem Hut griff, stand auf einmal ein Wichtel vor ihm. Er hatte ein grünes Röcklein an und trug einen lustigen Hut mit einer langen Feder, die fröhlich auf- und abwippte. Der Schäfer sah, dass der Wichtel gütige Augen hatten und verlor seine Angst. Mit hoher dünner Stimme fragte der Wichtel: "Wo hast du die Wunderblume, die du gefunden hast?" Der Schäfer griff an seinen Hut, aber die Blume war nicht mehr da. "Verloren", sagte er da betrübt. "Dir war sie bestimmt", sprach der Wichtel, "und sie ist mehr wert als die ganze Burg." Als der Schäfer zu Hause in seine Taschen griff, waren die glimmernden Steine lauter Goldstücke.

Die Blume aber ist verschwunden und wird von den Bergleuten bis auf heutigen Tag gesucht, nicht nur in den Gewölben der Burg nicht allein, sondern im ganzen Gebirge, aber niemand konnte sie finden. Der Wichtel wurde nie wieder gesehen.

Die Wichteltaufe

Eine Frau ging einst am Flussufer entlang um dort Blaubeeren zu pflücken. Nach einer Weile sah sie sich um und entdeckte in ihrer Nähe eine große Schar Wichtel, die eben dabei waren, einen winzig kleinen Wichtel zu taufen. Einer der Wichtel kam auf die Frau zu und lud sie ein, die Patentante für den kleinen Wichtel zu werden. Das tat die Frau dann auch gerne.

So hielt sie das kleine Wichtelein bei der Taufe in ihren Händen, es war kaum so groß wie ein Finger. Nach der Taufe feierten die Wichtel ein Fest am Fluss, tanzten und lachten, und die Frau sang ihnen Menschenlieder vor.

Erst am frühen Morgen verabschiedete sie sich und erhielt als Belohnung für ihren Gesang so viele Blaubeeren wie sie tragen konnte.

Der Wichteljäger

In einem tiefen Wald lebten viele Wichtel. Sie wohnten alle zusammen in einem kleinen Wichtelhaus, das sich in einem vom Regen ausgehöhlten Stein befand. Dort feierten sie Wichtelfeste, lachten, tanzten und machten viel Lärm.
Dieser Lärm störte aber die anwohnenden Bauern, die morgens immer früh aufstehen und auf die Felder gehen mussten.
Nachts lagen sie in ihren Betten und lauschten den Gesängen der feiernden Wichtel. Die alten Wichtellieder konnten alle bald mitsingen. An diesem Abend waren die Wichtel wieder einmal besonders laut, denn heute heiratete der Wichtelhäuptling.
Die Bauern warfen sich unruhig in ihren Betten herum, denn die Wichtel sangen bis tief in die Nacht.
Eines ihrer bekanntesten Lieder ging so:

"Hüpf, hüpf, hüpf, tanz so lang du kannst,
Denn wenn du alt und hässlich bist,

Und deine Haut ganz verranzt,
Du den wilden Tanz vermisst,
Wie die Ratt' den Schwanz."

Vor allem ein unwirscher Bauer namens Dunkelmunk hatte genug von dem Treiben der Wichtel. Er hatte schon alles probiert, um die Zahl der Wichtel im Wald zu verringern. Einmal hatte er eine Eule auf dem Markt gekauft und sie im Wald fliegen lassen, damit sie die Wichtel auffraß, aber die Eule hatte sich als faules Exemplar erwiesen, das zum Wichteljagen nicht viel Lust hatte.

Die Wichtel trieben sich also immer noch überall im Wald herum. Sie versteckten sich auf den Bäumen und sprangen Wanderern auf den Rücken um sich ein Stück von ihnen tragen zu lassen.

Oder sie stellten den Holzfällern ein Bein und wenn die Holzfäller dann hinfielen, konnte man das helle Gelächter der Wichtel hören, die sich im Gebüsch versteckt hatte.

Ganz besonders zwei kleine Wichtelkinder waren dem Bauern ein Dorn im Auge. Es handelte sich um Gugelhupf und Franzine, die die wildesten Streiche ausheckten.

Schon lange konnte niemand der Bauern mehr im Wald umhergehen ohne dass irgendein Wichtel ihm einen Streich spielte.

Als der Bauer Dunkelmunk heute auf seinem frisch gepflügten Feld lag und einen Mittagsschlaf hielt, wagten sich die beiden Wichtelkinder sogar aus dem Wald heraus und kitzelten den Bauern mit einem Grashalm am Hals und in der Nase.

Der Bauer musste furchtbar niesen und als er aufwachte und die Wichtelkinder sah, die auf seiner Brust hockten und lachten, da wurde er entsetzlich böse und wollte die Wichtel von sich schleudern und in den Brunnen werfen, der neben seinem Feld stand.

Die Wichtelkinder waren aber viel zu schnell für den dicken Bauern. Sie rannten vor ihm davon und schlüpften in ein winziges Baumloch.

Der Bauer war so böse, dass die Kinder ihm schon wieder entschlüpft waren, dass er beschloss den Baum anzuzünden. Er holte

seine Zündhölzer und entzündete eines. Dann hielt er es in das Astloch.
Aber Gugelhupf spuckte geschickt auf das brennende Zündhölzchen und die kleine Flamme erlosch. Darauf war der Bauer noch viel wütender.
Er tobte vor Zorn und als er am Abend zu Hause saß, kam ihm ein Gedanke. Er würde den Wichteljäger engagieren.

Der Wichteljäger war ein düsterer Mensch. Niemand wusste seinen Namen und niemand sprach mit ihm, denn er war sehr mürrisch und sah sehr gefährlich aus. Auch die Menschen hatten Angst vor ihm und kleine Kinder liefen weg und schrien, wenn er in das Dorf kam.
Da sagte der Bauer Sunkelmunk zum Wichteljäger:
"Wichteljäger, hör zu, wenn es dir gelingt, mit die Wichtel vom Hals zu schaffen, dann belohne ich dich großzügig und schenke dir mein Land und mein Haus."
"Bald wirst du hier nicht einen einzigen Wichtel mehr sehen", versprach der düstere Wichteljäger.

Damit begann der Kampf zwischen den Wichteln und dem Wichteljäger, von dem die alten Wichtel heute noch ihren Kindern und Enkeln erzählen.

Als Erstes beschloss der Wichteljäger, den Wichteln mit Feuer zu Leibe zu rücken. Darum heuerte er einige Holzfäller an und ließ sie an mehreren Stellen im Wald und am Waldrand Feuer legen.

Bald züngelten Flammen aus allen Richtungen im Wald und bedrohten nicht nur die Wichtel, sondern auch alle Tiere, die im Wald wohnten.

Die Tiere liefen aufgeregt von einer Richtung in die andere und wussten nicht, wie sie sich in Sicherheit bringen sollten und auch das Wichtelhaus, das sich in der Wurzel einer uralten Eiche befand, geriet in Gefahr.

Überall rannten schreiende Wichtel um ihr Leben und versuchten sich an Tümpeln und in Seen, die es im Wald gab, in Sicherheit zu bringen.

Als aber Gugelhupf und Franzine das Unglück ihrer Freunde sahen und die Flammen immer näher kamen, da beschlossen sie, sich an dem humorlosen Bauern zu rächen.

Sie machten sich auf den Weg zur Wichtel-Wetter-Hexe, um sie zu bitten, einen großen Hagelsturm mit viel Regen herbeizuzaubern.

Sie machten sich auf den gefahrvollen Weg durch den brennenden Wald und erreichten mit knapper Not das Häuschen, in dem die Hexe und ihr Zauberlehrling wohnten.

Die Wichtelhexe saß am Tisch und trank einen seltsamen blauen Tee.

"Guten Tag, Wallaburga!" sagte Franzine zu der Hexe, denn das war der Name der Hexe. "Kannst du nicht einen schönen großen Regen mit einem Sturm und Hagel herbeizaubern, der uns das Feuer löscht?" fragten sie die alte Wichtelhexe.

Die Hexe grinste. Sie stand auf und stellte sich vor ihr Haus.

Dann warf sie ein paar Kräuter in die Luft und wie durch Zauberhand fielen die Kräuter nicht wieder zu Boden, sondern sie flogen in der Luft davon und bald waren sie

nicht mehr zu sehen, so hoch waren sie geflogen.
Dann hüpfte die Hexe dreimal im Kreis herum und sang ein altes Wichtellied, das Regen bringt:

> "Donner, Blitz und lauter Regeln,
> Hagel, Sturm, bringt Glück und Segen,
> Für die Wichtel auf der Erde,
> Dass das Feuer gelöscht jetzt werde."

Da begannen sich am Himmel große Regenwolken zusammenzubrauen und in der Ferne erscholl bereits der Donner. Mächtige dunkle Wolken ballten sich über dem Wald und dem Dorf und plötzlich fing es an zu regnen, wie es seit hundert Jahren nicht mehr geregnet hatte.
Die Wichtel freuten sich und führten im Regen einen ausgelassenen Wichteltanz auf. Sie tanzten, bis sie völlig durchnässt waren. Der Regen löschte nach kurzer Zeit sämtliche Feuer im Wald und alle Tiere und Wichtel, alle Zwerge, Gnome und Feen, die Elfen und die Kobolde atmeten erleichtert auf.

Da hob die Wichtelhexe ihre alten, knotigen Hände zum Himmel und schrie:

> "Winde, Stürme und Orkane,
> Blast mir weg das Haus,
> Lasst nicht eine Maus."

Da erhob sich ein mächtiger Sturm, der das Haus des Bauern Dunkelmunk davonblies und nicht einen Stein auf dem anderen ließ.

Der Bauer Dunkelmunk besaß nun nichts mehr, das er dem Wichteljäger für seine Arbeit hätte geben können. Der Wichteljäger sah, dass es hier nichts mehr zu holen gab und zog weiter in ein anderes Dorf.

Darum darf man Wichtel nie vertreiben.